O Planejamento
da Atividade Econômica
como Dever do Estado

Renata Porto Adri

Prefaciadores

Sergio Ferraz
Marcelo Figueiredo

O Planejamento da Atividade Econômica como Dever do Estado

Belo Horizonte

2010

© 2010 Editora Fórum Ltda.

É proibida a reprodução total ou parcial desta obra, por qualquer meio eletrônico, inclusive por processos xerográficos, sem autorização expressa do Editor.

Conselho Editorial

Adilson Abreu Dallari	Floriano de Azevedo Marques Neto
André Ramos Tavares	Gustavo Justino de Oliveira
Carlos Ayres Britto	Jorge Ulisses Jacoby Fernandes
Carlos Mário da Silva Velloso	José Nilo de Castro
Carlos Pinto Coelho Motta	Juarez Freitas
Cármen Lúcia Antunes Rocha	Lúcia Valle Figueiredo (*in memoriam*)
Clovis Beznos	Luciano Ferraz
Cristiana Fortini	Lúcio Delfino
Diogo de Figueiredo Moreira Neto	Márcio Cammarosano
Egon Bockmann Moreira	Maria Sylvia Zanella Di Pietro
Emerson Gabardo	Oswaldo Othon de Pontes Saraiva Filho
Fabrício Motta	Paulo Modesto
Fernando Rossi	Romeu Felipe Bacellar Filho
Flávio Henrique Unes Pereira	Sérgio Guerra

Luís Cláudio Rodrigues Ferreira
Presidente e Editor

Coordenação editorial: Olga M. A. Sousa
Revisão: Leonardo Eustáquio Siqueira Araújo
Bibliotecária: Tatiana Augusta Duarte – CRB 2842 – 6ª Região
Capa, projeto gráfico e formatação: Walter Santos

Av. Afonso Pena, 2770 – 15º/16º andares – Funcionários – CEP 30130-007
Belo Horizonte – Minas Gerais – Tel.: (31) 2121.4900 / 2121.4949
www.editoraforum.com.br – editoraforum@editoraforum.com.br

A243p   Adri, Renata Porto

O planejamento da atividade econômica como dever do Estado / Renata Porto Adri; prefácios de Sergio Ferraz, Marcelo Figueiredo. Belo Horizonte: Fórum, 2010.

297 p.
ISBN 978-85-7700-373-0

1. Direitos econômico. 2. Direito administrativo. 3. Direito constitucional. I. Título. II. Ferraz, Sergio. III. Figueiredo, Marcelo.

CDD: 341.378
CDU: 34:33

Informação bibliográfica deste livro, conforme a NBR 6023:2002 da Associação Brasileira de Normas Técnicas (ABNT):

ADRI, Renata Porto. *O planejamento da atividade econômica como dever do Estado*. Belo Horizonte: Fórum, 2010. 297 p. ISBN 978-85-7700-373-0.

Ao Luigi, filho amado,
que suportou a espera e a distância
em prol deste livro.

Agradecimento Especial
à Professora Lúcia Valle Figueiredo

Meu ingresso no programa de pós-graduação em Direito da PUC-SP contou com o honroso acompanhamento da ilustre Professora Lúcia Valle Figueiredo: Professora, Orientadora (Mestrado e Doutorado), colega de viagem (Coimbra), ícone e referência, como mulher e profissional do Direito.

Já no início de nosso contato, a Professora Lúcia indicou-me ao Professor João Grandino Rodas, em face da seleção para a função de "Coordenador de Contratos", a ser exercida no Ministério das Relações Exteriores, do qual era Consultor Jurídico. Após ter sido escolhida, pude aprimorar meu encantamento pela disciplina do Direito Administrativo unindo teoria e prática, uma oportunidade ímpar proporcionada pela generosidade dessa grande pessoa.

Aprendi, ainda, com a Professora Lúcia, no decorrer de nossos encontros em palestras, congressos, seminários, salas de aula, debates no Curso de Especialização em Direito Administrativo na COGEAE/PUC-SP e, em especial, em nossas reservadas reuniões de orientação, que a objetividade do texto era primordial; que o poder de síntese era um dever; que o conteúdo e os questionamentos propostos deveriam ter escopo social e jurídico eficaz e a aplicação dos valores constitucionais, acima de tudo; que as diversas ponderações deveriam ser aprimoradas, por nossa consciência, de tal forma que o posicionamento escolhido resultasse, muitas vezes, no "caminho do meio", ou seja, do razoável; que a busca do conhecimento sempre deve se espraiar nas construções doutrinárias e jurisprudenciais, marcas de sua vida acadêmica e profissional.

Por fim, aprendi que conviver com a Professora Lúcia era respeitar sua forma reservada de ser, sempre atenta e carinhosa em saber da prosperidade de minha vida pessoal.

Ontem, hoje e sempre, minha gratidão à Professora Lúcia será expressada em minhas produções científicas, acadêmicas e profissionais.

Com minha admiração e amizade eternas,

Renata Porto Adri

Agradecimentos

À estimada Professora Doutora Lúcia Valle Figueiredo que, como orientadora, profissional e amiga, em todo o meu percurso de vida acadêmica, me enriqueceu com o alto teor de seu conhecimento científico, oferecendo-me sua paciência, sua generosidade e sua amizade.

Aos Professores Sergio Ferraz e Marcelo Figueiredo pela generosidade e amizade em anunciar esta obra.

Aos Professores Dinorá Grotti e João Grandino Rodas pela relevante e precisa contribuição na correção e nos apontamentos a respeito do texto.

À Doutora Sandra Akemi Shimada Kishi, Procuradora Regional da República, e ao querido colega de gabinete, José Raimundo Sampaio que, pelo espírito de companheirismo e amizade, contribuíram, indiscutivelmente, para a realização efetiva de meus estudos.

À minha tia materna, Dra. Júlia Antonietta Simões Felgar, sempre atenta à forma e à compreensão do texto.

À Patrícia Pessoa, aluna e amiga, pelos préstimos inestimáveis de pesquisa.

À Nilma de Castro Abe, ao Luis Manuel Fonseca Pires e ao José Marcos Lunardelli, pela generosa atenção oferecida à construção desta obra.

Alcançada a fase do Estado Democrático de Direito com sua pretensão de ampliação da esfera pública de decisão como elemento de legitimação, mas tendo em consideração a extensão e complexidade do transformar-se os propósitos postos ao poder público em realidade na vida de cada um, ganham destaque as idéias e os instrumentos de planejamento. Fato é que o crescimento das indeterminações — sempre um elemento de angústia do homem — gera nele a pretensão de domar o futuro pela aplicação de seus (ainda poucos) conhecimentos empíricos ou científicos. Mais ainda, a vaidade do homem inspira nele o convencimento de que, diferentemente de Cassandra, antevendo o futuro, poderá nele intervir, redirecionando-o segundo seus propósitos e conveniências. A isso, eufemisticamente denominamos planejamento.

(Vanice Lírio do Vale, 2005, p. 21)

Sumário

Prefácios
Sergio Ferraz 15
Marcelo Figueiredo 17

Introdução 21

Capítulo 1
Da Constituição da República de 1988 e da Ordem Econômica 27
1.1 Da Constituição enquanto sistema e de sua força normativa 30
1.2 Das dimensões, elementos, critérios e métodos de interpretação constitucional 39
1.2.1 Dimensões interpretativas..40
1.2.2 Elementos de interpretação..42
1.2.3 Critérios de interpretação...43
1.2.4 Métodos de interpretação...45
1.3 Da ordem econômica na Constituição da República de 1988 47

Capítulo 2
Da Intervenção do Estado no Domínio Econômico....59
2.1 Da intervenção estatal – Breves noções históricas 59
2.2 Da intervenção estatal no domínio econômico, conforme a Constituição da República de 1988 75
2.2.1 Do Estado e da Economia...80
2.2.2 Das relações de mercado e da finalidade pública.................................92
2.2.3 Do Direito e da Economia em suas racionalidades 98

Capítulo 3
Da Função Estatal de Planejar....................................113
3.1 Noções elementares...113
3.2 Do direito comparado...120
3.3 Breve histórico brasileiro...122
3.4 Da democracia e do planejamento 127
3.5 Do processo político e do planejamento 132
3.6 Do Direito, das finanças e do planejamento 136
3.7 Da economia de mercado e do planejamento.....................................142
3.8 Diferentes espécies de planejamento 146
3.8.1 Do planejamento urbanístico...146
3.8.2 Do planejamento ambiental 149
3.8.3 Do planejamento e da Lei de Responsabilidade Fiscal......................150

3.8.4   Do planejamento e das Parcerias Público-Privadas (PPP)..................153

CAPÍTULO 4
DA FUNÇÃO ESTATAL DE PLANEJAR A ATIVIDADE ECONÔMICA..................159

4.1   Do planejamento no artigo 174 da Constituição da República de 1988..................159

4.2   Das políticas públicas e do planejamento econômico..................169

4.2.1   Da exposição de motivos – Justificativa vinculante..................180

4.3   Da visão pragmática da ausência de planejamento econômico – A criação das agências reguladoras..................196

4.3.1   Da gênese das agências reguladoras ou autoridades administrativas independentes..................198

4.3.1.1   Breves considerações sobre a experiência regulatória na Inglaterra, nos Estados Unidos da América (EUA) e na França..................198

4.3.1.2   O surgimento do "órgão regulador" no ordenamento jurídico brasileiro..................204

4.3.2   Do regime jurídico do "órgão regulador"..................216

4.3.3   Da regulação e da concorrência..................226

CONCLUSÕES..................239

REFERÊNCIAS..................249

ANEXOS..................259

PREFÁCIOS

Foi com enorme prazer que participei, na PUC-SP, de banca examinadora, constituída para examinar a tese de doutorado da ilustre Professora Renata Porto Adri. Esse prazer derivou-se de duas constatações, que o encargo me propiciou. Em primeiro lugar, a leitura da tese — verdadeiramente uma tese de doutorado —, escrita com correção e elegância, superando a natural aridez de um trabalho dessa ordem, com uma abordagem em nada pedante, simples, direta, adequada aos fins de convencimento a que se propõe o trabalho. Em segundo lugar, já bem após a leitura, ao verificar a segurança e a solidez da argumentação com que a Professora Renata Porto enfrentou as arguições orais e sustentou as conclusões da tese.

Note-se que não era fácil a proposta do trabalho. A propósito de equacionar — constitucionalmente — as balizas da atividade econômica do Estado, empenhou-se a tesista (com êxito, registre-se) em salientar a imprescindibilidade do planejamento estatal, como pressuposto e ponto de partida da inserção do Estado na economia. Como se afigura evidente à simples enunciação aqui lançada, logicamente se viu a Professora autora impelida a lidar com elementos teóricos fundamentais da economia e da administração, entrosando-os perfeitamente com os alicerces jurídicos (sobretudo de ordem constitucional) de sua obra. O resultado final, de todo esse esforço, é um trabalho de fôlego, nuclearmente jurídico mas de facetas multidisciplinares; e um trabalho que sinaliza, com nitidez, as fronteiras entre o expansionismo sem peias de um Estado que deseja intrometer-se em toda a economia, e o espaço de liberdade da economia privada, que a própria Constituição garantiu. Nessa luta do rochedo contra o mar, trabalhos como o da Dra. Renata Porto são faróis valiosos não só da cultura jurídica, mas também para a reafirmação dos valores da democracia e da liberdade.

Sergio Ferraz

Advogado e Parecerista. Procurador (aposentado) do Estado do Rio de Janeiro. Titular da Cadeira nº 40 da Academia Brasileira de Letras Jurídicas. Ex-Professor Titular (Direito Administrativo) da PUC do Rio de Janeiro. Livre Docente (Direito do Trabalho) da Universidade do Estado do Rio de Janeiro. Professor visitante e honorário de Universidades no Brasil e no exterior. Membros de associações de cultura jurídica, no Brasil e no exterior.

É com grande satisfação que prefaciamos a obra de Renata Porto Adri, intitulada *O planejamento da atividade econômica como dever do Estado*.

Com ela, Renata obteve o título de doutora em Direito do Estado no Programa de Pós-Graduação em Direito da Pontifícia Universidade Católica de São Paulo, sob a firme e sempre justa orientação da saudosa Profa. Lúcia Valle Figueiredo que nos deixou órfãos naquela nossa Casa do Saber.

Pretende a autora mostrar ao leitor a correlação lógica entre o planejamento econômico, ou sua ausência, e a provável ineficiência e ineficácia das agências reguladoras no que toca ao exercício da competência normativa.

Esquadrinha as normas constitucionais da ordem econômica e suas relações com os fundamentos e objetivos firmados nos artigos 1º e 3º de nossa Constituição. Vê nesses importantes dispositivos, instrumentos efetivos de viabilização a uma prestação eficiente de serviços e políticas públicas essenciais.

Não se furta a analisar a relação entre Estado, Economia e Direito na ordem econômica e suas conexões com a liberdade, a propriedade e os direitos fundamentais do cidadão. Aprofunda o conceito de planejamento, planificação e plano, distinguindo o ato político-administrativo de planejar do ato legislativo que institui o plano dele decorrente e dos demais atos normativos que instrumentalizam a execução de um planejamento.

Chama a atenção para a importação descuidada de modelos alienígenas que muitas vezes atendem às exigências internacionais, mas não se adaptam às finalidades e aos figurinos da nossa Carta Fundamental.

Sem preconceitos ideológicos ou de qualquer outra natureza — como deveria ser qualquer trabalho de cunho científico — a autora traz a bibliografia clássica e contemporânea latino-americana e europeia acerca dos principais temas enfrentados.

Faz uma conexão profícua entre as diretrizes constitucionais da ordem econômica, o desenvolvimento e os direitos fundamentais, na linha contemporânea de Amartya Sen e Robert Alexy, sem descuidar dos modernos publicistas europeus (Enterría, Fernández, Cassese, Otero, dentre outros).

Só pode exercer com plenitude a liberdade, mesmo no âmbito do mínimo existencial, quem possui capacidade para exercê-la. E para que seja possível este exercício de liberdade jurídica é necessário assegurar a liberdade real, ou a possibilidade de exercer suas capacidades através dos direitos fundamentais sociais.

Verifica a mudança formal do regime regulatório brasileiro. Passa em revista a criação de todas as principais agências reguladoras no País, o novo arranjo político-institucional, com a chamada "Reforma do Estado" e seus impactos jurídicos.

Diz-se convicta de que a intervenção estatal traz em si os signos da transitoriedade (em face de situação excepcional) e da integralidade (como autoridade decisória), ou seja, como gestor e tutor da atividade econômica, o Estado estabelece limites aos agentes econômicos privados, intervindo na ordem econômica diretamente ou indiretamente.

Afirma: "Há diferença entre a racionalidade econômica e a racionalidade jurídica, pela objetividade, revisibilidade e autonomia que a primeira tem de uma visão da sociedade com foco na 'administração de recursos escassos', ou seja, na utilidade dos bens econômicos, para análise econômica do comportamento humano. A segunda, por sua vez, é axiológica, por refletir os valores positivados na Ordem Social vigente de uma dada sociedade. Contudo, ambas são compatíveis, respeitadas as essencialidades e possibilitando o diálogo entre elas, na medida em que a economia pode ter aplicabilidade em certas questões jurídicas, desde que observadas as normas legais".

Acredita que é preciso uma mudança de mentalidade de nossos legisladores e agentes políticos, para que elaborem um planejamento sustentável e cumpridor dos objetivos, fundamentos e valores constitucionais.

Com inteira razão chama a atenção do leitor para a nítida imbricação entre as atividades planejadoras e a elaboração orçamentária, nas suas diversas modalidades. Convoca a cidadania a fiscalizar, acompanhar, exigir e controlar a utilização dos recursos públicos e ao Judiciário a exercer com altivez seu papel de guardião da legalidade e da constitucionalidade na elaboração e aplicação dos planos, programas e projetos.

Nessa obra, em síntese, a autora nos atualiza a respeito da essência do *planificar*; reduzir um extenso número de alternativas que se apresentam à ação a um determinado leque muito mais reduzido, compatível com os meios de que se dispõe.

A autora concebe o plano e as intervenções econômicas do Estado em geral como fontes de legalidade administrativa, aumentando a compreensão do papel e da noção de Estado Democrático de Direito e sua necessária fiscalização pela cidadania.

Por fim a autora nos inspira a analisar o tema do planejamento não apenas sob a ótica das formas jurídicas admissíveis, mas também sob o ângulo da sua utilização concreta, do seu funcionamento e dos resultados que gera à luz dos valores básicos da igualdade, da solidariedade social e da justiça.

Conclui que os órgãos Legislativo e Executivo devem ser provocados, administrativamente, por meio de reclamação ou consulta, ou judicialmente, quando houver dano causado pelo processo de planejamento e a consequente aplicação do plano.

A lição é importante porque pode muito bem ser aplicada nos demais quadrantes do direito público — econômico, administrativo, tributário, urbanístico, etc.

Essa a função do jurista, formular conceitos, propostas, inovar e provocar a sociedade, contribuindo assim para o aperfeiçoamento de nossa realidade.

Renata Porto Adri, entendo, cumpriu muito bem esse papel.

Marcelo Figueiredo

Advogado. Consultor Jurídico em São Paulo. Professor Associado de Direito Constitucional da Faculdade de Direito da Pontifícia Universidade Católica de São Paulo nos programas de graduação e pós-graduação. Diretor da Faculdade de Direito da PUC-SP. Presidente da Associação Brasileira de Constitucionalistas Democratas (ABCD). Membro do Comitê Executivo da AIDC (l'Association Internationale de Droit Constitutionnel). Membro da Diretoria da IACD (International Association of Constitutional Law).

Introdução

Sempre tivemos a preocupação de interpretar a Constituição da República de 1988 (CR/88), desde o seu preâmbulo, para compreender sob qual égide normativa e, mais, sob qual ideologia e princípios iríamos nos nortear.

O tema escolhido diz respeito ao planejamento econômico, enquanto ação estatal garantidora do desenvolvimento nacional (artigo 3º, inciso II, da CR/88), e sua relevância na execução da atividade econômica do Estado (artigo 174 da CR/88).

Foram nossas inquietações: a constatação de que haveria um equívoco semântico no artigo 174, *caput* e §1º, da CR/88, pois a função de planejar precede as funções de regular e fiscalizar a atividade econômica e que planejar é um dever estatal; a verificação da inexistência do planejamento econômico desde a implementação dos II e III Planos Nacionais de Desenvolvimento (o primeiro aprovado pela Lei nº 6.151, de 4 de dezembro de 1974 e que deveria vigorar no período de 1975 a 1979 e o segundo, que deveria viger de 1979 a 1984, não entrou em vigor); as consequências da ausência do desenvolvimento e crescimento econômico do país; a adoção de soluções imediatistas (planos econômicos) para conter a inflação; as diversas modificações constitucionais, dentre elas, a criação do órgão regulador, cuja ausência de visão planejadora trouxe pontos de conflito com as normas constitucionais vigentes.

A definição constitucional (artigo 174, §1º, da CR/88) da lei como veículo introdutor do plano que traduz o processo de planejamento econômico, e a definição normativa (Lei Complementar nº 95/88 e Decreto nº 4.176/02) da existência da exposição de motivos como sua justificativa, levaram a defender a força vinculante desta última, para efeito de controle judicial dos atos legislativos e executivos.

Identificamos, numa visão pragmática, a correlação lógica entre o planejamento econômico, ou melhor, a ausência dele e a provável ineficiência e ineficácia das agências reguladoras, em especial, no tocante ao exercício da competência normativa.

Problematizando-o, partimos de algumas assertivas colhidas da interpretação sistemática das normas constitucionais, quais sejam, as limitações ao poder estatal no âmbito da ordem econômica (artigos 170, 173 e 174 da CR/88), diante do fundamento da livre iniciativa (artigo 1º, inciso IV da CR/88); os atos políticos envolvidos na ação de planejar; a introdução de institutos jurídicos em nosso ordenamento jurídico sem a observância do planejamento; a já referida equivocada construção semântica do artigo 174 (*caput* e §1º) da Constituição da República de 1988 e a ausência da função estatal de planejar a ordem econômica e a ausência de definição clara da atribuição normativa dos órgãos e/ou entidades da Administração Pública.

Ressaltemos que a origem de nossa inquietude perpassa a década de 1990, quando foi implementado o Plano Nacional de Desestatização (cujo cerne consiste na redefinição do papel do Estado, dentre outras hipóteses, como agente regulador, seguido da edição de inúmeras Emendas à Constituição da República de 1988, com destaque para as Emendas nºs 8 e 9, ambas de 1995,[1] que instituíram o "órgão" regulador), até chegar aos dias de hoje, quando questionamos a ausência de planejamento econômico e a criação e o papel das agências reguladoras no contexto institucional do Estado.

Este trabalho, enquanto um momento de estudo e reflexão, presta-se a dialogar com diversas opiniões de preclaros interlocutores, utilizando-as como nossa referência teórica, para, então, apresentarmos nossas definições e análises pertinentes aos tópicos abordados.

Dessa forma, buscamos aproximar a teoria jurídica escolhida, a interpretação de aspectos concretos (com especial enfoque para as agências reguladoras e sua competência normativa) e a jurisprudência pertinente que visam a esclarecer como uma função constitucional, no caso a de planejar, pode ser ao mesmo tempo tão necessária e tão relegada para vincular os agentes políticos, de tal forma que respeitem e viabilizem os fundamentos e objetivos firmados nos artigos 1º e 3º da Constituição da República de 1988.

Isso porque julgamos que a inobservância de tais fundamentos gera uma regulamentação ineficaz, inviabilizando a prestação eficiente de serviços essenciais, bem como a implementação de políticas públicas.

---

[1] EC nº 08/1995 fez adição ao artigo 21, inciso XI e a EC nº 09/1995 acrescentou ao artigo 177 o §2º.

Buscamos, pois, respaldo na teoria da "reserva do possível", de origem alemã, adotada pelo Colendo Supremo Tribunal Federal, como expressão do dever-poder de atuação estatal e em conformidade com os primados da Constituição. Todavia, a responsabilização decorrente do referido controle está tratada de forma pontual apenas.

Passamos, assim, a expor o complexo textual deste livro. Inicia-se o trabalho por esta introdução, seguida pelo primeiro capítulo que delimita seu enfoque na Constituição de 1988, enquanto sistema e sua força normativa; a necessidade de conhecermos as dimensões, os elementos, os critérios e os métodos de interpretação constitucional; a ordem social institucionalizada, em que abordamos o significado do homem no cenário social e o desenvolvimento da ordem jurídica.

A aproximação com a ordem econômica prescrita na Constituição da República de 1988, conceituando-a para melhor compreendermos as diferenças e integrações possíveis entre Estado e domínio econômico, pretendeu definir os contornos da intervenção estatal nesse domínio, razão pela qual foram identificados os dispositivos pertinentes, tendo sido comentadas suas peculiaridades.

Integrando os dois primeiros capítulos, buscamos assimilar as racionalidades do Estado, da Economia e do Direito diante da ordem econômica, ou seja, suas incidências sobre a liberdade, a propriedade e alguns direitos fundamentais dos indivíduos. Com base na racionalidade econômica e na racionalidade jurídica, realizamos a análise da relação entre mercado e finalidade pública na Constituição da República de 1988.

Verticalizando ainda mais o enfoque deste livro, no terceiro capítulo procuramos assinalar noções preliminares, resgatando conceitos tais como: Planejamento, Planificação e Plano; seguimos distinguindo o ato político-administrativo de planejar do ato legislativo que institui o plano dele decorrente e dos demais atos normativos que instrumentalizam a execução de um planejamento. Em seguida, resgatamos considerações que sinalizaram a existência do planejamento no direito comparado e trouxemos focos históricos da inserção do planejamento em diferentes sociedades, inclusive na brasileira. Em um movimento de buscar conexões, remetemos a temática do planejamento a um confronto com a democracia, com o processo político, com as finanças e com a economia de mercado. Passamos a resgatar e cotejar, com auxílio de uma compilação dos dispositivos constitucionais brasileiros que contêm as expressões "intervenção", "desenvolvimento" e "planejamento", desde a Constituição do Império até hoje, para traçar uma linha ideológica, política e jurídica da visão constitucional do planejamento.

No quarto capítulo, a partir do artigo 174 da CR/88, discutimos as questões referentes às políticas públicas e fazemos uma defesa de nossa visão a respeito da ausência de planejamento econômico, discorrendo sobre a ação pragmática subjacente à criação, ao alcance e à extensão da função normativa conferida às agências ou "órgãos" reguladores e um breve cotejo com a atuação do Conselho Administrativo de Defesa Econômica (CADE). Investigando o regime jurídico da primeira autarquia e demonstrando como esta atribuição definida por lei não confere transparência, certeza e segurança jurídicas à sociedade em geral, afirmamos o descuido na importação de modelos que atendem às exigências econômicas internacionais, mas não se adaptam, na maioria das vezes, às finalidades e aos objetivos para os quais foram instituídos e, mais, àqueles princípios previstos na Carta Constitucional.

O artigo 174 (*caput* e §1º) da Constituição da República de 1988 é instrumento para o estudo, inclusive, para justificar o controle, pelo Órgão Judiciário, dos atos legislativos e dos atos executivos atinentes ao planejamento econômico, por meio da vinculação à exposição de motivos, que deve contemplar os pressupostos da existência e da validade da norma que está sendo introduzida no sistema jurídico.

A nosso ver, *a priori*, nenhum instituto, órgão, entidade ou plano governamental deve ser criado sem que sejam demonstradas as razões e as finalidades afetas aos fundamentos e objetivos da Constituição da República de 1988, por meio de nova forma de elaboração da exposição — jurídica e econômico-financeira — de motivos (que os vinculará).

Como últimas considerações, procuramos justificar os pressupostos e os procedimentos que adotamos para atingir os objetivos a que nos propusemos, além de enunciarmos, em síntese, as conclusões a que este estudo nos permitiu chegar.

Como conteúdo pós-textual, apresentamos a bibliografia, seguida de cinco anexos comentados pela autora, a saber: A) Compilação das Constituições Brasileiras (artigos com os termos "intervenção" e "desenvolvimento"); B) Relatório de Pesquisa Jurisprudencial no Supremo Tribunal Federal (STF) sobre a teoria da "reserva do possível"; C) Legislação relativa à elaboração, redação, alteração, consolidação e encaminhamento de ato normativo de âmbito federal (Lei Complementar nº 95/1988 e Decreto nº 4.176/2002); D) Exposição de Motivos – procedimento legislativo para modificação do artigo 21, inciso XI, da Constituição da República de 1988; E) Registro de dados da introdução do artigo 174 pela Assembleia Nacional Constituinte de 1988.

Assim, pensamos ter colacionado discussões e apontamentos que possam contribuir para aprimorar as fundamentações até hoje propostas, sempre com o escopo de beneficiar e agilizar as relações jurídicas firmadas entre o cidadão e o Estado.

Finalmente, o que almejamos, por meio de uma visão integrativa do tema, é interpretar as prescrições normativas (em especial aquelas relacionadas ao planejamento — como garantia do desenvolvimento nacional —, à intervenção estatal na ordem econômica e às agências reguladoras) e buscar uma concepção unitária do sistema jurídico vigente, a fim de compreender quais as implicações e os efeitos jurídicos que as decisões políticas, relacionadas ao planejamento e à regulação, podem surtir na ordem econômico-social vigente.

Destarte, essa foi nossa pretensão.

CAPÍTULO 1

DA CONSTITUIÇÃO DA REPÚBLICA DE 1988 E DA ORDEM ECONÔMICA

Sumário: **1.1** Da Constituição enquanto sistema e de sua força normativa – **1.2** Das dimensões, elementos, critérios e métodos de interpretação constitucional – **1.2.1** Dimensões interpretativas – **1.2.2** Elementos de interpretação – **1.2.3** Critérios de interpretação – **1.2.4** Métodos de interpretação – **1.3** Da ordem econômica na Constituição da República de 1988

O enfoque deste capítulo concentra-se na relação humana, enquanto pressuposto da existência do convívio social, e sua influência no desenvolvimento da ordem jurídica, para, então, procurar compreender os conceitos e as implicações colacionadas pela expressão "ordem econômica".

O homem, enquanto ser social, no decorrer da história, se autor-regulou,[2] tendo sido compelido a refletir sobre seu comportamento para uma boa convivência social, passando, então, a observar as regras da regulação social.

Na Antiguidade Clássica a jurisprudência direcionava o desenvolvimento da ordem social, nas reflexões de Tércio Sampaio Ferraz Júnior (1994):

> Tendo em vista o quadro cultural em que se desenvolveu o direito em nosso país, é importante que retomemos as origens do pensamento jurídico europeu (continental), o que nos conduz, de início, a Roma antiga. [...] Na Antiguidade Clássica, o direito (*jus*) era um fenômeno de ordem sagrada. Em Roma, o ato de fundação do pensamento jurídico foi considerado como decisivo e marcante

---

[2] No sentido de regular, por si mesmo, resultado de ação recursiva que elimina determinadas disfunções.

na configuração da cultura romana, por tornar-se uma espécie de projeto a ser revisto e ampliado no decorrer dos tempos. Foi esta idéia, transmitida de geração em geração, que delineou sua expansão na forma de um império único e singular. Assim, o direito, tido como forma cultural sagrada, era o "exercício de uma atividade ética, a prudência, virtude moral do equilíbrio e da ponderação nos atos de julgar. Nesse quadro, a prudência ganhou uma relevância especial, recebendo a qualificação particular de *Jurisprudentia*". (FERRAZ JÚNIOR, 1994, p. 56-57)

Naquele momento histórico, portanto, a jurisprudência correspondia ao quadro regulatório geral (segurança, tributação), enquanto a legislação restringia-se à regulação de matérias muito especiais (restrições à liberdade).

Essa opção de que falamos tem como matriz a liberdade, a qual, diante de um cenário de sociabilidade onde há inelutável interdependência entre os homens, fica mitigada diante da observância das regras atinentes à organização de sua convivência, bem como à racionalidade e à moralidade.

Dessa forma, compelido a decidir, fez-se imprescindível:

A reflexão sobre o comportamento mais produtivo (economia de esforço com obtenção de melhor resultado) e o mais indicado para a boa convivência social (reduzir a competição e o conflito logrando maior cooperação), donde se dizer que a condição humana tem como componentes necessários à lógica e à ética. Mesmo quando se pretende pôr em xeque a racionalidade humana, essa própria atitude cética já envolve o pressuposto da racionalidade e ao adotar-se uma posição cética em matéria de moralidade, essa atitude já implica um juízo de valor. (PASSOS, 2003, p. 55)

Essa desejada sociabilidade esbarra nas divergências entre os homens e necessita de uma relação de poder para equacioná-la, o que resulta na imposição da institucionalização de um sistema de divisão de trabalho social, muitas vezes desigual, por ensejar favorecimento dos que detêm o poder hegemônico. É o que J. J. Calmon de Passos analisa como uma permanente tensão dialética entre dominação e cooperação, sujeição e insubmissão, regulação e emancipação.

Diante desses componentes, a estrutura da ordem social se unifica conforme ensina Geraldo Ataliba (1966):

O caráter orgânico das realidades componentes do mundo, que nos cerca, e o caráter lógico do pensamento humano conduzem o homem a abordar as realidades que pretende estudar, sob critérios unitários, de alta utilidade científica e conveniência pedagógica, em tentativa de reconhecimento coerente e harmônico da composição de diversos elementos em um todo unitário, integrado em uma realidade maior. A esta composição de elementos, sob perspectiva unitária, se denomina sistema. (ATALIBA, Geraldo, 1966, p. 4)

Nesse contexto, entendemos que há uma ligação indissolúvel entre o político e o jurídico, sendo estabelecidos, como paradigmas da modernidade, os princípios da igualdade e da legalidade.

Politicamente, os homens consideram-se soberanos nas suas decisões. No entanto, para uma convivência social pacífica e harmônica, houve a necessidade de se submeterem às normas editadas pela vontade geral, de onde decorre a exigência de autorregulação social.

J. J. Calmon de Passos (2003), ao repensar a Teoria da Constituição, explicita:

Foram os postulados da democracia, da crença no direito racional e no conteúdo normativo da razão prática, a par da idéia de sistema e sua plenitude e coerência o que inspirou o constitucionalismo, saber e normatividade com pretensão de serem, ao mesmo tempo, raiz e síntese de toda a juridicidade. A Constituição foi entendida como expressão dessa totalidade. Filha do contratualismo, mas em tensão dialética permanente com a ideologia do progresso, por sua vez também em tensão dialética com a necessidade teórico-prática da estabilidade da organização política. Para superar essas contradições, pensou-se a técnica do poder de emenda pelo Parlamento, mediante um processo qualificado de produção do direito a nível constitucional, a par da interpretação atualizadora dos tribunais constitucionais, de tal modo constituídos que se mostrassem politicamente sensíveis e capazes para essa tarefa. Essas convicções, precisamente, é que já não oferecem a solidez antiga, por motivo mesmo de estar em crise o paradigma da modernidade. (PASSOS, 2003, p. 61)

Dessa forma, objetivando estruturar uma ordem social, nos deparamos com a vontade do homem (sujeita a divergências), cujo fator de cooperação é imprescindível para que possa ser definida, sendo acrescida (para sua legitimação) de um mínimo de consenso indispensável a ocasionar sua estabilidade e, assim, se formar o sistema jurídico de uma dada sociedade.

1.1 Da Constituição enquanto sistema e de sua força normativa

O que é a Constituição senão um sistema de normas jurídicas consubstanciadas pela dogmática moderna em duas espécies: normas-princípios e normas-disposição, que regulam as relações humanas de uma dada sociedade, formado pela observação da realidade social e com significado cogente.

Descrevendo a fase moderna do constitucionalismo, J. J. Gomes Canotilho (2002) esclarece que:

> [...] Por constituição moderna entende-se a ordenação sistemática e racional da comunidade política através de um documento escrito no qual se declaram as liberdades e os direitos e se fixam os limites do poder político. Podemos desdobrar este conceito de forma a captarmos as dimensões fundamentais que ele incorpora: (1) ordenação jurídico-política plasmada num *documento escrito*; (2) declaração, nessa carta escrita, de um conjunto de direitos fundamentais e do respectivo modo de *garantia*; (3) organização do poder político segundo esquemas tendentes a torná-lo um poder limitado e moderado. (CANOTILHO, 2002, p. 52)

Como sistema ou conjunto de normas, a Constituição pressupõe a conexão e a harmonia dessas entre si, bem como o respeito ao fim comum perseguido, sendo marco obrigatório para produção de outros comandos infraconstitucionais.

A Constituição de um Estado, assim, é considerada a lei fundamental que contém normas (escritas ou costumeiras), reguladoras do comportamento humano diante das diversas relações (sociais, econômicas, políticas, religiosas, ambientais etc.), reveladoras dos *standards* que dada sociedade almeja. Em nosso contexto, a causa criadora e modificadora é o poder que emana do povo e em seu nome é exercido.

Articulando, então, os enfoques político, jurídico e social, nos socorremos da lição de Fábio Konder Comparato (2001), por esclarecer que a Constituição, ao definir a República Federativa do Brasil constituída como Estado Democrático de Direito, quis dizer que:

> Democracia é um governo de *funções*, não de *dominações* que se traduz num poder atribuído a alguém em benefício de outrem [...]. O que marca a função não é o título de origem, mas a finalidade. O beneficiário da função pode ser pessoa determinada — como os filhos, no pátrio poder, ou os sócios ou associados nas associações ou sociedades de direito privado — ou então indeterminado. É neste último caso que se pode, propriamente, falar em função social. (COMPARATO, 2001, p. 340)

As mudanças decorrentes dos reflexos da contemporaneidade geram impactos sobre a Constituição e, conforme já visto anteriormente, não se pode negar a existência de uma evolução constitucional introduzida pelo legislador reformador, pelos juízes, pelos tribunais constitucionais e pela doutrina.

Essa interpretação integrativa, adaptativa, criativa e permanente, que nas palavras de Diogo de Figueiredo Moreira Neto (2005) muito concorre para a realização da "Constituição viva (*aggiornamento*)", produz mutação constitucional.

Essa mutação constitucional, por sua vez, parece retomar a ideia inicial de que falamos de autorregulação, não mais afeta apenas ao homem, nem mesmo no âmbito centrado da regulação social nas mãos do Estado, mas, sim, à aceitação de uma pluralidade de centros de decisão, entidades instituídas e dotadas de competência e capacidade, ainda que limitadas aos ditames constitucionais e legais.

Sintetiza, então, Diogo de Figueiredo Moreira Neto (2005, p. 109): "tende a se ampliar na conformação pós-moderna de um Estado Policêntrico, (expressões usadas por Massimo Severo Giannini e por Jacques Chevalier) e, por isso mesmo, cada vez mais Policrático."[3]

Konrad Hesse (1991) salienta que as questões constitucionais não são questões jurídicas, mas, sim, políticas, na medida em que expressam as relações dos poderes dominantes de um país, quais sejam: o poder militar, o poder econômico, o poder social, o poder intelectual e o poder cultural, sendo os limites da força normativa da Constituição, a saber:

> Se não quiser permanecer "eternamente estéril", a Constituição — entendida aqui como "Constituição jurídica" — não deve procurar construir o Estado de forma abstrata e teórica.

---

[3] Especificamente denominados pelo autor de centros de poder independentes: Bancos Centrais, os Tribunais de Contas, os *Ombudsmen*, os Ministérios Públicos, as entidades dotadas de autorregulação etc.

[...]

Se as leis culturais, sociais, políticas e econômicas imperantes são ignoradas pela Constituição, carece ela do imprescindível germe de sua força vital. A disciplina normativa contrária a essas leis não logra concretizar-se. Definem-se, ao mesmo tempo, a natureza peculiar e a possível amplitude da força vital e da eficácia da Constituição. A norma constitucional somente logra atuar se procura construir o futuro com base na natureza singular do presente. Tal como exposto por *Humboldt* alhures, a norma constitucional mostra-se eficaz, adquire poder e prestígio se for determinada pelo princípio da necessidade. Em outras palavras, a força vital e a eficácia da Constituição assentam-se na sua vinculação às forças espontâneas e às tendências dominantes do seu tempo, o que possibilita o seu desenvolvimento e a sua ordenação objetiva. A Constituição converte-se, assim, na ordem geral objetiva do complexo de relações da vida. (HESSE, 1991, p. 18, grifos nossos)

A norma constitucional não tem existência autônoma em face da realidade, pois as condições históricas ocasionam uma relação de interdependência, além das condições naturais, técnicas, econômicas e sociais.

As concepções sociais de um determinado povo traduzem o substrato axiológico que influencia decisivamente a conformação, o entendimento e a criação das proposições normativas.

Contudo, as condições que geram a realização da norma constitucional não se confundem com sua eficácia. A Constituição procura imprimir ordem e conformação à realidade política e social, apesar de estar determinada pela realidade social e, ao mesmo tempo, ser determinante em relação a ela.

Daí decorre a relevância da ideia ora proposta de que a pretensão de eficácia da norma jurídica imprimirá ordem e conformação à realidade política, econômica e social de um dado povo.

Para tanto, uma Constituição ("*Constituição jurídica*") adquire força normativa quando logra realizar a pretensão que lhe foi conferida ("*Constituição real*") e cuja eficácia é experimentada no mundo fenomênico.

Nesse ponto, recorremos, novamente, ao raciocínio de Konrad Hesse (1991), antes de analisar com cautela as diversas possibilidades de produzirmos uma interpretação normativa construtiva, definindo limites, cuja dinâmica será fundamental para se evidenciar a força normativa da Constituição e, seguramente, sua estabilidade:

A interpretação tem significado decisivo para a consolidação e preservação da força normativa da Constituição. A interpretação constitucional está submetida ao princípio da ótima concretização da norma (*Gebot optimaler Verwirklichung der Norm*). Evidentemente, esse princípio não pode ser aplicado com base nos meios fornecidos pela subsunção lógica e pela construção conceitual. Se o direito e, sobretudo, a Constituição, tem a sua eficácia condicionada pelos fatos concretos da vida, não se afigura possível que a interpretação faça deles tábula rasa. Ela há de contemplar essas condicionantes, correlacionando-as com as proposições normativas da Constituição. A interpretação adequada é aquela que consegue concretizar, de forma excelente, o sentido (*Sinn*) da proposição normativa dentro das condições reais dominantes numa determinada situação. Em outras palavras, uma mudança das relações fáticas pode — ou deve — provocar mudanças na interpretação da Constituição. Ao mesmo tempo, o sentido da proposição jurídica estabelece o limite da interpretação e, por conseguinte, o limite de qualquer mutação normativa. A finalidade (*Telos*) de uma proposição constitucional e sua nítida vontade normativa não devem ser sacrificadas em virtude de uma mudança da situação. Se o sentido de uma proposição normativa não pode mais ser realizado, a revisão constitucional afigura-se inevitável. Do contrário, ter-se-ia a supressão da tensão entre norma e realidade com a supressão do próprio direito. (HESSE, 1991, p. 22-23)

Dessa forma, dizemos que a interpretação construtiva é fundamental para manutenção da ordem jurídica vigente, sendo utilizada dentro de limites, mas cuja dinâmica constitui condição fundamental da força normativa da Constituição e, por conseguinte, de sua estabilidade, pois, na falta desta estabilidade, será inevitável a ruptura daquela.

Ainda no âmbito da interpretação, destacamos a definição de Celso Antônio Bandeira de Mello (2006) sobre princípio:

[...] Compreende-se, outrossim, que a afirmação dos vários cânones que compõem o regime administrativo estabelece ditames genéricos para o entendimento e interpretação do Direito Administrativo. Todos estes princípios vigoram segundo determinadas condições, regulamentação e limites, admitindo variantes, temperamentos e qualificações particulares à vista do significado singular que assumem em função da legislação concernente aos diversos institutos do Direito Administrativo. *Sem embargo, desempenham o papel de guia; norte que orienta a compreensão desta disciplina e radical que unifica e lhe dá organicidade e coesão.* (MELLO, 2006, p. 90-91, grifos nossos)

Em outras oportunidades, expressamos nosso interesse e atenção com temas, cuja base teórica é a Constituição, os Princípios Constitucionais e a Interpretação Normativa,[4] razão pela qual temos uma tendência, e porque não dizer, a "viciosidade positiva" de recorrer a estas ideias estruturais que, apesar da carga conceitual, adiante nos serão profícuas.

Assim é que um fato externo, entendido como elemento do sistema da natureza, não pode ser considerado pura e simplesmente como algo jurídico. Um fato como este só se jurisdiciza, ou seja, se transforma em um ato jurídico (lícito ou ilícito), nos dizeres de Hans Kelsen (1985), quando o sentido objetivo que está ligado a este ato, ou seja, sua significação, passa a ter conteúdo jurídico.

O ser natural de um fato, tal como determinado pela lei da causalidade e encerrado no sistema da natureza, não confere àquele o poder de transformação. A significação jurídica que este fato receberá é enviada por intermédio de uma norma, a qual possibilitará a interpretação deste ato.

Quando enunciamos que determinada conduta humana constitui um ato jurídico (ou antijurídico), estamos elaborando um juízo de valor que é resultado de uma interpretação específica, a saber, de uma interpretação normativa. E assim, podemos dizer que o conteúdo de um fato pode coincidir com o conteúdo de uma norma[5] válida.

O conteúdo do dever-ser (ordem jurídica positivada) é determinado pelo ato de vontade assim determinado e, posteriormente, conhecido.

O dever-ser apresenta-se, portanto, no sentido subjetivo, quando reflete o *animus* do ato de vontade praticado por um indivíduo visando à conduta de outrem ou sentido objetivo, quando se exprime, por meio de uma norma válida que vincule os destinatários, isto é, atribua a alguém competência para execução deste ato.

---

[4] No decorrer da jornada acadêmica entre o Mestrado e o Doutorado nos lançamos a escrever: Reflexões sobre a função reguladora das agências estatais (*RDA*, n. 226, out./dez. 2001, Renovar), *Os tribunais administrativos tributários e a possibilidade a apreciação de norma constitucional* (1999, dissertação de mestrado ainda não publicada), Princípio da Impessoalidade (obra coletiva coordenada pela Professora Lúcia Valle Figueiredo sob o título: *Princípios informadores do direito administrativo*, publicada pela NDJ em setembro de 1997) e *A interpretação das normas tributárias* (1996, monografia não publicada).

[5] Hans Kelsen define "norma" como sendo um dever-ser e o ato de vontade de que ela constitui o sentido é um ser.

Interpretar, por assim dizer é uma operação mental que acompanha o processo de aplicação do Direito, processo que permite a progressão da norma superior em face de outra norma inferior, além de ensejar a fixação, por parte do órgão jurídico, da aplicação do Direito, buscando sempre, por meio da interpretação, o sentido da norma.

Ao se pretender interpretar uma lei, deve-se buscar o conteúdo da norma individual e concreta. Como exemplos, a sentença judicial e a resolução administrativa, já que essa é deduzida de uma norma geral.

Com base nessa dedução, podemos destacar diversas sub-espécies de interpretação tais como: judicial, legislativa, dos tratados internacionais, das normas jurídicas aplicadas, daqueles que devem apenas observar o Direito e a interpretação da Ciência do Direito.

A questão se concentra na expressão verbal do comando normativo, que pode apresentar discrepância com relação à verda-deira "vontade do legislador" ou à "intenção das partes" que realizam o negócio jurídico.

A vontade do legislador ou a intenção das partes pode não corresponder, total ou parcialmente, às palavras que são expressas na lei ou no negócio jurídico. Nessa última hipótese, a vontade do legislador ou a intenção das partes correspondem pelo menos a uma das várias significações que a expressão verbal da norma veicula.

Como vimos, existem várias possibilidades de aplicação do Direito, qualquer delas nos permite o enquadramento ou preen-chimento da "moldura" proposta por Hans Kelsen (1985, p. 366), o qual conclui "se por 'interpretação' se entende a fixação por via cognoscitiva do sentido do objeto a interpretar, o resultado de uma interpretação jurídica somente pode ser a fixação da moldura que representa o Direito a interpretar e, consequentemente, o conhecimento das várias possibilidades que dentro desta moldura existem".

Há quem critique a jurisprudência tradicional que objetiva extrair da análise interpretativa uma única solução correta quando da análise de um caso concreto. A adoção de uma norma indi-vidual para o preenchimento da moldura da norma geral retrata, justamente, este caráter indefinido de hipóteses para o encontro da solução mais ajustada.

A "justeza" jurídico-positiva que se almeja está fundada na própria lei, permitindo que esse processo de interpretação iniciado pelo ato intelectual de clarificação e compreensão dê ensejo a uma escolha correta e justa relativa ao Direito Positivo, dentre outras várias.

Com efeito, devemos olhar para o ato de interpretação como uma atividade jurídica fundamental, na qual o intérprete se conecta ao mundo social.

É inegável que ao interpretar uma norma, em que há há relação de causa e efeito, não se pode desconsiderar o valor axiológico associado às manifestações concretas que diante do fato jurídico se deparam com os modais "obrigatório", "proibido" e "permitido".

A interpretação, segundo Paulo de Barros Carvalho (2005), é uma atividade intelectual que se desenvolve à luz de princípios hermenêuticos, com a finalidade de declarar o conteúdo, o sentido e o alcance das regras jurídicas.

De outra parte, a hermenêutica é a teoria que pesquisa os meios de interpretação, enquanto a interpretação aplica os princípios, fórmulas e instrumentos preconizados naquela, quando a análise for nitidamente focalizada, ou seja, houver a escolha de dispositivo legal que será submetido àquela atividade. Portanto, a hermenêutica é o gênero de que é espécie a interpretação, com seus meios, critérios e dimensões.

Ensina Carlos Maximiliano (1941) que, no esforço de interpretação, antes de ingressarmos no processo interpretativo, devemos verificar a autenticidade e constitucionalidade do dispositivo que pretendemos interpretar; é a chamada crítica, a fim de evitar desgaste mental e perda do trabalho exegético.

Paulo de Barros Carvalho (2005) acrescenta que esse exercício de verificação da autenticidade da prescrição ou da ordem judicial já nos permite ingressar no terreno interpretativo, donde se conclui que esse momento está inserido no processo de interpretação.

Quando o dispositivo a ser interpretado é constitucional, ressalta Konrad Hesse (1983):

> Não existe interpretação constitucional desvinculada dos problemas concretos. Também a captação do problema pressupõe um "compreender" do intérprete, que por sua vez necessita de uma fundamentação teórico-constitucional. Com isso, a Teoria da Constituição vem a ser condição tanto de compreensão da norma como do problema. Aos princípios da interpretação constitucional corresponde a missão de orientar e encaminhar o processo de relação,

coordenação e valorização dos pontos de vista ou considerações que devem levar à solução do problema. (tradução livre)[6] (HESSE, 1983, p. 45, 47-48)

Por meio da hermenêutica jurídica, o texto legal representa apenas um ponto de partida para a construção do sentido da mensagem legislada.

A interpretação extraída da lei, quando se profere uma sentença ou quando se busca extrair da Constituição os comandos mais corretos, é tarefa que converge para a aplicação justa das leis.

A interpretação jurídica se revela como uma operação de conhecimento, ou interpretação cognoscitiva, a qual enseja a escolha por parte do órgão aplicador do Direito da melhor possibilidade dentre as reveladas, tanto para a produção de uma norma de escalão inferior, como para a execução de um ato de coerção contido na norma jurídica aplicada.

Quando se efetivar a escolha, estar-se-á criando o Direito, pela via da interpretação autêntica. Quer dizer, o órgão jurídico que a aplica pode estabelecer normas gerais, individuais e de execução de uma sanção. Assim, a interpretação autêntica é aquela que vincula o órgão aplicador da norma jurídica, de tal sorte que dela se extrairá dever jurídico, direito subjetivo e, se prevista, a sanção.

Já a interpretação do Direito realizada pela Ciência Jurídica não pode ser considerada autêntica, por ser pura determinação cognoscitiva do sentido das normas jurídicas. Ela não é criação jurídica. Sua primordial função é a de estabelecer as possíveis significações de uma norma jurídica. O ideal almejado é realizável, e não realizado, face às plurissignificações da maioria das normas.

A interpretação científica busca demonstrar à autoridade legisladora (o mesmo se diga às autoridades judiciais, no tocante às decisões) as imprecisões técnico-jurídicas da formulação das normas jurídicas, reduzindo a um mínimo possível a inevitável pluralidade de significações dos termos e aumentando o grau de segurança jurídica.

---

[6] [...] No existe interpretación constitucional desvinculada de los problemas concretos. También la captación del problema presupone un "comprender" del intérprete, que a su vez necesita una fundamentación teórico-constitucional. Con ello, la Teoría de la Constitución deviene condición tanto de la compreensión de la norma como de la del problema. A los princípios de la interpretación constitucional les corresponde la misión de orientar y encauzar el proceso de relación, coordinación y valoración de los puntos de vista o considerações que deben llevar a la solución del problema.

Isso porque há necessidade, também, de se socorrer do contexto em que aquele texto foi inserido, para que, realizada uma análise pormenorizada de captação dos valores envolvidos, se construa o conteúdo semântico da norma jurídica capaz de regular as condutas intersubjetivas que disciplina.

Nas eloquentes palavras de Giuseppe Lumia (1993):

> Por interpretação se entende, em geral, a atividade destinada a compreender o significado de algo que funciona como signo de qualquer outra coisa; através do signo, o intérprete chega ao *designatum*, ou seja, ao objeto indicado pelo signo. Existe, pois, atividade interpretativa (ou HERMENÊUTICA) cada vez que existe atividade sígnica (ou SEMIÓTICA) [...] A interpretação jurídica consiste, pois, no reconhecimento do significado da norma ou, como se diz, de seu alcance; seu fim é chegar, através do enunciado da norma, à vontade daquele que a ditou ou daquele do qual ela provém e, no caso da lei, a vontade do legislador, que pode ser tanto um monarca ou um déspota absoluto como um parlamento. E posto que as normas estão constituídas habitualmente por enunciados lingüísticos, para reconstituir a vontade do legislador (elemento PRAGMÁTICO) é necessário partir do significado próprio das palavras (elemento SEMÂNTICO) de acordo com sua conexão (elemento SINTÁTICO). (tradução livre)[7] (LUMIA, 1993, p. 69-70)

Afirma-se, então, que "não há texto, sem contexto", pois a partir do primeiro é que serão desenvolvidos e formados os conteúdos significativos.

Segundo Eros Roberto Grau (1995), o texto, o preceito ou o enunciado normativo é "alográfico". Não se completa em si mesmo ou na pretensão do legislador. A "completude" do texto somente ocorre quando o intérprete lhe produz um sentido.

Assim sendo, cabe ao intérprete o desenvolvimento desse trabalho criativo de compreensão do texto normativo. Resultará,

---

[7] Por interpretación se entiende, en general, la actividad dirigida a comprender el significado de algo que funciona como signo de cualquier otra cosa; a través del signo, el intérprete llega al designatum, es decir, al objeto al que el signo envía. Existe, pues, actividad interpretativa (o HERMENÉUTICA) cada vez que existe actividad sígnica (o SEMIÓTICA). [...] La interpretación jurídica consiste, pues, en el reconocimiento del significado de la norma o, como se dice, de su "alcance"; su fin es llegar, a través del enunciado de la norma, a la voluntad del que la ha dictado o del que proviene y, en el caso de la ley, a la voluntad del "legislador", que puede ser tanto un monarca o un déspota absoluto como un parlamento. Y puesto que las normas están constituidas habitualmente por enunciados lingüísticos, para reconstituir la voluntad del legislador (elemento PRAGMÁTICO) es necesario partir del significado própio de las palabras (elemento SEMÁNTICO) de acuerdo con su conexión (elemento SINTÁCTICO).

desse grande desafio interpretativo de esclarecer e compreender as lacunas existentes, a fonte formadora dos conteúdos significativos que serão inseridos no sistema.

Dessa maneira, buscamos no processo de interpretação jurídica (que gira em torno de uma relação de intersubjetividade entre a norma e o caso concreto) compreender a norma constitucional e legal, confrontá-la com a aplicação atual destas para, assim, verificarmos se ocorreu satisfatoriamente a almejada subsunção.

Nas palavras de Zagrebelsky (*apud* DI MANNO, 1997, p. 36) no caso, o intérprete procede e retorna a si mesmo em um processo circular (o círculo interpretativo) de reconducão bipolar que se completa a partir do momento em que as exigências do caso e aquelas do direito se compõem da forma a mais satisfatória possível.[8]

Por isso, pretendemos estudar alguns aspectos dos temas: ordem econômica, intervenção estatal no domínio econômico, regulação estatal e políticas públicas, enquanto ações estatais previstas na Constituição da República de 1988, utilizando de alguns instrumentos de interpretação, a seguir descritos, que nos auxiliarão na reflexão sobre o conteúdo, a aplicação e a eficácia do planejamento econômico, em face do disposto no artigo 174, *caput*, da Constituição da República de 1988.

A concretização plena dessa força normativa da Constituição acaba sendo testada em tempos difíceis, isto é, diante de situações em que o Estado se vê compelido a definir os nortes da sociedade em face das circunstâncias fáticas e das pressões políticas, econômicas de âmbito interno e externo e é nestes momentos que a soberania, os fundamentos e os objetivos da ordem jurídica devem prevalecer e ser respeitados e impostos em detrimento das desmedidas investidas do arbítrio.

1.2 Das dimensões, elementos, critérios e métodos de interpretação constitucional

Na análise do planejamento econômico prescrito no artigo 174 da Constituição da República de 1988, a ser realizada neste estudo, serão utilizados alguns vetores interpretativos como subsídios para a análise e as conclusões a serem apresentadas.

---

[8] [...] du cas, l'interprète procède et vers lui il retourne, dans un processus circulaire (le cercle interprétatif) de reconduction bipolaire qui s'achève à partir du moment où les exigences du cas et celles du droit se composent de la manière la plus satisfaisante possible.

Assim é que julgamos relevante enumerar e comentar algumas dimensões, elementos, critérios e métodos de interpretação, dos quais nos valeremos quando aplicarmos a interpretação sistemática da Constituição da República de 1988, para compreendermos a relação existente entre a atividade regulatória e o planejamento econômico estatal.

1.2.1 Dimensões interpretativas

a) Dimensões metodológicas – a interpretação é uma tarefa que se impõe metodicamente a todos os aplicadores das normas constitucionais (legislador, administração e tribunais). Todos esses que são incumbidos de aplicar e concretizar a Constituição e devem: 1. Encontrar um resultado constitucionalmente "justo", por meio da adoção de um procedimento (método) racional e controlável; 2. Fundamentar este resultado (Konrad Hesse, 1985), desta mesma forma. Quando tratarmos, mais adiante, da exposição de motivos da lei que veicula a planificação econômica estaremos nos utilizando desta espécie de interpretação.

b) Dimensões teorético-políticas – a análise interpretativa deve ter em conta a especificidade resultante do fato de a constituição ser um *estatuto jurídico político*. Nas exatas palavras de J. J. Gomes Canotilho (2002):

A influência dos valores políticos na tarefa da interpretação legitima o recurso aos princípios políticos constitucionalmente estruturantes, mas não pode servir para alicerçar propostas interpretativas que radiquem em qualquer sistema de supra-infra ordenação de princípios (ex.: princípio do Estado de Direito mais valioso que o princípio Democrático) nem em qualquer idéia de antinomia (cfr. Supra, Cap. 2º/D) legitimadora da preferência de certos princípios relativamente a outros (ex.: antinomia entre o princípio do Estado de Direito e o princípio da socialidade, solucionando-se a antinomia através do reconhecimento de primazia normativa do primeiro). O princípio da unidade hierárquico-normativa da Constituição ganhará, nesta sede, particular relevância. [...] O princípio da unidade da constituição considerado como princípio interpretativo fundamental foi recentemente estudado por *F. Muller, Die Einheit der Verfassung*. [...] Para uma breve referência a alguns problemas relacionados com a "carga política" das normas constitucionais cfr. a 3ª ed., do Direito Constitucional, p. 224 e ss. O significado do recurso aos "valores políticos" na interpretação da constituição tem sido objecto de amplo debate doutrinal na Itália, parecendo considerar-se opinião dominante aquela que insiste na legitimidade do recurso a tais valores, mas só e enquanto eles constituírem "valores" positivados, integrados no conteúdo da norma constitucional a interpretar (não é legítima, assim, a invocação de "valores políticos" baseada no facto de eles corresponderem às directivas das forças hegemônicas ou das forças que detêm o poder em determinado momento). (CANOTILHO, 2002, p. 1192-1200)

Ao abordarmos a influência do processo político na elaboração do ato administrativo de planejar, devemos, necessariamente, considerar essa hipótese interpretativa, bem como a assertiva de que a Constituição é um estatuto jurídico-político.

c) Dimensões teorético-jurídicas – a interpretação constitucional relaciona o caráter hierárquico supremo da constituição, que contém função de *determinante heterônoma* dos preceitos constitucionais, com as normas colocadas num plano hierárquico inferior. Situados no vértice da pirâmide normativa apresentam em geral maior "abertura" e "menor densidade", sendo indispensável para sua concretização, um espaço de conformação.

As normas constitucionais que prescrevem o denominado "órgão regulador", por exemplo, possuem essa conotação aberta, que possibilita, para sua concretização, certa margem de liberdade seja para regulamentação legal seja para infralegal, a exemplo das leis de constituição das agências reguladoras e dos atos normativos, portarias e resoluções, decorrentes dos atos de execução de suas finalidades.

Pelo princípio da constitucionalidade, consideramos a implicação das normas constitucionais como determinantes heterônomas das normas inferiores que as concretizem (leis, regulamentos, sentenças). A relação estabelecida entre a aplicação da norma e a necessária existência de *determinantes autônomas* introduzidas pelos órgãos concretizadores é o que J. J. Gomes Canotilho (2002) denomina de "operação de densificação".

1.2.2 Elementos de interpretação

Recorrendo, ainda, aos ensinamentos de J. J. Gomes Canotilho (2002), destacamos a classificação dos elementos de interpretação, enquanto instrumentos que auxiliam a desvendar o sentido das normas constitucionais e são utilizados na aplicação do método jurídico (método hermenêutico clássico):

a) a sistemática do texto normativo, o que corresponde, tendencialmente, à exigência de recurso ao elemento sistemático;

b) a genética do texto;

c) a história do texto;

d) a teleologia do texto, que aponta para a insuficiência de semântica do texto: o texto normativo que dizer alguma coisa a alguém e daí o recurso à pragmática.

Ao descrevermos a introdução do "órgão regulador" na Constituição da República de 1988, bem como as diversas vertentes que a noção de desenvolvimento obteve desde a Constituição de 1891 (denominada "do Império"), estaremos nos valendo desses elementos interpretativos. Nesse particular vem à tona nossa inquietude sobre a prática de introdução de modelos e institutos jurídicos colhidos nos ordenamentos jurídicos estrangeiros.

J. J. Gomes Canotilho (2002) esclarece, ainda, sob o manto do processo de investigação:

> [...] Em tempos recentes, a comparação jurídica é erguida a "quinto método de interpretação". Esta comparação assume, em geral, uma natureza valorativa, ou seja, reconduz-se a uma comparação jurídica valorativa no âmbito do Estado Constitucional. Através dela, é possível estabelecer a comunicação entre várias constituições (Häberle) e descobrir critério da melhor solução para determinados problemas concretos. A comparação valorativa tem sido utilizada pelo Tribunal de Justiça da Comunidade Européia em torno dos direitos fundamentais. Nalguns casos, são as próprias constituições que remetem para textos internacionais como acontece com a Convenção Européia de Direitos Fundamentais (CRP, art.16º). [...] A comparação jurídica[9] pressupõe um *humus* cultural: o direito

---

[9] Vejamos o exemplo das agências reguladoras (cuja análise e reflexão serão objeto do Capítulo 4 deste trabalho) veiculadas como instrumento de fiscalização e regulação normativa de determinados setores da atividade econômica, dotadas de eficiência, especialidade e agilidade para implementação de políticas públicas e inspiradas no modelo norte-americano das *Commissions*. Pelo ordenamento

Capítulo 1
Da Constituição da República de 1988 e da Ordem Econômica | 43

constitucional comparado converte-se em cultura comparada. (Häberle). *O "problema do método comparativo" é, assim, o de saber se ele consegue mais do que recortar* standards *(medidas regulativas médias correspondentes a condutas sociais correctas) típicos de determinados modelos culturais.* (CANOTILHO, 2002, p. 1200, grifos nossos)

Esses elementos interpretativos têm sido utilizados, a propósito do elemento histórico, na interpretação comparativa que objetiva captar a evolução jurídica de certos institutos, normas e conceitos produzidos de um dado sistema jurídico, aplicando-os a outro ordenamento seja para inovar, seja para reafirmar enunciados linguísticos, cujas normas veiculadoras possam ter demonstrado eficácia em sua aplicação. Contudo, como vimos, a adoção do método comparativo requer, necessariamente, a adequação aos ditames culturais e valores juridicizados.

1.2.3 Critérios de interpretação

Karl Larenz (1983) adota critérios de interpretação, que considera "pontos de vista directivos", em que cada qual tem seu valor e aplicabilidade:

a) sentido literal – deve ser considerado como termo inicial do processo interpretativo. Isto porque a linguagem técnico-jurídica, apesar de sua especialidade, se apoia na linguagem geral, pois o Direito, que a todos se dirige, não pode

---

jurídico brasileiro vigente, a função reguladora está limitada à expedição de atos que regulamentem as normas gerais e abstratas, portanto, em uma visão jurídico-interpretativa o "órgão" regulador não pode inovar naquele, sendo restritas e diversas as atribuições de independência e autonomia absorvidas do modelo estrangeiro.

Nesse sentido, o Colendo Supremo Tribunal Federal, quando, no julgamento da Medida Cautelar da Ação Direta de Inconstitucionalidade nº 1.668-DF, ocorrido em 8 de outubro de 1997, ao analisar o artigo 119 da Lei nº 9.472/97, que criou a Agência Nacional de Telecomunicações (ANATEL) decidiu: "[...] o Tribunal, vencido o Min. Moreira Alves, deferiu, em parte a cautelar quanto aos incisos IV e X do art. 19, para, sem redução de texto, *dar interpretação conforme à Constituição Federal*, com o objetivo de fixar exegese segundo a qual *a competência da Agência para expedir normas, subordina-se aos preceitos legais e regulamentares que regem a outorga, prestação e fruição dos serviços de telecomunicações no regime público e no regime privado*. Também quanto ao inciso II do art. 22 ("Compete ao Conselho Diretor: II – aprovar normas próprias de licitação e contratação"), vencido o Min. Moreira Alves, deferiu-se, em parte, para dar-lhe interpretação conforme à Constituição Federal, fixando a exegese segundo a qual *a competência do Conselho Diretor fica submetida às normas gerais e específicas de licitação e contratação previstas nas respectivas leis de regência*". Trata-se de entendimento que limita a função reguladora das agências, de molde que, talvez, um dos escopos de sua criação possa estar mitigado, merecendo reforma constitucional que alcance a plenitude da aplicação inicialmente desejada ou se conforme à realidade de uma ordem constitucional que não está preparada para tal mister e, quiçá, porque não haja mentalidade cultural, social, técnica, jurídica e funcional para tanto (grifos nossos).

renunciar a um mínimo de compreensibilidade geral. Esse encadeamento de frases do texto legal enseja o processo, conhecido pelo nome de "círculo hermenêutico". Trata-se do esclarecimento recíproco estabelecido entre o uso linguístico geral associado ao uso linguístico especial utilizado pela lei. Por conseguinte, o sentido literal servirá para delimitar o campo a ser estudado ulteriormente pelo intérprete;

b) contexto significativo da lei – configura-se na exigência de compreensão do contexto, em que está inserida a lei. Além disso, induz à concordância material das disposições dentro de uma regulação. Por fim, leva em conta a ordenação externa da lei, com base na sistematização dos conceitos a ela subjacentes;

c) intenção reguladora, fins e ideias normativas do legislador histórico – trata-se do elemento histórico da interpretação. De um lado temos a intenção reguladora, os fins e sua hierarquia, bem como as opções fundamentais do legislador e de outro lado, as ideias normativas concretas das pessoas que participam da elaboração da redação do texto legislativo. O juiz se utiliza da intenção reguladora do legislador e das suas decisões valorativas, mesmo quando surgem novas circunstâncias não abordadas por esse último e o faz, por meio da interpretação teleológica, aquela que está de acordo com os fins cognoscíveis e as ideias fundamentais de uma regulação. E assim, explica Karl Larenz (1983):

> [...] A disposição particular há de ser interpretada no quadro do seu sentido literal possível e em concordância com o contexto significativo da lei, no sentido que corresponda optimamente à regulação legal e à hierarquia destes fins. [...] É verdade que o intérprete, ao partir dos fins estabelecidos pelo legislador histórico, mas examinando ulteriormente as suas conseqüências e ao orientar a eles as disposições legais particulares, vai já para além da "vontade do legislador"; (LARENZ, 1983, p. 401)

d) critérios teleológicos-objectivos – os fins que o legislador intenta realizar por meio da lei são, na grande maioria dos casos, fins objetivos do Direito, que, adaptados para nossa ordem jurídica, seriam entre outros a segurança e a certeza jurídica. E, por isso, assim definidos: "chamo-os teleológicos-objectivos porque não dependem de se o legislador teve sempre consciência da sua importância para a regulação por ele conformada, conquanto esta só se deixe compreender na sua globalidade enquanto por eles condicionada"; (LARENZ, 1983, p. 403)

e) interpretação conforme à Constituição – as normas constitucionais precedem em hierarquia todas as demais normas jurídicas. Qualquer disposição infraconstitucional que esteja em contradição com um princípio constitucional é considerada inválida. Esclarece, ainda, Larenz (1983, p. 404): "entre as várias interpretações possíveis, segundo os demais critérios, sempre obtém preferência aquela que melhor concorde com os princípios da Constituição. 'Conforme à Constituição' é portanto, um critério de interpretação". Não se trata de uma mera interpretação, mas da compreensão que se faz da orientação dada pelas normas constitucionais e pela primazia de valor de determinados bens jurídicos dela decorrentes;

f) inter-relação dos critérios de interpretação – o último dos critérios suscita a relevância, para metodologia da ciência do direito, de se estabelecer a inter-relação entre os critérios de interpretação elencados, dentre suas peculiaridades e incidências, porém, ressaltando a necessidade de que cada um supra de forma integrativa a carência interpretativa do outro, de tal sorte que o texto normativo seja apreendido e criticado de modo metodologicamente adequado.

Todos os critérios, até aqui explicitados, procuram auxiliar o legislador e o intérprete a evitar as contradições de valoração e, para isto, a orientação dada é a de que os princípios éticos-jurídicos sejam o norte da interpretação.

1.2.4 Métodos de interpretação

A doutrina tratou de estudar, também, métodos de interpretação que, aliás, antecedem, vale registrar, o momento da integração (compreendida como a análise do direito, buscando a plenitude e unicidade do sistema, por meio de um único meio de interpretação).

Hans Kelsen (1985) comunga com esse entendimento acrescentando que:

Os mais diversos métodos de interpretação conduzem sempre a um resultado apenas possível, nunca a um resultado que seja o único correto. (...), Com efeito, a necessidade de uma interpretação resulta justamente do fato de a norma aplicar ou o sistema das normas deixarem várias possibilidades em aberto, ou seja, não conterem ainda qualquer decisão sobre a questão de saber qual dos interesses em jogo é o de maior valor, mas deixarem antes esta decisão, a determinação da posição relativa dos interesses, a um ato de produção normativa que ainda vai ser posto — à sentença judicial, por exemplo. (KELSEN, 1985, p. 367-368)

Entendemos, assim, que o ato investigativo/interpretativo implica uma atividade complexa de adscrição a um enunciado linguístico (em nosso trabalho, também jurídico), cujo produto deste equivale ao significado atribuído pelo intérprete e resultante do minimalismo possível e necessário ante à pluralidade de compreensões, ofertando-se, deste modo, maior grau de segurança jurídica.[10]

A segurança jurídica é um *standard* alçado a princípio e possui como corolários a certeza, a proteção e a confiança, todos elementos do Estado de Direito.

Ora, ao pretendermos adentrar a seara do desenvolvimento nacional e do planejamento econômico, necessitamos conhecer quais são os elementos objetivos da ordem jurídica vigente que assegurem à sociedade brasileira e àqueles que se relacionam com o Estado brasileiro, clareza, racionalidade e transparência dos atos praticados por qualquer dos órgãos que compõem o poder estatal.

Nesse sentido, nos socorremos das precisas palavras de J. J. Gomes Canotilho (2002), ao tratar do princípio geral da segurança jurídica:

[...] Em geral, considera-se que a segurança jurídica está conexionada com elementos objectivos da ordem jurídica — garantia de estabilidade jurídica, segurança de orientação e realização do

---

[10] A doutrina costuma identificar a segurança jurídica como um supraprincípio, ou seja, um valor que ultrapassa os parâmetros constitucionais, aqui entendido o sistema jurídico positivo. Isso porque, a segurança jurídica inspira as normas e lhes confere efetividade. Assim é que analisa José Souto Maior Borges: [...] a segurança jurídica é um atributo que convém tanto às normas jurídicas, quanto à conduta humana, fulcrada em normas jurídico-positivas; normas asseguradoras desse valor — é já dizê-las informadas pela segurança jurídica. [...] Noutras palavras e mais claramente: a segurança postula, para a sua efetividade, uma especificação, uma determinação dos critérios preservadores dela própria, no interior do ordenamento jurídico (O princípio da segurança jurídica na criação e aplicação do tributo. *Revista de Diálogo Jurídico*, n. 13, abr./maio 2002. Disponível em: <www.direitopúblico.com.br>).

direito — enquanto protecção da confiança se prende mais com as componentes subjetivas da segurança, designadamente a *calculabilidade* e previsibilidade dos indivíduos em relação aos efeitos jurídicos dos actos dos poderes públicos. A segurança e a proteção da confiança exigem, no fundo: (1) fiabilidade, clareza, racionalidade e transparência dos actos do poder; (2) de forma que em relação a eles o cidadão veja garantida a segurança nas suas disposições pessoais e nos efeitos jurídicos dos seus próprios actos do poder. Deduz-se já que os postulados da segurança jurídica e da protecção da confiança são exigíveis perante qualquer acto de qualquer poder — legislativo, executivo e judicial. (CANOTILHO, 2002, p. 257)

A classificação proposta, portanto, busca sua utilidade na instrumentalidade de que dispõe para auxiliar nossa interpretação que investiga as proximidades e singularidades da atividade regulatória e do planejamento, ante a implementação de políticas públicas.

1.3 Da ordem econômica na Constituição da República de 1988

Antes de adentrarmos, propriamente, na conceituação em foco, devemos associar algumas ideias lançadas até o momento, como por exemplo liberalismo, segurança jurídica e Estado, para, assim, percebermos onde estivemos, onde estamos e para onde vamos.

O liberalismo político (composto de ideias de divisão de poderes e direitos humanos) está associado ao liberalismo econômico (cuja principal ideia é a de economia de livre mercado capitalista). A burguesia propiciava o substrato sociológico ao Estado e este, de sua parte, criava condições políticas favoráveis ao desenvolvimento do liberalismo econômico.

Segundo J. J. Gomes Canotilho (2002), a economia capitalista necessita de segurança jurídica que não estava garantida no Estado Absoluto, dadas as frequentes intervenções do monarca na esfera jurídico-patrimonial dos súditos, bem como do uso e abuso do direito discricionário daquele quanto à alteração e à revogação das leis. De outra parte, ainda afirma Canotilho que a construção constitucional liberal tem em vista a *certeza do direito*. O laço que liga ou vincula às leis gerais as funções estaduais protege o sistema da liberdade codificada do direito privado burguês e a economia do mercado.

Verifiquemos, então, como os doutrinadores conceituam a denominada Ordem Econômica para que possamos compreender e equacionar esses valores sociais, políticos, econômicos e jurídicos.

Modesto Carvalhosa (1972) assevera que no conceito de Ordem Econômica constitucional destaca-se o modo de ser jurídico do sujeito econômico, ou seja, a sua função: função social e política (justiça social e desenvolvimento nacional) — atribuída à atividade produtiva pelo Direito Público.

Eros Roberto Grau (2002) utiliza o conceito de ordem econômica (constitucional) material, com várias ressalvas, por considerá-la a ordem de um dever-ser constitucional, inserida no âmbito de uma constituição dirigente.

Sabino Cassese (2003)[11] lembra que a expressão "constituição econômica" se origina da cultura iuspublicista alemã formada após a primeira guerra mundial, a qual pode ser entendida em três sentidos:

1. Como fórmula condensadora das normas da Constituição no sentido formal sobre as relações econômicas.

2. "Constituição Econômica" é um conjunto de institutos que, embora sendo parte do Direito, não pertencem necessariamente à constituição escrita. (...) Este, portanto, constitui um novo significado de "constituição econômica": não só análises das normas constitucionais e das leis, como também análises das mutações da opinião pública; e

3. A última acepção de "constituição econômica" é aquela que amplia o enfoque até os aspectos administrativos. O estudo do Direito não deve deter-se na Constituição e na legislação, deve também considerar, por exemplo, os regulamentos, evidenciando assim a correlação entre Constituição em sentido formal, legislação e práxis aplicativa. Esse terceiro significado de "constituição econômica" não abraça

---

[11] 1) como fórmula condensadora de las normas de la Constitución en sentido formal sobre las relaciones económicas y (...) 2) [em uma concepção mais ampla, segundo a qual "constitución económica" es un conjunto de institutos que, aun siendo parte del Derecho, no pertenecen necesariamente a la constitución escrita. (...) Este, por lo tanto, constituye un nuevo significado de "constitución económica": no solo análisis de las normas constitucionales y de las leyes, sino también análisis de las mutaciones de la opinión pública e 3) La última acepción de "constitución económica" es aquella que alarga la mirada hasta los aspectos administrativos. El estúdio del Derecho no debe deternerse en la Constitución y la legislación, sino que debe también considerar, por ejemplo, a los reglamentos, evidenciando así el devenir entre Constitución en sentido formal, legislación y praxis aplicativa. Este tercer significado de "constitución económica" no abraza solamente las normas constitucionales (primer significado), las leyes y la opinión pública (segundo significado), sino también um círculo más amplio, el "Derecho viviente" (CASSESE, 2003, p. 11-13).

somente as normas constitucionais (primeiro significado), as leis e a opinião pública (segundo significado), mas também um círculo mais amplo, o Direito vivenciado. (CASSESE, 2003, p. 11-13)

Fernando Facury Scaff (2003) propõe três conceitos:

(1) o de *ordem econômica*,[12] que diz respeito às normas inscritas na Constituição de um país sob esta rubrica; (2) o de *constituição econômica formal*, que alcança o de ordem econômica e o amplia, alcançando todas as normas que dizem respeito à matéria econômica em uma Constituição; e o de (3) *constituição econômica material*, onde o vocábulo "constituição" não corresponde ao de norma fundamental de um país, pois extrapola seus limites alcançando todas as normas que organizam sua economia. (SCAFF, 2003, p. 68)

Nas palavras de J. J. Gomes Canotilho (2002),[13] ao se referir à Constituição Portuguesa, no tópico — Constituição Econômica —, preferiu utilizar a expressão "constituição econômica" no seu sentido restrito, ou seja, o conjunto de disposições constitucionais — normas jurídicas — que dizem respeito à conformação da ordem fundamental da economia, passando, em seguida, a estabelecer conexão entre o princípio democrático e a "constituição econômica".

A Constituição, em estreita conexão com o princípio democrático (nas suas dimensões, política e econômica), consagrou uma <constituição econômica> que, embora não reproduza uma <ordem econômica> ou um <sistema económico> <abstracto> e <puro>, é fundamentalmente caracterizada pela idéia de democratização econômica e social. Neste contexto, o âmbito de liberdade de conformação política e

---

[12] Relata José Afonso da Silva, sendo repisado por diversos autores (verificar nota de rodapé 1 da p. 766), *In: Curso de direito constitucional positivo*. 23. ed. São Paulo: Malheiros, 2004, que a forma econômica capitalista, identificada na expressão "ordem econômica", encontra registro desde a Constituição Mexicana de 1917, bem como na Constituição alemã de Weimar, na qual se inspirou a Constituição Brasileira de 1934, a primeira a consagrar princípios e normas sobre a ordem econômica.

[13] No tópico Constitucionalismo e liberalismo, p. 109, o Mestre Português, ainda ressalta que: "O estado constitucional permitia a ascensão política da burguesia através da influência parlamentar. Todas as clássicas funções do Parlamento — legislação, fiscalização do governo, aprovação dos impostos — se inseriam no complexo global dos postulados do liberalismo político, mas com evidentes incidências na constituição económica. Nesta perspectiva se explica que as intervenções estaduais não autorizadas por lei fossem censuráveis, não porque lhes faltasse eventualmente uma dimensão intrínseca de justiça, mas porque afectavam a calculabilidade do desenvolvimento económico e do lucro segundo expectativas calculáveis. E também se compreende que as leis sejam iguais e vinculativas para todos: as leis do Estado, tal como as leis do mercado, são objectivas, dirigindo-se a todos e não podendo ser manipuladas por qualquer indivíduo em particular".

legislativa aparece restringido directamente pela Constituição: a política económica e social a concretizar pelo legislador deve assumir-se *política de concretização dos princípios constitucionais* e não uma política totalmente livre, a coberto de uma hipotética <neutralidade económica> da Constituição ou de um pretenso mandato democrático da maioria parlamentar. (CANOTILHO, 2002, p. 345-346)

Entendemos que o referido conceito de "constituição econômica" em sentido material está reduzido aos limites daquela no sentido formal, sendo considerada o conjunto de princípios e normas jurídicas que definem o sistema econômico, portanto, a organização e o funcionamento da economia e, a partir daquele, se constitui a ordem econômica.

Na compreensão da referida citação, diríamos que se extrai da Constituição o princípio da democracia social e econômica, o qual se traduz em um limite e um impulso para o legislador.

O legislador terá sua atividade limitada pela política econômica e social compatível com as normas constitucionais e será impulsionado (incluindo-se aqui também os demais entes e órgãos concretizadores) ao dever de aplicar a política em conformidade com as normas impositivas colhidas da Constituição.

A expressão "política econômica" pressupõe a adoção de uma diretriz escolhida para um dado fim, consoante a ideologia adotada por um grupo social dominante. E como espécie de política pública, há de ser implementada por uma ação estatal interventiva, definida segundo o sistema jurídico-constitucional vigente, para consecução e concretização de finalidades almejadas para a realidade econômica.

A veiculação de seu conteúdo se dá por meio de um processo complexo, o planejamento econômico, para o qual dedicamos capítulo específico neste livro.

Apesar da marcante presença do Estado no desempenho da política econômica como agente integrador e regulador do próprio sistema, no tocante às questões da macroeconomia e de alcance geral (interno e externo), é possível, também, vislumbrar a atenção de outros agentes a saber: empresariado, associações, confederações, além do próprio Estado, de forma específica e setorial da economia, sempre na busca da integração do sistema econômico.

De outra parte, Paulo Otero (1998), ao comentar o Estado de Bem-Estar da Constituição Portuguesa de 1976 e sua repercussão na ordem econômica, diz que o princípio do bem-estar:

Constitui o objectivo último da actividade pública de um modelo de Estado baseado na dignidade da pessoa humana, enquanto realização da justiça e da solidariedade sociais através da democracia económica, social e cultural. [...] tal cláusula não põe em causa, por si, a existência de um modelo econômico baseado no mercado e no princípio da liberdade dos seus agentes: a cláusula do bem-estar pode dizer-se humaniza a economia de mercado, vincula a livre iniciativa ao progresso social, permitindo até falar na existência de uma "economia de mercado social" ou "economia social de mercado". (OTERO, 1998, p. 13, 17-18)

Sabino Cassese (2003) propõe três métodos de estudo da "Constituição Econômica", por meio dos quais os juristas analisam o equilíbrio estabelecido pela lei diante de alguns parâmetros (autoridade/liberdade, público/privado), as políticas setoriais e as políticas públicas:

O primeiro é aquele tradicional, próprio dos juristas que analisam o equilíbrio estabelecido pela lei, em relação a qualquer bem ou utilidade, entre autoridade e liberdade, entre poder público e situação jurídica subjetiva privada, entre intervenção estatal e propriedade ou empresa (privadas). A segunda aproximação é aquela das políticas setoriais, própria dos estudiosos que intentam verificar as características das ações estatais setor por setor. O terceiro método é aquele que considera o governo dos excluídos, ou bem as políticas gerais. (CASSESE, 2003, p. 13-14)[14]

Pensamos que a ordem econômica compreende um conjunto de normas as quais prescrevem a ação econômica ou a realidade econômica escolhida pela sociedade, ou seja, o modelo econômico idealizado, condicionador das ações públicas e privadas. No âmbito da Constituição da República de 1988, por força do disposto no artigo 170, *caput*, os fundamentos da ordem econômica são a valorização do trabalho humano e a livre iniciativa, sendo suas finalidades a busca da existência digna e a justiça social, conforme será abordado a seguir.

---

[14] El primero es aquel tradicional, propio de los juristas que analizan el equilibrio establecido por la ley, en orden a cualquier bien o utilidad, entre autoridad y libertad, entre poder público y situación jurídica subjetiva privada, entre intervención estatal y propiedad o empresa (privadas). La segunda aproximación es aquella de las políticas sectoriales, propia de los estudiosos que intentan verificar las características de las acciones estatales sector por sector. El tercer acercamiento es aquel que considera el gobierno de los agregados, o bien las políticas generales (CASSESE, 2003, p. 13-14).

Diogo de Figueiredo Moreira Neto (1989), em obra publicada no ano seguinte à promulgação da Constituição da República de 1988, aponta algumas características anacrônicas desta no campo econômico e esclarece que as modificações constitucionais que ensejam variação de interpretação podem ocorrer diante da norma-princípio e não da norma-preceito.

Isso significa dizer que o ato interpretativo deve ser coerente com o sistema jurídico vigente, de tal sorte que, diante dos casos concretos, bem como de sua análise jurisdicional, deve ser coerente, pois princípios como da livre concorrência e do livre mercado, aplicados em diversas situações, não podem sofrer mutação constitucional. Diferentemente, as normas que redefinam formas de intervenção e incidência tributária devem, necessariamente, sofrer mutação constitucional não possibilitada pela via interpretativa.

Seguindo essa trilha, Egon Bockmann Moreira (2004) afirma que "o princípio da dignidade da pessoa humana é a diretriz maior do Direito Administrativo da Economia" e através dela chega-se à conclusão acerca da necessidade e da legitimidade da intervenção.

> Insista-se na concepção de que não se trata de estabelecer uma hierarquia cerrada entre princípios, mas de uma abordagem relativa à sua magnitude — *the dimension of weight or importance*, nas palavras de Dworkin. Dimensão essa que, ao menos no contraste entre os princípios ora postos em jogo, que emana de uma leitura substancial da Constituição, não dependendo unicamente da instalação de um momento de tensão principiológica. A rigor, o intérprete não necessita aguardar um conflito concreto para propor uma solução ponderativa: é possível estabelecer critérios dimensionais preliminares, a fim de possibilitar a prática de uma hermenêutica humanista.
>
> Os princípios constitucionais da função social da propriedade, razoabilidade e proporcionalidade conduzem a uma situação de equilíbrio e bom senso interventivo — no sentido de proporcionar uma intervenção firme, mas apenas quando necessária ao interesse público definido em lei (seja ele circunscrito à concorrência, seja ele definido por razões de ordem social).
>
> [...]
>
> O ora proposto paradigma da intervenção sensata defende, portanto, um comedimento interventivo, sem abdicar da firmeza e da objetividade no atingimento de fins sociais. A concepção funcionalizada da intervenção estatal na economia não pode abrir mão da cautela, nem tampouco da coerência. (MOREIRA, 2004, p. 85)

Essa flexibilidade atinente ao sistema econômico seria o resultado de um equacionamento entre uma realidade distorcida e injusta e uma criação idealista, mas utópica, que corrigisse as distorções percebidas no decorrer da história do constitucionalismo brasileiro e possibilitasse o paulatino e espontâneo aperfeiçoamento organizacional. Tudo isso firmado sem sólidas bases principiológicas que unissem a ordem espontânea (liberdade de mercado) e a necessária racionalidade trazida pela ordem jurídica (igualdade).

O Título VII — Da Ordem Econômica e Financeira — da Constituição da República de 1988, contém o significado da expressão "ordem econômica", suas derivações diante do contexto constitucional vigente; é o que pretendemos fazer permeando os enfoques: jurídico, político, econômico e social.

Destaquemos, inicialmente, o artigo 170,[15] inciso IV e parágrafo único, em que foram estabelecidos os fundamentos, as finalidades, os princípios e os limites relativos à ordem econômica, nos seguintes termos:

Fundamentos – VALORIZAÇÃO DO TRABALHO E DA LIVRE INICIATIVA.

Finalidades – ASSEGURAR A TODOS EXISTÊNCIA DIGNA, EM CONFORMIDADE COM OS DITAMES DA JUSTIÇA SOCIAL.

Princípios[16] – SOBERANIA NACIONAL, PROPRIEDADE PRIVADA, FUNÇÃO SOCIAL DA PROPRIEDADE, LIVRE CONCORRÊNCIA,[17]

---

[15] Art. 170. A ordem econômica, fundada na valorização do trabalho humano e na livre iniciativa, tem por fim assegurar a todos existência digna, conforme os ditames da justiça social, observados os seguintes princípios: [...]
IV – livre concorrência;
Parágrafo único. É assegurado a todos o livre exercício de qualquer atividade econômica, independentemente de autorização de órgãos públicos, salvo nos casos previstos em lei. [...]

[16] Conforme salienta Manoel Gonçalves Ferreira Filho (1972) esses princípios têm como escopo a existência digna do homem que se reflete, no ensinamento de São Tomás de Aquino, para quem era essa a própria essência do bem comum.

[17] Alexandre de Moraes compilou com precisão a conceituação de alguns autores que se dedicaram a analisar o princípio da livre concorrência e assim se expressaram: Segundo Celso Bastos "a livre concorrência hoje, portanto, não é só aquela que espontaneamente se cria no mercado, mas também aquela outra derivada de um conjunto de normas de política econômica. Existe, portanto, o que pode ser chamado um regime normativo da defesa da concorrência voltada ao restabelecimento das condições de mercado livre", para então concluir que "o princípio constitucional autoriza esta sorte de intervenção ativa no mercado, sem falar na negativa consistente na eliminação das disfunções e imperfeições". Para Manoel Gonçalvez Ferreira Filho "é esta a primeira vez que o direito constitucional positivo consagra expressamente a livre concorrência. No direito anterior, era ela considerada como compreendida pela liberdade de iniciativa. A menção expressa à livre concorrência significa, em primeiro lugar, a adesão à economia de mercado, da qual é típica a

DEFESA DO CONSUMIDOR, DEFESA DO MEIO AMBIENTE, REDUÇÃO DAS DESIGUALDADES REGIONAIS E SOCIAIS, BUSCA DO PLENO EMPREGO, TRATAMENTO FAVORECIDO ÀS EMPRESAS DE PEQUENO PORTE CONSTITUÍDAS SOB AS LEIS BRASILEIRAS E QUE TENHAM SEDE E ADMINISTRAÇÃO NO PAÍS. Os princípios da ordem econômica exprimem certa ambigüidade entre intervencionismo (e dirigismo) e liberalismo econômico, o que reflete as correntes que se debateram na Assembléia Nacional Constituinte e imprimiram no texto da Constituição esta concepção singular da ordem econômica.

Limites – A LEI DEFINIRÁ QUAIS AS ATIVIDADES ECONÔMICAS QUE DEPENDERÃO DE AUTORIZAÇÃO DE ÓRGÃOS PÚBLICOS, NO TOCANTE AO LIVRE EXERCÍCIO DAQUELAS.

Entendemos por atividade econômica, a ação que considera a escassez de recursos da natureza, pois que visa a atender os anseios e necessidades do ser humano, em um dado núcleo social, mas é limitada por fenômenos naturais, econômicos, políticos e sociais que estejam relacionados com a produção, industrialização, comercialização e consumo de bens e riquezas.

A atividade econômica pode ser exercida pelos setores público e privado, sendo que, para o primeiro, há restrições constitucionais, uma vez que só pode agir nos imperativos da segurança nacional ou em relevante interesse coletivo, firmados em lei para a realização das finalidades públicas. Quanto ao setor privado, as restrições se limitam à observância dos direitos e garantias fundamentais, além dos princípios constitucionais necessários à manutenção do bem-estar social. Pelos termos do artigo 170, parágrafo único, da Constituição da República de 1988, está assegurado a todos o livre exercício de qualquer atividade econômica, salvo nos casos previstos em lei.

Ainda no Texto Constitucional, e não menos relevante, indicamos, também, os seguintes dispositivos relativos à ordem econômica:

---

competição. Em segundo lugar, ela importa na igualdade na concorrência, com a exclusão, em conseqüência, de quaisquer práticas que privilegiem uns em detrimento de outros". Finalmente, para Celso Barbieri Filho "a concorrência é elemento fundamental para o democrático desenvolvimento da estrutura econômica. É ela a pedra de toque das liberdades públicas no setor econômico". Nesse mesmo sentido, Pinto Ferreira expõe que "o princípio da livre concorrência tem equivalência filosófica com o princípio da liberdade de livre iniciativa; é essencial para o funcionamento do sistema capitalista e da economia de mercado" (*apud* Alexandre de Moraes, 2005, p. 1952).

a) a República Federativa do Brasil constituída como Estado Democrático de Direito tem como um de seus fundamentos a livre iniciativa (art. 1º, IV, da CR/88);[18]

b) a criação de "órgão regulador" para dispor sobre a organização dos serviços de telecomunicações (art. 21, XI, da CR/88) (mais adiante faremos menção ao artigo 177);[19]

c) o princípio da subsidiariedade prescrito no artigo 173, *caput*, da CR/88;[20]

d) a repressão legal ao abuso de poder econômico que vise à dominação dos mercados, à eliminação da concorrência e do aumento arbitrário dos lucros previstos no artigo 173, §4º, da CR/88[21] (e na Lei nº 8.884, de 11.6.1994);

e) ainda, no âmbito da atividade econômica do Estado, este exercerá, como agente normativo e regulador, na forma da lei, as funções de fiscalização, incentivo e planejamento, sendo este determinante para o setor público e indicativo para o setor privado (artigo 174, *caput*, da CR/88).[22] Desde já, pode-se afirmar que o regime de competição assegurado na Constituição da República está conectado às diretrizes e bases do planejamento do desenvolvimento nacional equilibrado (artigo 174, §1º)[23] executado por meio de planos e programas nacionais e regionais (artigos 21, IX, 48, II, IV e 165 §§4º e 9º, I);[24]

---

[18] Art. 1º A República Federativa do Brasil, formada pela união indissolúvel dos Estados e Municípios e do Distrito Federal, constitui-se em Estado Democrático de Direito e tem como fundamentos: [...]
IV – os valores sociais do trabalho e da livre iniciativa.

[19] Art. 21 Compete à União: [...]
XI – explorar, diretamente ou mediante autorização, concessão ou permissão, os serviços de telecomunicações, nos termos da lei, que disporá sobre a organização dos serviços, a criação de um órgão regulador e outros aspectos institucionais;

[20] Art. 173. Ressalvados os casos previstos nesta Constituição, a exploração direta de atividade econômica pelo Estado só será permitida quando necessária aos imperativos da segurança nacional ou a relevante interesse coletivo, conforme definidos em lei.

[21] Art. 173. Ressalvados os casos previstos nesta Constituição, a exploração direta de atividade econômica pelo Estado só será permitida quando necessária aos imperativos da segurança nacional ou a relevante interesse coletivo, conforme definidos em lei. [...]
§4º – A lei reprimirá o abuso do poder econômico que vise à dominação dos mercados, à eliminação da concorrência e ao aumento arbitrário dos lucros.

[22] Art. 174. Como agente normativo e regulador da atividade econômica, o Estado exercerá, na forma da lei, as funções de fiscalização, incentivo e planejamento, sendo este determinante para o setor público e indicativo para o setor privado. Dedicaremos um capítulo específico para este artigo com foco no planejamento econômico.

[23] Art. 174. [...] §1º A lei estabelecerá as diretrizes e bases do planejamento do desenvolvimento nacional equilibrado, o qual incorporará e compatibilizará os planos nacionais e regionais de desenvolvimento.

[24] Art. 21 [...] IX – elaborar e executar planos nacionais e regionais de ordenação do território e de desenvolvimento econômico e social. [...]

f) ao indicar a competência da União para constituir monopólio, o artigo 177,[25] define uma forma de concentração da atividade econômica estatal, a qual foi flexibilizada por meio de Emenda Constitucional (n° 09/95) que permitiu não somente a quebra de uma regra de exclusidade de uso do poder, como também do risco e do resultado das atividades prescritas nos incisos do mesmo, conforme alertado no §1°, em que há faculdade de se contratar empresas públicas ou privadas para realização daquelas, observadas as condições e limites estabelecidos em lei.

Ao interpretarmos essas normas referentes à Ordem Econômica Constitucional pretendemos aproximar, sob a ótica do desenvolvimento nacional brasileiro, o direcionamento econômico dos valores inerentes às ordens jurídica, social e política, de tal sorte que haja, entre estas, uma compreensão gnosiológica e harmônica.

É de todo sabido que o Brasil, a partir da década de 80, passou de uma economia de mercado com forte planejamento estatal e nacionalista, para uma economia aberta, em especial à participação de investidores estrangeiros, tornando real sua inserção no mundo globalizado. Um dos marcos normativos que viabilizaram esta realidade foi a Emenda Constitucional n° 19/1998 que trouxe significativas alterações ao artigo 173, *retro* mencionado.

Art. 48 Cabe ao Congresso Nacional, com a sanção do Presidente da República, não exigida esta para o especificado nos arts. 49, 51 e 52, dispor sobre todas as matérias de competência da União, especialmente sobre: [...]
II – plano plurianual, diretrizes orçamentárias, orçamento anual, operações de crédito, dívida pública e emissões de curso forçado;
IV – planos e programas nacionais, regionais e setoriais de desenvolvimento; [...]
Art. 165. Leis de iniciativa do Poder Executivo estabelecerão: [...]
§4° Os planos e programas nacionais, regionais e setoriais previstos nesta Constituição serão elaborados em consonância com o plano plurianual e apreciados pelo Congresso Nacional. [...]
§9° Cabe à lei complementar: [...]
I – dispor sobre o exercício financeiro, a vigência, os prazos, a elaboração e a organização do plano plurianual, da lei de diretrizes orçamentárias e da lei orçamentária anual;
[25] Art. 177. Constituem monopólio da União:
I – a pesquisa e a lavra das jazidas de petróleo e gás natural e outros hidrocarbonetos fluidos;
II – a refinação do petróleo nacional ou estrangeiro;
III – a importação e exportação dos produtos e derivados básicos resultantes das atividades previstas nos incisos anteriores;
IV – o transporte marítimo do petróleo bruto de origem nacional ou de derivados básicos de petróleo produzidos no País, bem assim o transporte, por meio de conduto, de petróleo bruto, seus derivados e gás natural de qualquer origem;
V – a pesquisa, a lavra, o enriquecimento, o reprocessamento, a industrialização e o comércio de minérios e minerais nucleares e seus derivados, com exceção dos radioisótopos cuja produção, comercialização e utilização poderão ser autorizadas sob regime de permissão, conforme as alíneas "b" e "c" do inciso XXIII do *caput* do art. 21 desta Constituição Federal (Redação dada pela Emenda Constitucional n° 49, de 2006).
§1° A União poderá contratar com empresas estatais ou privadas a realização das atividades previstas nos incisos I a IV deste artigo observadas as condições estabelecidas em lei. (Redação dada pela Emenda Constitucional n° 9, de 1995) [...]

Entendemos que para chegarmos ao nosso cerne (planejamento econômico, políticas públicas e regulação), necessariamente, devemos partir de um ponto histórico (pós-guerra), quando emergiram novos conhecimentos relacionados à análise econômica de questões ligadas a políticas públicas e avaliar os procedimentos político-econômicos governamentais adotados.

A análise de políticas públicas deve estar adstrita à economia do bem-estar, que considera as falhas de mercado a serem abordadas oportunamente.

Ressaltamos a relevância de se planejar um sistema que equacione os resultados de uma análise de políticas públicas em face do mercado (análises de custo-benefício). Além disso, a viabilidade de determinado programa estatal que as implementará, objetivando eficiência e equidade nas diversas relações que compõem uma dada sociedade.

Os profissionais que atuam nessa área (com destaque para os economistas e advogados) reconhecem o valor dos mercados na promoção dessa eficiência e a importância dos incentivos econômicos (e não sua eliminação) tanto no setor privado quanto no público.

Ocorre que essa análise das políticas públicas é, muitas vezes, desprovida de visão realista do funcionamento do processo político, assim como ao político ou burocrata é conferido poder de decisão sobre tarefa associada às prescrições econômicas, cuja realidade estes desconhecem. Daí porque a doutrina, os tribunais e o próprio cidadão questionam algumas alterações implementadas no ordenamento jurídico que ensejaram mudanças nos papéis desempenhados por órgãos e entidades governamentais. Nesta reflexão, nos voltamos para a atuação das agências reguladoras e dos órgãos e entidades de controle do abuso econômico existentes na realidade brasileira.

Questões sociais, tecnológicas e científicas complexas são definidas em leis e acabam por abranger mercados que ensejam novos problemas de responsabilização e atribuições de competências nas diversas esferas do Poder Público.

A relação entre o Estado e a sociedade dos tempos atuais não possui mais conotação de subordinação, ou seja, situação de supremacia daquele sobre esta. Contudo, ainda não se verifica a assunção da titularidade dos valores da sociedade por parte dos cidadãos, sendo concedido ao Estado a legitimidade para gestão destes.

A crítica que ora registramos diz respeito ao caráter muitas vezes experiencial da *constitucionalização das mudanças* no ordenamento jurídico, que imprescinde de análise sob o prisma juspolítico.

Isso porque, no âmbito político se verifica a ideologia, muitas vezes retrógrada e "viciada", que conspira para manter preceitos obsoletos quando não prejudiciais aos interesses do país.

No âmbito jurídico, aproveita-se da modelagem extensa e preceitual impressa à Constituição da República de 1988, para impedir o dinamismo que alguns preceitos constitucionais poderiam ter e favorecer o desenvolvimento social e econômico, caso as decisões político-governamentais fossem viabilizadas por normas infraconstitucionais.

As diversas alterações constitucionais, em especial as sucessivas emendas editadas no ano de 1995 (com destaque para quatro[26] delas específicas ao âmbito econômico), parecem resultar da inquietude do legislador ou quiçá da "necessidade" ou "imposição" de eliminar certos gargalos constitucionais que desvirtuam o desenvolvimento econômico nacional. Todavia, essas mudanças necessitam de tempo de maturação para produzir efeitos sensíveis, desejáveis ou não.

Frisemos que essa proposta de renovação da ótica juspolítica de nosso ordenamento estará, sempre, respaldada nos valores fundamentais da pessoa humana corolários do Estado Democrático de Direito (artigos 1º e 3º da CR/88).

---

[26] Emendas Constitucionais nºs 6, 7, 8 e 9, todas de 1995, respectivamente, inseriram modificações nos setores de recursos minerais, transportes, telecomunicações, radiodifusão e petróleo.

CAPÍTULO 2

DA INTERVENÇÃO DO ESTADO NO DOMÍNIO ECONÔMICO

Sumário: 2.1 Da intervenção estatal – Breves noções históricas – **2.2** Da intervenção estatal no domínio econômico, conforme a Constituição da República de 1988 – **2.2.1** Do Estado e da Economia – **2.2.2** Das relações de mercado e da finalidade pública – **2.2.3** Do Direito e da Economia em suas racionalidades

2.1 Da intervenção estatal – Breves noções históricas[27]

Desde os primórdios dos Estados Absolutos, observamos que a vida em sociedade gerou necessidades essenciais de defesa e manutenção da coletividade, mesmo que, a princípio, rudimentares, pois estas relações estavam subordinadas ao Estado, enquanto império da lei. Estamos, portanto, na era em que a vontade do soberano é a lei. A estrutura administrativa desses Estados, por conseguinte, se submetia à conveniência política e aos ditames

---

[27] Luciano Oliveira, Professor no Programa de Pós-Graduação em Direito da Universidade Federal de Pernambuco, escreve artigo intitulado: "Não fale do Código de Hamurábi!: a pesquisa sócio-jurídica na pós-graduação em Direito", no qual destaca o cuidado que devemos ter com o evolucionismo empregado nos trabalhos científicos que, como diz, não ocorre apenas no Brasil, e esclarece: "[...] Num trabalho publicado na França em 1976, e conhecido no nosso país sobretudo a partir de sua versão portuguesa publicada em 1979 – *Uma introdução crítica ao direito* –, o seu autor, Michel Miaille, um nome que se tornou uma referência obrigatória nos estudos 'críticos' do direito que então começavam a aparecer entre nós, refere-se a essa mesma tendência nos trabalhos produzidos por juristas no seu país. Ele a chama de 'europeocentrismo', ou seja, uma visão retrospectiva segundo a qual é 'a partir do direito moderno e ocidental que são apreciadas as instituições jurídicas de outros sistemas.' Adotando-se essa perspectiva, 'será possível designar instituições muito afastadas no tempo como sendo 'antepassados' de instituições actuais, invocar testemunho de uma 'evolução' para explicar a situação actual' (MIAILLE, 1979, p. 49)". Não pretendemos neste tópico traçar o histórico da intervenção estatal na economia, mas demonstrar como esta história se repetiu depois em nosso país e, de forma crítica, apontar os abusos desse "europeocentrismo".

subjetivos da Autoridade que os controlava. Não havia juridicidade da Administração Pública até o século XVIII, quando emerge o liberalismo político.

O liberalismo nasceu em oposição ao regime absolutista e considerava abominável qualquer tipo de intervenção estatal na liberdade individual, em favor do coletivo. No contexto econômico, tem-se a revolução industrial e no cultural a explosão do iluminismo, presenciando a emersão de teorias fortes e inovadoras, como as teorias contratualistas e do direito natural, trazendo à tona interesses da classe burguesa, criadora do novo modo de produção capitalista,[28] cujo teor econômico e jurídico é abordado oportunamente.

Considera-se que o Estado Liberal foi a maior expressão do "Estado Mínimo", uma vez que sua enxuta estrutura compunha um núcleo estratégico que apenas exercia funções típicas de Estado, tais como: a defesa nacional, a arrecadação e a diplomacia. Possuía, também, espaço para política de fomento à iniciativa privada e expressava, ainda, ordem de garantia à proteção da propriedade, mas não dirigia sua atenção às preocupações sociais.

Todavia, o livre mercado demonstrou suas falhas, por meio de experiências como da concorrência desleal e desenfreada, que resultou na formação de grandes monopólios, aniquilando as empresas de pequeno porte. No final do século XIX, a situação da economia mundial era caótica, culminando no *crack* da Bolsa de Nova York, em 1929.

No âmbito social, com a industrialização, surgiu uma nova classe social, o proletariado, em situação de pobreza, fome e doença. Do outro, a Rússia (1917) acabara por alarmar os Estados capitalistas com ameaça revolucionista e socialista, que os pressionou para a adoção de medidas de contenção social e econômica.

No contexto jurídico, o episódio que marcou o século XIX foi a submissão do Estado ao regime da legalidade, ou seja, estruturou-se o Estado de Direito, no qual os direitos do homem geram os deveres do Estado. A atividade do Estado submete-se à lei (igualdade formal) e na lei (igualdade material). A liberdade administrativa cessa onde principia a vinculação legal. Na composição do Estado o Executivo opera dentro dos limites traçados pelo Legislativo, sob a vigilância do Judiciário. A esse fenômeno da legalização da atividade

---

[28] Mais adiante iremos abordar a relação do regime capitalista e o Estado, além de apontar as racionalidades econômicas e jurídicas dela decorrentes.

administrativa associou-se, a seguir, a tendência do fortalecimento do Poder Executivo.

Avançando ainda mais no tempo, verificamos nos Estados Unidos da América, o então Presidente Franklin Roosevelt implementar o *New Deal* um plano de política intervencionista. Era o começo de um novo período de intervenção estatal, que se intensificou ao fim da Segunda Guerra Mundial, com a necessidade de reconstrução dos países atingidos, com recursos do Estado, já que a iniciativa privada se encontrava demasiadamente enfraquecida para fazê-lo.

Cass Sunstein (1987), em palestras realizadas nos encontros anuais do Departamento de Ciência Política da Universidade de Chicago, ponderou que o aumento dos poderes presidenciais, após o *New Deal*, produziu a criação de enorme burocracia, concentrada no Executivo, que aumentou o poder das facções e a representação de interesses particularistas. Em consequência, a regulação falha em servir aos interesses do público em geral, pois o Governo regula demais ou de menos e estas falhas de intervenção ou de controle resultam da inadequação de importantes aspectos da concepção constitucional consagrada pelo *New Deal*. Conclusão: a reforma das instituições, portanto, constitui parte substancial da agenda do direito público moderno.

As funções estatais podem ser divididas em principais e secundárias, dependendo da preponderância em que são exercidas na esfera de competência de cada órgão estatal. Já tivemos oportunidade de expressar nosso entendimento, na dissertação de mestrado defendida na Pontifícia Universidade Católica de São Paulo, sob o título: *Os Tribunais Administrativos Tributários e a possibilidade de apreciação de matéria constitucional*, em que dissemos: Encartados no Título I da Constituição Federal de 1988, e consignados como *Princípios Fundamentais*, estão os "Poderes" da União: Legislativo, Executivo e Judiciário, harmônicos e independentes entre si (artigo 2º). Este dispositivo constitucional, conhecido como princípio da separação dos poderes (ou comumente chamado de princípio da "Tripartição de Poderes"), em verdade, não diz respeito à divisão de poderes, pois, como sabido, o Poder Estatal é uno e indivisível, mas diz, sim, respeito à tripartite função estatal dos órgãos que o compõem.

Dessa forma, não há que se pensar em uma divisão ou distribuição no sentido mais puro e literal da significação destas palavras, mas na repartição de funções que devem ser exercidas de forma coordenada e harmônica, apesar da independência que cada órgão

Renata Porto Adri
O Planejamento da Atividade Econômica como Dever do Estado

de diferente natureza possui, razão pela qual, da leitura que se faz da Constituição brasileira, observamos as expressões harmonia e independência dos "poderes" ao se referir ao Legislativo, ao Executivo e ao Judiciário (art. 2º da CR/88).

As disciplinas fundamentais do Direito Público (sistema de normas dirigidas a disciplinar o fenômeno estatal do ordenamento jurídico que abrange a pessoa estatal, o exercício de suas *funções* e as relações jurídicas dessa com os indivíduos), como o Direito Constitucional, o Direito Administrativo e o Direito Tributário, acalentam em suas definições a presença marcante do vocábulo *função*, não por mera coincidência, mas por ser ele, em verdade, pressuposto fundamental da harmonia e independência preconizado pela leitura do Estado Democrático de Direito.

Nesse mesmo sentido, pronunciou-se Renato Alessi (1966, p. 02-03), com relação ao ordenamento jurídico italiano, cuja análise é perfeitamente aplicável ao nosso contexto jurídico:

> Segundo a definição, ainda hoje institucionalmente mais comum, Estado é a organização política de um determinado grupo social situado estavelmente em um determinado território. Ora, a idéia de *organização* implica, de um lado, aquela de um sistema de *normas* e, portanto de um *ordenamento*: donde a afirmação que o Estado se traduz, essencialmente, em um *ordenamento*; de outro, aquela de um sistema de *poderes*, que encontra sua própria base no ordenamento, mas constituindo, outrossim, o fundamento dos interesses do grupo social através do necessário desenvolvimento do ordenamento; poderes, enfim, em cujo exercício (justamente por se tratar de poderes relativos à realização das finalidades sociais) se apresenta como objeto de um dever para as individualidades que são investidas pelas explicitações. O poder estatal, portanto, considerado enquanto ligado a estas finalidades de interesse coletivo e enquanto objeto de um dever jurídico quanto à sua explicação, constitui uma função estatal. Faz-se necessário distinguir as funções, assim como correspondentemente, os poderes estatais, em três grandes categorias: funções legislativa, jurisdicional e administrativa: há mais de dois séculos que tal trinômio existe e o mesmo encontra, por outro lado, um fundamento na ordem lógica das coisas. (ALESSI, 1966, p. 02-03, tradução livre)[29]

---

[29] Secondo la difinizione ancor oggi istituzionalmente più comune, Stato è l'organizzazione politica di un determinato gruppo sociale stanziato stabilmente su di un determinato territorio. Ora, l'idea di *organizzazione* implica da un lato quella di un sistema di *norme* e quindi di un *ordinamento*: donde l'affermazione che lo Stato si traduce essenzialmente in un *ordinamento*; dall'altro, quella di un

Desta forma, podemos dizer que as funções estatais, em face do princípio da coordenação, são conexas, intrínsecas e integrantes umas das outras, podendo ser diferençadas em: a) típicas – que equivalem à função preponderante, exercida por meio de atividade do próprio órgão competente; b) atípicas – que equivalem à função diversa da atividade típica, ou seja, da atividade preponderante do órgão.

De modo basilar, diríamos que a função legislativa consiste na criação das normas que disciplinarão a vida social com força cogente. Regendo as condutas futuras dos indivíduos, a função jurisdicional está dirigida à aplicação da norma ao caso concreto e a função administrativa se revela em uma atividade concreta tendente a realizar determinadas finalidades, como por exemplo: a conservação da segurança, do progresso, do bem-estar da sociedade; a arrecadação fiscal; a fiscalização dos estabelecimentos etc.

Entretanto, há vezes em que o Executivo não apenas executa a lei, mas a edita, como ocorre com o Decreto Executivo ou as Medidas Provisórias, quando convertidas em lei, ou seja, sob condição resolutória; também julga recursos administrativos interpostos em face de decisões de seus agentes públicos, seja no caso de licitação ou arrecadação e fiscalização fiscal. Quanto ao Judiciário, apenas aplica a lei e exercita a jurisdição, podendo executar as normas internas que editar. E, por fim, o Legislativo, na prática de suas atividades, não dita apenas normas, mas executa as normas constitucionais, legais e infralegais que lhe dizem respeito e julga, por exemplo, as sindicâncias ou inquéritos administrativos que instaurar.

Em face dessa constatação empírica e eloquente, podemos afirmar que nosso ordenamento jurídico vigente, apesar de estabelecer limitações constitucionais e legais, valoriza, por meio do sistema de equilíbrio, de freios e contrapesos, a convivência harmônica e independente entre as funções principais (ou típicas) de competência preponderante dos órgãos estatais (legislativo, executivo e judiciário) e as funções secundárias (ou atípicas) que também são por aqueles exercidas.

---

sistema di *poteri*, trovanti la loro base stessa nellordinamento, ma costituenti altresi il fondamento delli interessi del gruppo sociale attraverso il necessario sviluppo dell'ordinamento; poteri, infine, il cui esercizio (appunto in quanto si tratta di poteri diretti alla realizzazione delle finalità sociali) si presenta come oggetto di un *dovere* per le individualità che ne sono investite per l'esplicazione. Il *potere* statuale appunto, considerato in quanto diretto a queste *finalità* di interesse colletivo ed in quanto oggetto di un *dovere* giuridico relativamente alla sua esplicazione, costituisce una *funzione* statale. Si sogliono distinguere le funzione, così come corrispondentemente, i poteri statali, in tre grandi categorie: funzione legislative, giurisdizionali, amministrative: sono oltre due secoli che tale tricotomia tiene il campo trovando essa d'altra parte un fondamento nell'ordine logico delle cose.

O Estado moderno assumiu, nesta fase, sentido dinâmico, mediante a regulamentação, o controle ou o monopólio do comércio, da produção, do ensino, do transporte ou, até mesmo, da pesquisa científica. A tônica dos regimes políticos se deslocou da abstenção para a intervenção.

O lema democrático era: Intervir para preservar.

Assim, o Estado assumiu, por opção constitucional, atividades como fornecimento de energia elétrica, a exploração de petróleo e de minérios e a prestação de serviços de telecomunicações, configurando-as como serviços públicos e consolidando a estatização da economia. Criou fundações e autarquias para melhor executar esses serviços, descentralizando a Administração Pública; e criou as sociedades de economia mista e empresas públicas, como meio de intervenção no domínio econômico. Para incentivar as atividades da iniciativa privada de interesse público, o Estado desenvolveu o fomento, através de meios honoríficos, outorga de privilégios, financiamentos, incentivos fiscais, promoção industrial, inversões estrangeiras e transferência de tecnologia.

A sociedade liberal, baseada na livre iniciativa, passou por contradições e antagonismos, que conflitavam com postulados da ordem democrática. O Estado é, então, convocado a disciplinar a atividade privada, sujeitando-a aos princípios do bem-comum e da justiça social, consolidando o Estado Social ou Estado do Bem-Estar (*Welfare State*), que impulsionou a prestação de serviços à população em grandes proporções e enfatizou uma forte orientação nacionalista no período, propiciando a instalação de regimes autoritários.

Não se pode negar que o intervencionismo do Estado Social promoveu desenvolvimento econômico e social, harmonizou o mercado econômico para reestruturar as empresas privadas e desenvolveu políticas sociais, com o fito de possibilitar distribuição de renda mais igualitária. No entanto, a burocracia administrativa e o modo tecnocrático de distribuição de funções públicas desse modelo de Estado colocaram sérios entraves ao desenvolvimento da própria atuação estatal. A estrutura rígida de organização estatal não permitiu o ajuste à nova ordem mundial que se formava.

Seguindo nessa linha do tempo, na segunda metade do século XX, a tecnologia avançou em velocidade jamais vista, o que propiciou uma redução significativa nos custos de transporte e comunicação. Encurtaram-se as distâncias e o mundo estava mais próximo, mais integrado. Presenciou-se, nesse período, um reaquecimento da economia mundial, com a disputa internacional por avanços tecnológicos e, principalmente, por mercados consumidores. A denominada "globalização da economia" instalou-se definitivamente:

> A economia da globalização é o grande motor das mudanças do Estado, conformando o grande mercado único planetário e a abertura econômica passa a ser condição de acesso a este mercado. As barreiras ao comércio começam a ser contestadas e combatidas, proliferando os acordos aduaneiros, as zonas de livre comércio e as uniões econômicas, promovendo-se a integração das economias por intercâmbios, a desintermediação econômica vem acelerar e baratear as transações, que se beneficiam ainda da celeridade dos meios de comunicação disponíveis. Nesse novo cenário globalizado passam a ser necessários novos mecanismos de regulação extra-estatais, que passam a conviver com os tradicionais mecanismos de regulação intraestatais e, em especial, os mega fluxos de investimentos intercontinentais determinam o aparecimento das agências de risco. Por fim, as empresas globalizadas, as transnacionais e multinacionais, chegam a representar um terço da produção mundial de bens e serviços, nelas concentrando poder econômico em escala planetária que raros Estados podem emular. [...] Esse cenário globalizado possibilita uma reavalização da pessoa humana e de seus direitos fundamentais. No lado positivo das comunicações e da globalização, afirma-se a dignidade do ser humano, proscreve-se o abuso de poder político, econômico e social sem proteção e reentroniza-se o Homem como centro da vida social, individualmente e coletivamente considerado. No lado negativo das comunicações e da globalização, prosperam o crime organizado, as máfias internacionais, as formas mais fanáticas e violentas de terrorismo e multiplicam-se as migrações desordenadas, o que, em síntese, marca o sombrio advento da sociedade de risco, a que se referem os autores que cunharam a expressão: P. Lagadec (la civilisation du risque), em 1981, e U. Beck (la societé du risque), em 1986. (MOREIRA NETO, 2005, p. 108)

Nesse contexto, evidencia-se a diminuição no poder do Estado nacional, levando à formação de blocos regionais, na tentativa de manter seu poder regulador. A intervenção estatal na concorrência do mercado interno perdeu o sentido, pois não se podia mais conter a competitividade internacional. Seguiu-se o descontrole fiscal, com a perda do crédito público e a diminuição na capacidade de gerar poupança; a redução nas taxas de crescimento dos países desenvolvidos; o aumento do desemprego e os elevados índices de inflação.

Tornou-se necessário diminuir as despesas estatais e conseguir meios de reabastecer os cofres públicos, sob pena de um colapso nas finanças do Estado. Percebeu-se, então, que não mais se justificava a manutenção dos monopólios estatais em atividades de cunho econômico.

A burocracia do Estado Social impediu que as empresas estatais acompanhassem os avanços tecnológicos, perdendo eficiência na prestação de serviços públicos e qualidade nos seus produtos. Assim, a exploração de monopólios não era suficiente nem mesmo para seu financiamento, quanto mais para contribuir com acréscimo na renda pública.

Políticas neoliberais — nos Estados Unidos da América, com Ronald Regan, e na Inglaterra, com Margareth Thatcher —, encaminharam mecanismos de privatização, publicização e terceirização como forma de descongestionar a Administração, eliminar gastos e, ainda, angariar fundos para suas reservas. Instala-se o Estado neoliberal, cuja ação preconizada é a do Estado mínimo.

O modelo ideal de Estado não era mais o de produtor e executor de bens e serviços e, sim, o de promotor e regulador da atividade privada e, assim, a atividade da empresa estatal se aproxima em produtividade da empresa privada, não obstante aquela possua finalidade voltada ao interesse público. A fase pós-guerra é marcada pela crescente política de socialização e se caracteriza pela exacerbação da presença do Estado no domínio público, fazendo com que houvesse maior concentração deste na gestão da atividade produtiva.

Lembre-se que, com o Órgão Executivo sobrecarregado e hipertrofiado a administração estatal não mais se limitava ao papel de manutenção da ordem e da tranquilidade públicas, exercitava seu "poder de polícia", praticamente, em diversas oportunidades na condução da vida social, além de se especializar (autarquias) e se generalizar (diversos órgãos e pessoas jurídicas centralizadas ou descentralizadas), desenvolvendo-se, por meio de delegações legislativas e do exercício do poder regulamentar.

O processo de intervenção estatal amplia a atividade administrativa, de tal sorte que o Estado passa a assumir o controle e execução em diversas áreas até então reservadas à economia privada.

A empresa estatal, mais do que um fato econômico, é um fato político, conforme será visto nas observações atinentes ao Estado e à Economia.

Esse cenário de transformações nas relações entre Estado, Economia e Sociedade também se evidenciou no Brasil, que teve em sua história política Estado absolutista, interventor, expansionista e, hoje, parece querer se firmar (ainda que não demonstre convicção), na fase de promotor e regulador das relações jurídicas.

José Reinaldo Lima Lopes (2004) relata a história da economia e do direito no Brasil:

> Há duas fases a destacar nas relações entre economia e direito no Brasil das últimas décadas. A primeira corresponde de modo geral ao regime de Vargas; o que esteve em jogo foi o uso instrumental do direito para interferir no processo econômico em geral e mais especificamente para proceder à redistribuição de poder e riqueza. O direito foi percebido como instrumento de engenharia social. Para tanto, era preciso superar a tradição liberal de (a) não intervenção nos contratos, e (b) separação de poderes de modo rígido, muito especialmente de isolamento do legislativo e do judiciário. [...] Os partidários de Vargas, à época, traziam muitos exemplos americanos para ilustrar seus argumentos. Citavam as autarquias criadas por Roosevelt no seu *New Deal*. Isto revelava, segundo eles, que intervenção estatal na economia e instituições liberais eram compatíveis, já que conviviam na própria pátria de origem do modelo de nossa Constituição republicana de 1891. Se os americanos mudavam o perfil do seu executivo mantendo a Constituição de 1787 em pleno vigor, não haveria porque temer. A segunda fase do debate ocorreu no período desenvolvimentista. Nele o centro deslocou-se para o problema do planejamento. Aceitos os fatos — e o direito — da intervenção do Estado nos contratos (exemplarmente no contrato de trabalho) e da existência de órgãos do Executivo com poderes de regulamentação (para-legislativos, as autarquias, hoje ditas agências), a novidade foi o direito do planejamento.[30] Desde os anos 50, os cepalinos acreditavam que uma abordagem global, estrutural e geral da economia brasileira era indispensável. Nestas circunstâncias, a experiência norte-americana, desde o *New Deal,* era de menor relevância, pois o tema do planejamento global da economia era juridicamente irrelevante. Voltaram-se então os

---

[30] O autor indica a leitura de BERCOVICI, Gilberto. O planejamento e a Constituição de 1988. *In*: SCAFF, Fernando Facury. 2003.

juristas para a experiência européia, francesa sobretudo. A Europa consolidava um estado reconhecido juridicamente como planejador, por meio da social-democracia. Da França os administrativistas brasileiros voltaram a importar muito. Uma distinção teórica de origem francesa tornou-se comum no Brasil: planos econômicos eram indicativos para os particulares e obrigatórios para o setor público. Nossas classificações foram feitas, distinguindo as leis medida e leis de efeitos concretos. Alguns perceberam que dois ramos distintos do direito precisavam ser juntados, respectivamente o direito financeiro e o direito administrativo. [...] A importação do modelo francês e europeu não poderia ser simples. Na Europa, todos os países contavam ainda com um sistema de tribunais administrativos separados dos tribunais ordinários e o controle de constitucionalidade era — e continua sendo — concentrado e não difuso. O sistema brasileiro era um misto: do ponto de vista da carreira e da máquina judiciária era — ainda é — franco-europeu (carreira burocrática, ingresso por concurso, ascensão por meio de promoções etc). Do ponto de vista do controle da constitucionalidade o sistema era americano. As chances de confronto institucional entre Executivo e Judiciário eram exponenciadas. Juízes de carreira, treinados para deliberar sobre questões privadas e comutativas, eram no Brasil obrigados a arbitrar questões públicas e administrativas. Além disso, ao contrário do sistema norte-americano, em que vigora o princípio do *stare decisis*, pelo qual os juízes inferiores ficam vinculados às decisões dos tribunais superiores, no Brasil os juízes gozavam de uma autonomia incomparável no exame das questões. O choque entre a mentalidade desenvolvimentista e o tradicionalismo judiciário era previsível e inevitável. (LOPES, 2004, p. 149-150)

Com isso, a história do diálogo entre direito e economia não foi bem-sucedida dado que não houve tempo para que a doutrina se consolidasse e influísse sobre outros campos além do direito. Não se reconheceu a natureza dos problemas de planejamento como algo comum a outras áreas.

Explica, ainda, José Reinaldo Lima Lopes (2004), que a crise final do regime militar, que se prolongou pelos anos 80 e que ensejou a crise monetária dos anos 90, pegou os juristas despreparados, sendo aí sinalizado o desconforto entre juristas e economistas, que não experimentaram nas decisões proferidas pelo Supremo Tribunal Federal a firmeza e a rapidez no arbitramento das relações estabelecidas e dos custos de estabilização (reforma monetária do Plano Collor).

Retomemos, então, a fase em que houve ampliação da política do Estado-empresário, a qual se fez sentir, na década de 80, com a encampação de concessões de serviços públicos, em grande parte motivada pelo decréscimo qualitativo gerado pela insuficiência tarifária. A grandeza dessa nova atuação estatal foi mensurada à luz do recenseamento feito, nos termos do Decreto nº 84.128, de 29 de outubro de 1979, pela Secretaria de Controle das Empresas Estatais (órgão central do sistema de controle de entes descentralizados), editado em setembro de 1981, que contemplava um universo de 530 empresas da União (Caio Tácito, 1998).

O primeiro passo no sentido de retração da tendência expansionista da Administração Pública federal se manifesta, entre nós, em julho de 1979, com a adoção do Programa Nacional de Desburocratização (Decreto nº 83.740), aperfeiçoado a partir da Constituição de 1988 com a criação, inclusive, do Conselho Interministerial de Privatização, neste mesmo ano, e com o advento do Programa Nacional de Desestatização (Medida Provisória nº 155/90, convertida na Lei nº 8.031, de 12.04.90) que afirma o padrão da política de privatização, em continuada, porém menos desenfreada, execução.

Recordemos o fato histórico de que, desde o fim da década de oitenta e início da década de noventa, surgiu movimento de natureza política-econômica que buscava (e ainda ocorre) desregulamentar as diversas atividades assumidas pelo Estado Brasileiro, em face da opção pela forma intervencionista de governabilidade.

Vale lembrar, também, que a partir da década de 80 ocorreram diversos e sucessivos fenômenos de recessão, desemprego, *déficit* público e fiscal e, ainda, assoalhamento da competitividade internacional que influenciaram as mudanças no contexto político, econômico e social do Estado, mais precisamente provocaram uma crise global do conceito de Estado de Bem-estar.

Nessa época, no Brasil, a política neoliberal fortaleceu-se no governo Fernando Collor de Mello, na tentativa de conter a dívida externa e o aumento da inflação. Posteriormente, no governo de Fernando Henrique Cardoso, foram tomadas medidas para frear o caráter intervencionista do Estado na economia privada, além de outras medidas monetárias, sempre na perspectiva de combate à instabilidade econômica vigente.

Os processos e procedimentos que levaram a essa "reengenharia do Estado", aproximando a iniciativa privada das atividades de interesse público, geraram preocupações sobre a seriedade do

Renata Porto Adri
O Planejamento da Atividade Econômica como Dever do Estado

compromisso daquela de não apenas visar ao lucro, mas também, respeitar o regime publicístico e todas as peculiaridades e necessidades da coletividade a ele inerentes.

Sabino Cassese (2003), ao tratar da mudança do Estado-empresário para o Estado-regulador, esclarece que

> Esta mudança produz, por um lado, uma simplificação no ordenamento; por outro, sua complicação. As distintas formas de empresas públicas, de fato, desaparecem, e onde a fórmula resiste, se apresenta quase sozinha em sua roupagem de sociedade dirigida pelo Estado. Por outro lado, ao contrário, o relativamente simples redirecionamento da gestão é substituído por uma fragmentação e especialização dos papéis do Estado. Por exemplo, a empresa monopolística de telecomunicações, antes em gestão pública é agora gerida privadamente e sujeita aos controles da autoridade do setor (a autoridade para a garantia das telecomunicações), ou da autoridade que garante a concorrência e o mercado. O que produz não poucos problemas de concorrência entre as mesmas autoridades. (CASSESE, 2003, p. 17, tradução livre)[31]

Em 1995 foi elaborado o Plano Diretor da Reforma do Aparelho do Estado, delineando qual seria a nova roupagem da Administração Pública brasileira, cuja execução só se tornou viável por meio de Emendas Constitucionais à Constituição Federal de 1988 aprovadas pelo Congresso Nacional.

A reforma administrativa brasileira resulta do contexto internacional de crise do papel do Estado, decorrente de uma mudança profunda na economia mundial, como vimos. O fenômeno de reavaliação da atuação estatal não é, no entanto, novidade para a história geral. Como já observado anteriormente, a administração estatal é constantemente revista e atualizada conforme as forças econômicas e sociais dominantes, em prol da governança do Estado, ou seja, do seu poder de implementar políticas públicas efetivas, eficientes e eficazes em prol da sociedade.

---

[31] Este cambio produce, por un lado, una simplificación en el ordenamiento; por otro, su complicación. Las distintas formas de empresas públicas, de hecho, desaparecen, y, allí donde la fórmula resiste, se presenta casi solo en su ropaje de sociedad dirigida por el Estado. Por otra parte, en cambio, el relativamente simple reracionamiento de gestión es sustituido por una fragmentación y especialización de los roles del Estado. Por ejemplo, la empresa monopólica de telecomunicaciones, antes en gestión publica, es ahora gestionada privadamente y sujeta a los controles de la autoridad de sector (la autoridad para la garantía en las telecomunicaciones), o de la autoridad garante de la concurrencia y del mercado. Lo que produce no pocos problemas de concurrencia entre las mismas autoridades (CASSESE, 2003, p. 17).

No governo de Fernando Henrique Cardoso foi apresentado o Plano Diretor com os seguintes objetivos:

> É preciso, agora, dar um salto adiante, no sentido de uma administração pública que chamaria de "gerencial", baseada em conceitos atuais de administração e eficiência, voltada para o controle dos resultados e descentralizada para poder chegar ao cidadão, que, numa sociedade democrática, é quem dá legitimidade às instituições e que, portanto, se torna "cliente privilegiado" dos serviços prestados pelo Estado. É preciso reorganizar as estruturas da administração com ênfase na qualidade e na produtividade do serviço público; na verdadeira profissionalização do servidor, que passaria a perceber salários mais justos para todas as funções (Ministério da Administração e Reforma do Estado – MARE, 1995).

Esse Plano Diretor e as medidas que o sucederam pretendiam implantar no Brasil um sistema de parceria, possibilitando que o Estado prestasse serviços mais eficientes, sem descuidar do fiel atendimento ao cidadão-usuário. Criou: o contrato de gestão para dar maior autonomia às Organizações Sociais e às autarquias (agências reguladoras e agências executivas); os contratos de concessão, atos de autorização e termos de permissão para delegar a particulares a execução de atividades de interesse público; além da terceirização para delegar serviços administrativos a empresas privadas.

A experiência recente de reestruturação administrativa do Estado brasileiro teve como instrumento divulgador o chamado *Plano Diretor da Reforma do Estado*, que previa duas etapas: uma constitucional e outra legislativo-ordinária ou infraconstitucional. O escopo era o de que o Estado deixasse de ter o papel de executor principal do desenvolvimento econômico e social, pela via da produção de bens e serviços, para se colocar como incentivador e regulador deste.

Contudo, se era necessário delegar funções, por outro lado, o Estado tinha o dever jurídico de zelar pela qualidade e continuidade da prestação dos serviços públicos transferidos à iniciativa privada. Afinal, a finalidade de realizar os interesses públicos está sempre presente sendo a atividade ou o serviço realizado pelo particular ou pelo Poder Público.

Lembremos, outrossim, que o fundamento das políticas públicas é a concretização de direitos exercitada pelas prestações positivas do Estado, dentre elas, a prestação de serviços públicos.

Nesse processo de *désengagement* do Estado, firmamos nosso entendimento de que o conceito de serviços públicos, que extraímos da Constituição da República de 1988, não foi alterado e nele está implícita a ideia de serviços essenciais (aqueles constante de um plano de escolhas políticas fixadas, em face dos anseios, objetivos e necessidades da sociedade brasileira).

O Estado brasileiro, buscando adequar-se à "globalização" (fator externo), promoveu e incentivou uma integração regional que corrigisse as disparidades criadas ao longo de sua história, decorrentes de uma organização administrativa viciada e deficiente (fator interno), redefinindo, então, seu "novo" papel.

A tarefa de redesenhar o "novo" Estado, atribuindo-lhe o papel de precursor do bem-estar social, exige muito mais do que a revisão de organogramas, do reagrupamento ou extinção de departamentos, da releitura de manuais de conduta, da "desregulamentação" e da "desburocratização" de normas e procedimentos. Trata-se de tudo isso somado à difícil tarefa de reengenharia institucional, que requer anseios políticos e sociais destinados a conhecer e modificar hábitos, comportamentos e mentalidades.

Nesse particular, vislumbramos no planejamento a possibilidade mais eficaz de implementação de um *Estado planejado, previsível* e *transparente*, que confere à sociedade regida a segurança jurídica esperada numa República Federativa que se diz um Estado Democrático de Direito.

Comparando o processo evolutivo do Estado com a geologia, Fernando Rezende (1993) ressalta que as modificações propostas num processo de evolução não podem ser isoladas e irresponsáveis, sob pena de causarem danos irreparáveis. Salienta, ainda, que:

> A multiplicação de órgãos públicos encarregados do exercício de idênticas atribuições é um fenômeno generalizado na administração pública brasileira e é uma decorrência direta do processo evolutivo acima mencionado. O envelhecimento das organizações é o pretexto para que se proponha o surgimento de uma nova, capaz de atender às exigências do momento. (REZENDE, 1993, p. 44-45)

A participação da sociedade contemporânea tem influenciado as transformações do Estado, pois os cidadãos, ávidos de seus direitos, chegam à Era das Comunicações, marcada pela produção elevada de informações e de suas rápidas assimilações, conscientes de seus reais interesses. O desenvolvimento não pode ser tomado de forma isolada, nem como única meta estatal, pois a essência do desenvolvimento social está na participação da sociedade ao externar seus anseios e interesses.

Ressalte-se, contudo, que teorias e institutos alienígenas devem ser analisados e estudados de forma cuidadosa, antes de implementá-los no cenário nacional, pois cada nação possui seu momento histórico dentro de um dado território na formação de uma concepção hegemônica, sendo que as realidades sociais, políticas e econômicas de outra nação podem ser refratárias (e não adaptativas) àqueles modelos importados.

A tecnologia, especialmente na área das comunicações, aproximou povos e culturas, levando também,

> [...] à ampliação do volume de negócios e, com isso, à ampliação de fronteiras comerciais, com a formação de blocos econômicos calcados na idéia de livre circulação de bens e serviços no seu território. Daí decorreu a necessidade de uniformização no tratamento jurídico de determinadas atividades, que, dentro de um mesmo bloco, não poderiam ser, ao mesmo tempo, livres e monopolizadas, sob pena de comprometer a igualdade e a livre circulação de bens. (SOUTO, 2002, p. 1)

Esse incremento tecnológico, que tem sustentação nos princípios da subsidiariedade e eficiência, fez com que a sociedade repensasse a função, a estrutura e o custo do Estado.

O Estado, em suma, se retira do plano da gestão direta dos serviços, recolhendo-se a uma posição de avaliação da eficiência dos agentes privados, com vistas a proteger o interesse dos usuários.

De outra parte, os sistemas de cooperação e de intercâmbio não são mais um fenômeno de âmbito nacional. Os acordos internacionais se ampliam em estruturas institucionais que configuram parcerias regionais, que tendem a compor unidades econômicas, como o Mercosul, a União Europeia ou a NAFTA, em diferentes formas de globalização.

Diante desse novo panorama, que não é privilégio do nosso Estado brasileiro, emergem modelos de privatização, desburocratização e desregulamentação como fontes de mudança estrutural, ideológica e de estilo de gestão administrativa enquadrados às condições peculiares de cada país. Salienta Zuleta Puceiro (1998) que:

As economias ocidentais protagonizam uma mudança acelerada da sociedade industrial de capitalismo industrial, organizada em torno do eixo capital/trabalho, em direção a uma sociedade pós-capitalista baseada na primazia da informação e do conhecimento. Essa mudança, por outro lado, representa a transição para uma economia global de acirrada concorrência e de incremento contínuo dos fluxos internacionais de bens e serviços, em ritmos inclusive superiores ao crescimento da população mundial. A expansão dos fluxos de capital, o deslocamento de unidades produtivas e a derrubada de fronteiras geográficas, econômicas, políticas e culturais delineiam com clareza um cenário futuro de incerteza e mudança. (PUCEIRO, 1998, p. 105-106)

Caio Tácito (1998) salienta a incógnita do Estado Contemporâneo que cumpre aos juristas, políticos e economistas visualizar, devendo idealizar-se a união entre a soberania nacional e a comunhão internacional, da qual nascerá o direito administrativo de amanhã.

A maioria dos observadores do Direito aponta, como norte, a redefinição do setor público, com a busca de um novo tipo de combinação de esforços públicos e privados que reformule o Estado, delineando uma conjuntura mais coerente e precisa frente a economias mais abertas e competitivas.

A regulação, embora tenha seu caráter econômico, está centrada em tratamento jurídico e, por meio dela, será possível impulsionar a criação ou o desenvolvimento de um mercado, para que este possa assumir seu papel de promotor da competição, prevenindo concentrações pela via da desverticalização de atividades e do livre acesso aos "dutos", para que, gradualmente, haja redução da intervenção regulatória, pela via da desregulação.[32]

Estudar essa regulação e essa concorrência que emerge da transição político-econômica pode reforçar ou atualizar interpretações das instituições jurídicas do Direito Constitucional, Direito Administrativo, Direito Tributário, Direito Financeiro, por serem

---

[32] Na doutrina norte-americana, segundo Carlos Ari Sundfeld (1999, p. 161, nota 7), a desregulação equivale à postura estatal relativamente aos "serviços de utilidade pública", ou seja, trata-se da introdução da competição nesses serviços, eliminando-se a regulação que, tendo sido criada para controlar os monopólios (controle das tarifas, p. ex.), passou a ser apontada como a principal responsável pela manutenção deles. Mas essa "desregulação" não suprime, antes supõe, a intervenção estatal via "regulação", só que agora com outras técnicas e novos objetivos, todos coerentes com o projeto de eliminação dos monopólios.

Capítulo 2
Da Intervenção do Estado no Domínio Econômico | 75

decorrentes do progresso científico e tecnológico que experimentou o Estado brasileiro na última década e experimenta, agora, inserido no século 21.

Para tanto, há de se verificar como a intervenção estatal no mercado, diante da nova ideologia político-econômica de desregulação, influencia os institutos da regulação e da concorrência e quais os atos e efeitos produzidos para se alcançar a implementação de um planejamento social, jurídico, político e econômico condizente com os objetivos, fundamentos, princípios e valores da ordem jurídica institucionalizada.

2.2 Da intervenção estatal no domínio econômico, conforme a Constituição da República de 1988

O artigo 170, parágrafo único, da CR/88, assegura a todos, como regra geral, o livre exercício de qualquer atividade econômica, observadas as exceções previstas em lei.

Nessa medida, a estrutura de nosso ordenamento jurídico prescreve uma ordem econômica livre, até que *standars* constitucionais ensejem intervenção estatal no domínio econômico necessária à manutenção dos imperativos de segurança nacional ou relevante interesse coletivo, ambos a serem definidos em lei, conforme determina o artigo 173 da CR/88.

É que pelo art. 173 da CR/88 a iniciativa econômica pública, por definição constitucional, se destina a complementar a iniciativa privada, obedecendo ao princípio da subsidiariedade, restringindo-se a exploração direta da atividade econômica pelo Estado à prevalência da segurança nacional ou a relevante interesse coletivo determinado em lei. O modelo do Estado Democrático de Direito estimula a harmonia entre a atividade estatal e a ação privada, valorizando os entes de cooperação e fortalecendo o desenvolvimento da comunidade mediante os instrumentos de garantia e proteção de direitos individuais, coletivos e difusos.

O próprio texto constitucional descreve formas de intervenção do Estado, que passa a atuar como empresário, criando empresas estatais (artigo 173) ou coibindo o abuso de poder econômico (artigo 173, §4º); pode, também, constituir monopólios e abrir estes à contratação com empresas públicas e privadas em determinadas atividades relacionadas ao petróleo (artigo 177); ou, ainda, como prescrito no artigo 174, *caput*, atuar na normatização, fiscalização, incentivo e *planejamento* da atividade econômica, que é exercida pelo setor público e pelo setor privado.

Finalmente, o Estado poderá intervir para defender e garantir os interesses e direitos dos consumidores (artigo 5º, XXXII,[33] da CR/88) e para assegurar o cumprimento da função social da propriedade urbana e rural, utilizando-se do instituto da desapropriação (artigo 182[34] da CR/88).

Lúcia Valle Figueiredo (2006, p. 87-91) ressalta que "intervir é interferir, intrometer-se, ingerir-se. A intromissão será devida ou indevida, dependendo do respeito ou desrespeito às balizas constitucionais". E conclui: "portanto é imperioso assinalar que, se a Constituição estabeleceu áreas de atuação do Estado, também demarcou áreas referentes à iniciativa privada".

Assim é que a ingerência estatal na ordem econômica deve ocorrer de forma preventiva e corretiva, atuando sobre a produção e distribuição de riquezas, respeitando-se a livre iniciativa e a liberdade de mercado, prestigiando a figura do Estado como gestor dos interesses comuns, protegendo os interesses individuais, a exemplo da função social da propriedade e do direito adquirido.

O Estado intervencionista, nas palavras de Fábio Nusdeo (2001):

> Se supera, pois a palavra intervenção traz em si o signo da transitoriedade, conota uma arremetida seguida de retirada, trai, em suma, uma situação excepcional, anormal. Não é essa, porém, a

---

[33] Art. 5º Todos são iguais perante a lei, sem distinção de qualquer natureza, garantindo-se aos brasileiros e aos estrangeiros residentes no País a inviolabilidade do direito à vida, à liberdade, à igualdade, à segurança e à propriedade, nos termos seguintes: [...] XXXII – o Estado promoverá, na forma da lei, a defesa do consumidor;

[34] Art. 182. A política de desenvolvimento urbano, executada pelo Poder Público municipal, conforme diretrizes gerais fixadas em lei, tem por objetivo ordenar o pleno desenvolvimento das funções sociais da cidade e garantir o bem-estar de seus habitantes.

§1º – O plano diretor, aprovado pela Câmara Municipal, obrigatório para cidades com mais de vinte mil habitantes, é o instrumento básico da política de desenvolvimento e de expansão urbana.

§2º – A propriedade urbana cumpre sua função social quando atende às exigências fundamentais de ordenação da cidade expressas no plano diretor.

§3º – As desapropriações de imóveis urbanos serão feitas com prévia e justa indenização em dinheiro.

§4º – É facultado ao Poder Público municipal, mediante lei específica para área incluída no plano diretor, exigir, nos termos da lei federal, do proprietário do solo urbano não edificado, subutilizado ou não utilizado, que promova seu adequado aproveitamento, sob pena, sucessivamente, de:

I – parcelamento ou edificação compulsórios;

II – imposto sobre a propriedade predial e territorial urbana progressivo no tempo;

III – desapropriação com pagamento mediante títulos da dívida pública de emissão previamente aprovada pelo Senado Federal, com prazo de resgate de até dez anos, em parcelas anuais, iguais e sucessivas, assegurados o valor real da indenização e os juros legais.

nova realidade. O Estado não mais intervém no sistema econômico. Integra-o. Torna-se um seu agente e um habitual partícipe de suas decisões. O intrometimento e posterior retirada poderão ocorrer neste ou naquele setor, nesta ou naquela atividade. Jamais no conjunto. Daí as diversas expressões para caracterizar o novo estado das coisas: economia social de mercado, economia dirigida; economia de comando parcial e tantas outras. O Prof. Camargo Vidigal, após uma análise das principais, conclui por uma denominação feliz: economia de iniciativa dual. Esta caracteriza, com maior propriedade, os chamados sistemas mistos da atualidade, tal como vêm referidos em boa parte da literatura, sobretudo anglo-americana e francesa. (NUSDEO, 2001, p. 186)

Ao tratar, então, da intervenção estatal no domínio econômico, devemos analisar o regime jurídico da atividade econômica exercida e que necessite de regulação. O legislador ordinário tem a função de fazer esse divisor de águas e definir qual atividade merece estar sob a batuta estatal.

Com efeito, vale lembrar que domínio econômico difere de domínio público, pois o primeiro está afeto às atividades exercitadas, em regra, pela livre iniciativa, portanto, atividades econômicas, enquanto o segundo diz respeito à atividade estatal atinente e necessária aos imperativos do interesse público, segundo os comandos constitucionais de ingerência, como dissemos, para fiscalizar, normalizar, protagonizar, incentivar e planejar, sendo que esta última atuação é cogente para o setor público e indicativa para o setor privado.

Sinalizando o cerne deste trabalho, destacamos essa última forma de intervenção — planejamento econômico — como atividade estatal que mais aproxima o setor público do setor privado na busca dos objetivos e fundamentos da nossa Constituição, mas necessita, para tanto, de convergências políticas, econômicas e conscientização social para sua eficaz implementação.

Conforme assinalamos, se a regra é respeitar a livre iniciativa (direito ao exercício da liberdade individual de produzir, circular e distribuir riquezas) e a livre concorrência (direito instrumental, que pressupõe a adesão à economia de mercado, à competição e tem a igualdade como fundamento) e limitá-los aos parâmetros da lei, quando e se necessário, a exceção é intervir, razão pela qual há limites a esta atuação estatal que devem respeitar as normas necessárias ao desenvolvimento social e econômico do país.

Registremos, por oportuno, que as forças "invisíveis" do mercado não estão livres de serem regradas, apesar da preocupação que se deve ter com eventual engessamento da economia. Há, assim, de se buscar o desenvolvimento equilibrado, que se construa com base na conscientização da pujança dos valores atinentes à democracia e à cidadania.

Nesse sentido, ensina Lúcia Valle Figueiredo (2006):

> As balizas da intervenção serão, sempre e sempre, ditadas pela principiologia constitucional, pela declaração expressa dos fundamentos do Estado Democrático de Direito, dentre eles a *cidadania, a dignidade da pessoa humana, os valores sociais do trabalho e da livre iniciativa*. Se é verdade, pois, que assegurada foi a livre iniciativa, em contrapartida garantiu a Constituição *a valorização do trabalho e a dignidade da pessoa humana*. Não bastasse, fosse pouco, no artigo 3º considerou a Constituição expressamente, como objetivos fundamentais da República Federativa do Brasil, *a constituição de uma sociedade livre, justa e solidária; a erradicação da pobreza e da marginalização e a redução das desigualdades sociais*. (FIGUEIREDO, 2006, p. 91)

Assim sendo, para que se reconheça legitimidade à intervenção estatal no domínio econômico, esta deve estar fundamentada nos princípios e fundamentos do Estado Democrático de Direito, observados nossos traços sociais, políticos, econômicos, culturais.

As forças políticas e econômicas que direcionam a vida de uma nação podem determinar que o Estado ora assuma determinadas tarefas ou atividades econômicas ora se destitua desta atuação. Esse ajuste da intervenção estatal no domínio econômico tem como escopo o desenvolvimento e, para que isto aconteça, deve haver planejamento.

Como se vê, a intervenção, seja ela de gestão ou regulatória, há de ser autorizada e justificada de modo explícito, transparente, eficiente e eficaz, no tocante à avaliação econômica e jurídica de sua implementação.

De outra parte, como elemento integrante do funcionamento da política econômica, encontramos os "dados" de diversas naturezas: físicos, climatológicos, institucionais, legais, psicológicos, culturais que representam a estrutura condicionante do sistema. Em outras palavras:

> O ponto importante a ser ressaltado é o de que os dados fundamentalmente consistem no conjunto institucional definidor do quadro jurídico dentro do qual opera o sistema. E este inclui tanto

as normas relativas aos direitos de propriedade e obrigacionais, fulcro da atuação do mercado, quanto os preceitos e instituições que denotam a presença do Estado, inescapável como suporte e complementação daquele, no seu papel de corretor ou supridor das suas falhas operacionais. (NUSDEO, 2001, p. 188)

Em nosso contexto, o Estado se projeta como Democrático de Direito, o que induz a ideia de que a organização e participação social estão adstritas à parcela efetiva de poder de decisão, de acesso às informações relevantes, bem como à execução desta decisão. Já o mercado obedece a sua própria lógica e é dominado por grupos que detêm o poder de instituí-lo, controlá-lo, modificá-lo.

Nas palavras de J. J. Calmon de Passos (2003):

Os mercados rejeitam — em sua prática, embora não em sua retórica discursiva — as pretensões de igualdade e inclusividade próprias da ordem democrática. Exigem compradores e vendedores e estes não são iguais — nem podem ser — porque há uma operação de compra e venda essencial e sobre a qual descansa todo o funcionamento dos mercados que, ao dividir estruturalmente os cidadãos em duas classes, introduz uma distorção radicalmente incompatível com a democracia: a dos vendedores da força de trabalho e a daqueles que podem adquiri-la. Esta compra e venda fundamental é ignorada — ou abertamente subestimada em sua importância — por toda a tradição liberal, que constrói seu discurso da "liberdade mercantil" depois que aquela foi realizada, desinteressando-se por suas conseqüências. Conclui-se, portanto, que a democracia se orienta tendencialmente para a integração de todos, conferindo aos membros da sociedade o *status* de cidadão, enquanto o mercado opera sob a base da competição e da "sobrevivência dos mais aptos", não estando em seus planos promover o acesso universal da população a todos os bens que são trocados em seu âmbito. A participação no consumo, diferente da participação na vida democrática, longe de ser um direito, é, na realidade, um privilégio que se adquire da mesma maneira que se adquire qualquer outro bem no mercado. A lógica da democracia é a de um jogo de soma positiva. A do mercado é a de um jogo de soma zero: o lucro capitalista é a insuficiência do salário. Portanto, no mercado, para que alguém ganhe, o outro tem que perder. (PASSOS, 2003, p. 163)

Veremos a seguir que, diante das peculiaridades atinentes ao mercado e às políticas públicas, somente a conscientização democrática e de cidadania e a seriedade no exercício da política poderão gerar um planejamento econômico harmônico e eficaz.

2.2.1 Do Estado e da Economia

Um estudo que se propõe analisar as relações entre o Estado e a Economia deve considerar a existência das falhas de mercado encontradas no sistema liberal, que trouxeram consequências negativas e, por conseguinte, sugerir o aprimoramento das instituições econômicas, produzindo motivações para a readmissão do Estado no sistema econômico como corretor de disfunções e implementador das finalidades públicas.

Assim, a primeira motivação para a presença do Estado é de ordem negativa: coibir o mau funcionamento operacional do mercado; a segunda é positiva e visa a implantar novos resultados e alcançar finalidades decorrentes das preferências políticas (objetivos de política econômica, isto é, posições e resultados a serem assumidos ou produzidos pelo sistema econômico no seu desempenho).

Ao longo da década de 30, em especial, e a partir do segundo pós-guerra, alguns governos conseguiram instituir um sistema econômico de mercado que não chegou a eliminar o modo de produção como queria Karl Marx, mas passou por várias modificações destinadas a acomodar o Estado na posição de agente indutor ou refreador da atividade econômica no seu conjunto ou em setores específicos.

As falhas e imperfeições do mercado foram se evidenciando e sendo positivadas ao longo do tempo (Constituição, Códigos de Direito Privado e Normatização, atribuindo ao Estado o exercício do poder de polícia). Afinal, a *mão invisível do mercado* era incapaz de sustentar a vida econômica real, em face de toda a sua complexidade.

Devemos registrar que a Revolução Industrial — propulsora do processo de tecnicidade — ensejou o fenômeno de expressão econômica denominado de "economia de escala", ou seja, a redução de custo unitário de produção de bem, na medida em que aumenta o volume produzido, diante da impossibilidade ou inviabilidade econômica de se produzirem equipamentos aplicados a um número reduzido de peças ou unidades.

Para viabilizar esse tipo de fenômeno econômico foi necessário aprimorar a maquinaria (capital fixo) até então utilizada, o que só foi possível por meio de grande mobilização de capital financeiro, isto é, recursos para investimento, que passou a ser fator preponderante da produção, inicialmente no setor secundário (indústria) e a seguir nos demais setores (primário e terciário).

O sistema político e econômico, na forma capitalista, portanto, fez com que o Estado fosse o agente atuante e decisivo na condução do processo econômico, onde este exerceu seu papel de interventor para manutenção e ampliação da infraestrutura material e social (setor de transportes, comunicações, sistema de saúde, educação etc.), bem como na criação de empresas estatais que objetivavam manter a competitividade das indústrias nacionais no mercado internacional (de armamentos, de aviação, espacial etc.), como já relatado em tópicos antecedentes.

Buscando, então, ações corretivas, o Estado normalizou e regulou o sistema de mercado, acoplando ao processo decisório um aparelhamento controlador e burocrático, destinado a impedir as consequências mais indesejáveis do seu funcionamento e a isso se denominou "capitalismo regulamentar" ou "regime de mercado controlado" ou "neoliberalismo".

Começa-se, assim, a falar em *intervenção do Estado na economia* ou no *domínio econômico*. Com isso, surge um outro centro decisório paralelo: Estado, até então mero interventor, passa a ser agente atuante naqueles setores da economia, insuscetíveis de equacionamento pelo mercado, os quais deverão ser atendidos os interesses coletivos.

Dessa forma, revela J. J. Calmon de Passos (2003):

O discurso hipócrita, a catilinária[35] hoje entoada contra o Estado pelos agentes econômicos, como se capitalismo e Estado pudessem se divorciar. Assim como toleraram e fomentaram, ontem, a presença do Estado, porque conveniente, o que pretendem, hoje, os detentores do poder econômico é limitá-la ao estritamente necessário, em termos políticos, para otimizar o processo de reprodução ampliada e da homogeneização das preferências. Não se quer a retirada do Estado policial que contém o furor dos desesperados, sim a do Estado que se fez fiador de um pacto político entre o trabalho e o capital num momento de fraqueza deste último, por motivo do impacto avassalador da Segunda Grande Guerra sobre o capitalismo

---

[35] História – Cada uma das orações em que Marco Túlio Cícero (106-43 a.C.) denunciou a conspiração armada em Roma por Lúcio Sérgio Catalina (109-62 a.C). Significado – Imprecação ou acusação violenta contra alguém.

europeu, também ameaçado pelo Urso Socialista Soviético. Foi para sobreviver que o capitalismo aquiesceu à institucionalização do Estado do Bem-estar Social que, antes de ameaçá-lo, teve o fantástico poder de desmobilizar resistências e aburguesar os antigos revolucionários. (...) O neoliberalismo é um instrumento ideológico encobridor de um projeto de dominação, à semelhança do que foi o liberalismo econômico no alvorecer do sistema capitalista. (...) Hoje, mudou-se o engodo — o máximo de bem-estar será alcançado — se deixarmos cada agente econômico buscar a maximização de sua prosperidade. Para lograr esse objetivo, devem-lhe ser assegurados os instrumentos necessários: o mercado global, o livre comércio e a desregulamentação do fluxo de capitais e da locação da força de trabalho. (PASSOS, 2003, p. 161)

Nas décadas de 1980 e 1990 os agentes econômicos estiveram livres em busca dos referidos objetivos, sendo progressiva e alarmante a concentração de riqueza e a exclusão social do acesso aos bens necessários à satisfação das necessidades humanas básicas.[36]

O que se observa com as mudanças histórico-políticas do Estado[37] não é e nunca foi a sua superação, mas sim a reorganização em novos termos diante da fragilidade do Estado do Bem-Estar Social, frente aos objetivos perseguidos pelo capitalismo.

---

[36] J. J. Calmon de Passos (2003) ressalta que os dados disponíveis são alarmantes. Os ganhos tecnológicos têm possibilitado um significativo aumento na produção de alimentos, mas enquanto os agentes econômicos ampliam seus lucros, há no mundo, segundo dados da ONU, um número crescente de pessoas que passam fome. São elas, hoje, 800 milhões, sem se computar as que apenas conseguem se alimentar de modo insuficiente. Expressivo, a respeito, o pronunciamento de Andrew Millan, diretor de operações da ONU para a Agricultura e a Alimentação, a FAO: "Nós sabemos muito bem o que fazer, só falta vontade política". E isso foi dito antes da reunião, em Roma, da Cúpula Mundial da Alimentação, que redundou num preocupante fracasso, dado o desinteresse dos países centrais, marcadamente os Estados Unidos, em se comprometerem com programas com essa finalidade. Em termos de participação no comércio mundial, ao invés de ganhos, o que também tem ocorrido são perdas. A CEPAL, numa publicação intitulada "*Globalização e desenvolvimento*", registra dados dos países periféricos em termos de comércio internacional. Atribui o fenômeno a três assimetrias fundamentais: a concentração do progresso técnico nos países desenvolvidos, o caráter lento, irregular e crescentemente mais oneroso de sua propagação aos países periféricos e a maior vulnerabilidade macroeconômica dos países em desenvolvimento em face dos choques externos, associada a sua menor margem para adotar políticas anticíclicas, dada a gravitação e o comportamento dos mercados financeiros, que tendem a potencializar o ciclo e a exigir dos governos políticas pro-cíclicas.

[37] Merece ser transcrito trecho do texto de J. J. Calmon de Passos que retrata a historicidade do referido contexto de modificações: "Se o fenômeno do poder, em sua expressão política, é de todos os tempos, o Estado-nação foi um arranjo institucional moderno, surgiu como resposta à necessidade do capitalismo superar a organização política do feudalismo, caracterizada pela dispersão do poder em vários centros soberanos, o que se mostrava incompatível com o projeto nascente, só possível com a centralização das decisões políticas disciplinadoras das relações econômicas, imprescindível para sua segurança e expansão. Visando a esse objetivo, a burguesia aliou-se ao monarca, financiou-o e apoiou-o na tarefa de desmontar a organização feudal do poder político. O monopólio do uso legal da força pelo Estado, na pessoa do soberano, viabilizado em virtude do obsoletismo".

Massimo Severo Giannini (1995), ao comentar a distinção entre Estado e economia, leciona:

> [...] o Estado, e antes dele os ordenamentos gerais que possuem características jurídicas diversas do Estado, teriam sempre disciplinado fatos atinentes à economia, assumindo isto como uma das suas atribuições fundamentais. (GIANNINI, 1995, p. 20, tradução livre)[38]

Considerando, então, a existência de um sistema dualista, existem duas ordens de elementos: os dados físicos, climatológicos, institucionais, legais, psicológicos, culturais, e os fenômenos econômicos: o seu campo é o mercado e sobre ele recairão o interesse e as preferências da comunidade, representada pelos responsáveis pela política econômica, pois a sua evolução revelará o desempenho do sistema como um todo.

Os chamados fenômenos econômicos buscam refletir os interesses e as preferências da comunidade. Contudo, mais comumente, representam os anseios dos núcleos de poder, por isto que são denominados de variáveis de mercado.

A referida intervenção estatal no campo econômico ampliou-se extraordinariamente, ao longo do século passado, uma vez que o monitoramento ou direcionamento da economia pelo aparato governamental acabou por condicionar, direta ou indiretamente, as decisões tomadas no âmbito do mercado.

Bastante ilustrativo é o exemplo de Keynes (*apud* NUSDEO, 2001, p. 140), quando demonstra como a forma de ação antirrecessiva (contratação de duas equipes, em época de recessão, uma para abrir e outra para tapar buracos) trouxe à tona a necessidade de intervenção do Estado na "liça econômica", para combater o mau funcionamento do mercado ou para lhe atenuar as consequências. Para tanto, foram editadas normas para regular e fomentar alguns mercados, negando-se o sistema liberal descentralizado, que, no caso, ensejou a chamada intervenção do estado no domínio econômico, de caráter anticíclico ou antirrecessivo.

Lembremos, contudo, que a palavra "intervenção" traz em si o signo da transitoriedade, em face de situação excepcional. Em

---

[38] [...] lo Stato, e prima di esso gli ordenamenti generali che avevano caratteristiche giuridiche diverse dallo Stato, hanno sempre disciplinato fatti attinenti all'economia, assumendo cio come una delle loro attribuzioni fondamentali.

verdade, *o Estado não mais intervém no sistema econômico, pois ele o integra, por se tornar agente habitual e partícipe de suas decisões.* Daí as expressões comumente utilizadas nos manuais de "economia social de mercado", "economia dirigida", "economia de comando parcial" ou "economia de iniciativa dual".

Segundo Eros Roberto Grau (2002, p. 175) há quatro modalidades formais pelas quais o Estado se faz presente no sistema econômico dual: a) por imposição, pois define, direciona e determina as normas de caráter legal e regulamenta as condutas dos agentes econômicos público e privados; b) por absorção; c) por participação, sendo esta e a segunda equivalentes ao exercício de dada atividade econômica quer pelo Estado quer por entidade criada por ele e d) por indução, de certo comportamento ou decisão mediante sanção premial, a exemplo dos incentivos.

Numa crítica abalizada, Fábio Nusdeo (2001) observou as falhas no mecanismo de funcionamento do mercado, que passamos a descrever.

a) Mobilidade dos fatores: o mercado possui capacidade de autocorreção denominada de: *automatismo*.[39] Contudo, na prática, isso não ocorre, por existir uma rigidez de toda ordem: seja micro (mercado ou conjunto de mercados individualizados), seja macroeconômica (nível global: física, operacional, institucional, psicológica).

b) Acesso às informações relevantes: dever de informar: há normas legais com finalidade de obrigar determinados agentes econômicos a prestarem informações às partes interessadas, para tomada de decisões. *Insider trading*[40] ou informação privilegiada em muitas legislações é tipificada como crime. Novamente, a legislação é introduzida, estranha aos cânones liberais e à ilharga daquela destinada a fazer funcionar o mercado, não destinada aos agentes econômicos em suas relações bilaterais, mas a

defender a chamada economia popular, ou seja, o conjunto indistinto e não identificável diretamente de poupadores, consumidores, investidores e acionistas, consorciados segurados e tantos outros que como um grupo, nem sempre bem delimitado

---

[39] O sentido da expressão se fundamenta no hedonismo dos empresários-produtores, que, por serem autômatos, podem responder rápida e fielmente às decisões soberanas do consumidor.

[40] Negociadores internos (tradução livre).

— porque inclui até mesmo membros potenciais — estão à mercê da informação ou da desinformação que lhe queiram transmitir. Surge aí, o conceito moderno, desenvolvido no campo de Direito Econômico e do Direito Processual de INTERESSE DIFUSO. (NUSDEO, 2001, p. 145-146)

c) Concentração econômica – outro pressuposto básico para assegurar o pretendido automatismo e adaptabilidade das condições mutantes do mercado é o da chamada *atomização*, ou seja, o equilíbrio entre o número elevado, mas razoável, de compradores e vendedores, para que, em uma interação recíproca, não haja dominação, exclusividade ou destaque de qualquer deles. A variação do tamanho das empresas (grande, média, pequena, micro) origina-se de sua capacidade ou não de influir sobre as condições do mercado, onde opera, principalmente sobre os preços praticados.

Todavia, o que se viu foi a concentração que representa falha de estrutura do sistema de mercado, a inibir os mecanismos decisórios e controladores do mercado.

Para se combater ou atenuar o controle do mercado por oligopólios e monopólios[41] foram editadas leis que se destinam a tutelar a concorrência, com vistas a impedir as chamadas práticas comerciais abusivas que distorcem os mecanismos de mercado, no Brasil, como será colocado oportunamente;

d) Externalidades – equivalem a custos e benefícios indiretos que circulando à margem do mercado este não consegue imputar-lhes preço. Daí a expressão "externalidades" ou efeito externo, que não quer significar fatos ocorridos fora das unidades econômicas, mas sim fatos ou efeitos ocorridos fora do mercado, paralelos a ele, mas que influenciam no custo operacional da relação econômica.

No âmbito das concessões de rodovias, destacamos os exemplos dos atalhos ou "barreira de Pedágio" que possibilitam aos que trafegam o não pagamento da tarifa de pedágio.

A doutrina identifica duas espécies de externalidades: as negativas, quando redundam em algum custo para alguém (transferência

---

[41] Essa discrepância de algumas e poucas unidades em detrimento das demais instalou o processo de oligopólio, que cria barreira para entrada de novas unidades, e quanto mais ele for chegando ao monopólio, maior o seu poder de impor preços altos pelos produtos, apropriando-se de uma parcela de renda do consumidor (confisco).

de custos); e as positivas, quando beneficiam pessoas ou grupos não identificáveis (exemplo: são as vacinas distribuídas gratuitamente pelo Estado).

Quando os bens se tornam escassos, sem atribuição de propriedade ou sem efetivo exercício pela imposição de preços, podem gerar externalidades que afetem a relação do mercado. O caso típico e atual disso é o da cobrança de tarifa para uso do meio ambiente, como aplicação do princípio do poluidor-pagador.[42]

e) Bens coletivos – a economia que se fundamenta apenas no mercado acaba por discriminar os bens coletivos e incentivar a produção de bens exclusivos. O exemplo mais claro disso foi o incentivo à produção de automóveis e o pouco investimento ou preocupação em disponibilizar meios de transporte coletivo, como os ônibus. Essa deficiência de provisão de bens coletivos é uma distorção das mais sérias de uma economia, pois representa uma falha de incentivo seja para inibir o processo de encaminhamento de recurso seja para inibir a população de manifestar a sua preferência.

No capítulo referente ao planejamento serão abordadas algumas das atuações estatais[43] que sinalizaram a percepção dessas falhas de mercado.

Nesse sentido, nos esclarece Fábio Nusdeo (2001) ao comentar sobre os bens coletivos:

> É do mesmo tipo da verificada no caso das externalidades: falta de sinal decorrente da ausência de incentivo na manifestação desse tipo de necessidade, a qual ocorre ou deve ocorrer não pelos canais de mercado, mas pelos canais da representação política, mediante a escolha de legisladores e governantes cujos programas contemplem o fornecimento deste ou daquele conjunto de bens coletivos, conforme a preferência dos eleitores. Daí o desenvolvimento e a

---

[42] Instituído na Alemanha, exemplo típico do processo de internalização de custos sociais, no caso das bacias hidrográficas, feito através de organizações especiais, um tipo de cooperativa, chamadas *Genossenschaften*, as quais cobram preço por unidade de poluente lançado ao rio e usam os recursos para obras destinadas a facilitar a despoluição. Proteção do interesse difuso (como reação do Direito aos generalizados efeitos externos das atividades econômicas) que quer significar um interesse comum a um grupo não delimitado de pessoas, contrapondo-se, assim, a outras categorias de interesse contempladas pelo Direito: os interesses individuais, os interesses coletivos, os interesses individuais homogêneos.

[43] Quando o Estado cobra tributos para satisfazer as necessidades de caráter coletivo, inclusive para sua própria manutenção, resultado do crescimento populacional e adensamento nas áreas urbanas.

diversificação das modalidades pelas quais o Estado supre estes bens quer diretamente, quer mediante a concessão de serviços públicos, quer pela contratação com terceiros, quer, ainda, via incentivos à produção, pelo setor privado, de bens dotados de alto coeficiente de externalidades positivas. (NUSDEO, 2001, p. 162)

O Direito incorporou o conceito de bens coletivos para torná-los disponíveis à comunidade: Direito Financeiro fixa critérios e diretrizes para movimentação de recursos estatais e, consequentemente, aplicação dos mesmos em serviços, obras e contratações; Direito Administrativo – implementa e disponibiliza à população, ainda que sob a forma de delegação da prestação de serviço público ou exercício de atividade econômica ao setor privado, por meio de concessões, permissões, autorizações e parcerias; e Direito Tributário – empenha-se em estabelecer princípios e normas para obtenção de recursos, via tributação, tendo subjacente a tais princípios as necessidades coletivas a serem atendidas, sob a égide estatal.

Essa aproximação do direito aos conceitos e peculiaridades do mercado deu suporte para as ações estatais na condução de sua política econômica.

No âmbito das finanças públicas — monetário, creditício e cambial — a ação estatal de política econômica é indireta, conferindo estímulos ou aplicando sanções. O Estado[44] age para corrigir e direcionar o mercado.

No papel de Estado-Empresário, comentado em linhas passadas, a atuação estatal constitui a modalidade de controle direto pelo Estado de uma atividade empresarial, permitindo-lhe fixar preço e quantidade de bens, racionamento, cotas de exportação ou importação etc. Aqui não há manipulação de dados no âmbito da economia (como ocorre com os três primeiros); há atuação direta sobre o próprio mercado, como partícipe das variáveis econômicas.

Finalmente, mas não menos importante, identifica-se à denominada adaptação institucional, que equivale ao enquadramento legislativo e estrutural necessário a legitimar a utilização dos demais instrumentos responsáveis pela política econômica. Essa também tem papel fundamental na definição de direitos associados aos

---

[44] Dados modificáveis de natureza quantitativa; recebem o nome de instrumentos e representam posições numericamente definidas; como exemplos: taxa cambial, alíquotas dos tributos, preços discriminados, cotas de produção ou importação, taxa de juros (a política econômica é a quantitativa, que altera pouco os fundamentos e a estrutura, mas faz adaptações no seu funcionamento de caráter conjuntural e a curto prazo).

exercícios de qualquer atividade. A adaptação institucional é o meio de aplicação ou manipulação qualitativa da política econômica. A estrutura poderá estar sendo alterada de forma menor (Lei das S/A) ou maior — reformas administrativa ou previdenciária —, quando se estarão modificando direitos cuja essência marca a própria maneira de ser e de operar o sistema.

A presença do Estado no mercado também pode ser de ordem negativa, isto é, pela abstenção estatal, por exemplo, com a imposição de restrições por infração de dispositivos de caráter ambiental (impedir construção de parque temático) ou relativos à concorrência (impedir fusão).

Agir sobre o mercado significa atuar sobre um conjunto de dados, pois eles representam estrutura institucional condicionante ou definidora do sistema e este inclui tanto as normas relativas aos direitos de propriedade e obrigacionais, fulcro da atuação do mercado, quanto os preceitos e instituições que denotam a presença do Estado como corretor ou supridor das suas falhas operacionais.

Daí porque se considera que determinados dados sejam não modificáveis, descartando-os como possíveis meios de ação, por exemplo: os de caráter físico (como condições do solo), institucional (quando certas regras fundamentais dentro do contexto de valores vigente se tornam insuscetíveis, legal ou sociologicamente, de serem alteradas), ou mesmo psicológico (índole do povo, sua inclinação ao trabalho, ao ócio ou à poupança).

A distinção entre dados modificáveis e não modificáveis dependerá do chamado *horizonte de tempo* da política econômica.

Dessa forma, concluímos que, no momento em que o poder político se dispõe a influir sobre os fenômenos econômicos, o Estado poderá:

a) subtrair ao próprio mercado a determinação de certas variáveis, transformando-as, elas também, em dados modificáveis, os quais, por sua vez, irão influir no comportamento das demais variáveis ou fenômenos econômicos;

b) alterar a definição legal de certas faculdades dos agentes econômicos seja em termos de direito de propriedade, seja no que se refere aos direitos obrigacionais, seja quanto ao poder de polícia. Por exemplo: podem alterar as exigências ambientais ou do zoneamento urbano, da legislação antitruste para estimular respectivamente as indústrias, a construção civil ou as exportações.

Assim é que, quanto maior o número de variáveis a serem passadas para a categoria de dados, maior será o grau de centralização do sistema, aumentando, por conseguinte, as áreas de intersecção dos planos político e econômico. Constata-se, então, uma zona fronteiriça entre setor público/setor privado.

Veja-se com isso a capacidade do setor público de agir ou influenciar, utilizando meios e instrumentos postos à sua disposição para, originariamente, direcionar a correção ou atenuação das disfunções de mercado — (cobrança de tributos: obtenção de recursos para suprimento de bens coletivos, na visão da economia liberal) — ou, mais precisamente, como forma de indução — positiva ou negativa — numa visão de economia dual.

Fixemos, por fim, neste tópico, essa ideia de que a mecânica da política econômica, diante de um sistema econômico dual, permite que o Estado possua meios e instrumentos de que lance mão para direcionar a atividade econômica. Constata-se que, quanto maior o número de instrumentos fixados institucionalmente, mais centralizado se tornará o sistema econômico, que passa a operar sob os ditames da autoridade e não sob as normas do automatismo econômico. De outra parte, quando as normas editadas pelo Estado têm caráter complementar ao mercado, por serem instrumentos para consecução de objetivos específicos de política econômica, surge o risco de se contrariarem os princípios informadores básicos do ordenamento jurídico vigente e, por conseguinte, seus objetivos e finalidades. Não pode ser ignorado nem pelos políticos, nem pelos economistas, nem pelos juristas que os preceitos legais instituídos para aplicação da política econômica envolvem conflito valorativo.

Diogo de Figueiredo Moreira Neto (2005), ao tratar do tema "o novo papel do Estado na economia", destaca que o Estado difundiu-se como modelo de organização do poder baseado no binômio razão-indivíduo, por meio de fatores como a democratização (assim compreendida, como novo processo de legitimação), além do tradicional processo de representação política (que recupera o conceito de democracia substantiva, passando a exigir visibilidade da ação estatal — transparência, participação cidadã, sempre que possível, e, sobretudo, a eficiência estatal nas prestações públicas a seu cargo).

A sociedade brasileira, que retomou sua legitimidade política com eleições direitas após o regime militar, iniciou processo de amadurecimento, reagindo a cada acontecimento político, econômico e social (não aceitando mais dirigismo). No tocante à moeda, como bem da sociedade e não do Estado, busca-se limitar, politicamente, sua gestão de modo confiável e estável. O crescimento da competitividade e da mobilidade financeira internacional conduz a novos sistemas de produção e de exportação de bens e serviços e ao progresso (assunto não mais exclusivo dos Estados desenvolvidos, mas e principalmente aos Estados em desenvolvimento, que pretendem enfrentar os novos desafios da globalização).

Augusto Durán Martinez (2005), ao dissertar sobre o tema do papel do Estado no século XXI, a prestação de serviços públicos, a exploração de atividade econômica e a atividade regulatória, entende que estas atividades estão relacionadas por partirem, justamente, deste papel do Estado criado para atender às necessidades humanas que derivam de sua comunidade política-representativa. Em outras palavras:[45]

> O Estado é uma instituição personificada (ou instituição corporativa), política, de base territorial, soberana, que tem como finalidade o bem comum. Importa-me por último destacar agora que o conceito de Estado indicado significa que o Estado é um ser instrumental, um "ser cometido" como disse Brito, que existe para o exercer o fim a que foi destinado. Em definitivo, a finalidade do Estado é procurar criar o âmbito adequado para o pleno desenvolvimento da pessoa humana. (Tomás de Aquino, 1975, p. 257, tradução livre)

Dessa forma, resume Diogo de Figueiredo (2005) que o novo desempenho do Estado na economia, sob a égide deste binômio — competição e eficiência — evolui do papel de conformativo do mercado (próprio das regulamentações diretas e indiretas) e do papel substitutivo do mercado (próprio das intervenções concorrenciais e monopolísticas), para tornar-se:

> (I) *regulador do mercado*: o Estado especializando-se em seus diversos setores e segmentos, abandona a pura e exclusiva direção política dos processos econômicos para aliá-la com a direção técnica e

---

[45] *Apud*, Aristóteles. *La política*. Buenos Aires: Editorial TOR S.R.L., 1965. p. 7 *et seq*; TOMÁS DE AQUINO, Opúsculo sobre el gobierno de los príncipes. *In*: TOMAS DE AQUINO. *Tratado de la ley – Tratado de la justicia – Opúsculo sobre el gobierno de los príncipes*. México: Porrúa, 1975. p. 257 *et seq*. El Estado es una institución persona (o institución corporativa), política, de base territorial, soberana, finalizada al logro del bien común. Me importa por último destacar ahora que del concepto de Estado indicado se deriva que el Estado es un ser instrumental, un "ser cometido" como dice Brito, que existe para el logro del fin ya indicado. En definitiva, el fin del Estado es procurar crear el ámbito adecuado para el pleno desarollo de la persona humana.

socialmente concertada por meio de entes independentes, criados para desenvolver políticas econômicas legislativas, antes que meramente executivas. É o Estado regulativo, que pratica a *light intervention*, pró-mercado, desenvolvida pelos Estados Unidos da América como alternativa às formas *heavy intervention*, anti-mercado, desenvolvidas na grande maioria dos modelos do bem-estar social europeus durante o século XX.

(II) *alocador de recursos*: o Estado desempenha duas funções distributivas: uma externa (ou política), através de políticas sociais voltadas aos segmentos assistidos, e outra, interna (ou administrativa), que se executa através dos orçamentos públicos, na distribuição dos meios financeiros entre entes e órgãos. É o Estado distributivo atuando em função alocativa, atividade que se distingue da função regulativa por quatro características: sua mutabilidade (anual), sua aleatoriedade (dependência de fatores financeiros disponíveis), seu tríplice formato das relações (quem paga, quem recolhe e quem distribui os recursos) e sua relação direta com o cidadão economicamente beneficiado.

(III) *parceiro econômico*: o Estado, ao mesmo tempo em que supera suas próprias limitações financeiras, técnicas e empresariais, associando-se a parceiros privados, despe-se de prerrogativas anacrônicas que, a pretexto de protegerem os interesses públicos a seu cargo, na verdade atuam como fatores de afastamento do concurso espontâneo da sociedade e até de encarecimento dos bens e serviços que devem ser buscados no mercado para atender a suas próprias necessidades administrativas.

(IV) *fomentador econômico*: o Estado desempenha sua mais nobre função, despido de coercitividade, em vias de transformação para um modelo de *Estado propulsivo*, que se torna de forma crescente um impulsionador de iniciativas (fomento empresarial), promotor de oportunidades de trabalho (fomento laboral), incentivador de investimentos (fomento financeiro) e desbravador de novas alternativas econômicas (fomento científico-tecnológico). (MOREIRA NETO, 2005, p. 107-108)

O modelo político-econômico contemporâneo tem como primado a competição e a eficiência, sendo que a primeira ocorre entre Estados voltados à eficiência econômica, coadjuvada pela eficiência política da atuação estatal nas relações internas e externas, bilaterais e multilaterais, enquanto que a segunda diz respeito à eficiência administrativa, na execução de políticas públicas e, ainda, eficiência social, que consiste em eliminar a exclusão econômica e em resguardar e em promover a qualidade dos bens e serviços, sejam públicos ou privados.

2.2.2 Das relações de mercado e da finalidade pública

Essa compatibilidade entre mercado e finalidade pública começa a se delinear neste trabalho, na medida em que busca explorar os conceitos, os métodos e os princípios que nortearão o equilíbrio imprescindível à indicação do caminho na solução de conflitos.

Esses litígios existem, muitas vezes, diante da ausência de definições transparentes e eficazes referentes às atribuições de competências, como discutiremos em capítulo específico que tratará do regime jurídico dos órgãos e entidades reguladoras, bem como da entidade de controle do abuso econômico, no exercício das funções normativa e sancionatória espelhada na intervenção estatal no domínio econômico.

Todavia, não se pode olvidar que nas diversas relações estabelecidas entre Estado e mercado, a intervenção estatal pode sofrer pressões nos três níveis de função (executiva, legislativa e judicial) que acabam por direcionar ou atenuar a regulação estatal (teoria da captura). Essa possibilidade entende-se tão ou mais avultante e destrutiva do que as falhas de mercado (*market failures*) e as falhas de governo (*government failures*) provenientes da cooptação dos agentes do Estado (propriamente dito) e dos órgãos reguladores para os interesses privados.

Definir de forma planejada, transparente e eficiente o escopo da intervenção estatal na economia, variando o grau desta integração em conformidade com os acontecimentos históricos que experimentarmos, talvez seja uma solução para evitar esses desvios.

Como gestor e tutor dessa atividade econômica, o Estado estabelece limites aos agentes econômicos privados, intervindo na ordem econômica diretamente (criação de empresas estatais quando necessário aos imperativos da segurança nacional ou ao relevante interesse coletivo definido em lei, conforme prescreve o artigo 173 da CR/88, já citado) ou indiretamente (regulando-a por normas, fiscalizando-a).

Dessa referência constitucional, verifica-se que a livre iniciativa não foi implantada com conotação isolada e libertária, estando adstrita aos contextos: social, político, econômico e jurídico da realidade brasileira; ou seja, "não se pode visualizar no princípio tão somente uma afirmação do capitalismo", nas palavras de Eros Roberto Grau (2003, p. 182).

O princípio da subsidiariedade extraído do artigo 173 da CR/88 estabelece, portanto, uma atuação suplementar ou complementar em um contexto constitucional reservado às pessoas privadas, pois o Estado atua quando e se necessário, além de estar limitado ao preenchimento dos requisitos indispensáveis a esta atuação.

É reconhecido que a intervenção seja requisitada para sanar falhas de determinado setor econômico, por meio da qual, então, o Estado exercerá uma atividade excepcional e regulatória, secundária, por assim dizer, em um regime capitalista (artigo 174 da Constituição da República de 1988).

Essa atuação reconhecida como intervenção ("intromissão") do Estado na ordem econômica, nas palavras de Lúcia Valle Figueiredo (2006), será devida ou indevida dependendo da observância e cumprimento dos ditames constitucionais, conforme citado anteriormente.

Cabe registrar que, no tocante ao âmbito econômico, há um sistema normativo próprio para aqueles que atuam no setor privado, com liberdade para dispor acerca dos contratos e bens de onde se extraem as regras do mercado concorrencial que definem as condições de regulação própria.

O conteúdo jurídico do princípio da livre iniciativa que almeja lucratividade, para o nosso contexto normativo-constitucional, não pode ter como finalidade a busca desenfreada pelo lucro capitalista ("maior exploração do homem pelo homem"), pois isso violaria os princípios fundamentais do Estado Democrático de Direito, da supremacia do interesse público e da dignidade da pessoa humana.

Quanto ao momento de aplicação dessa intervenção estatal na economia, esclarece Egon Bockmann Moreira (2004):

> A avaliação quanto à efetiva necessidade pode envolver dois momentos: o primeiro, no que diz respeito à própria positivação legislativa da possibilidade interventiva. O Legislador outorga ao Estado-Administração uma específica competência relativa à intervenção, através da edição de um diploma específico. Como não poderia deixar de ser, essa definição pode ser objeto de controle judicial — tanto no que diz respeito à outorga de competência relativa à intervenção em sentido estrito, como àquela puramente regulatória (contemplando os limites inerentes ao núcleo duro do mérito das decisões administrativas). O segundo momento diz respeito à implementação *in concreto* da atividade interventiva. Tanto na atividade de produção específica (p. ex., abuso no exercício do poder econômico e respectivo ataque à concorrência), como

na edição de regulamentos administrativos (p. ex., a restringir determinados mercados a certos operadores), a necessidade da atividade interventiva é de possível controle judicial também em face do princípio da subsidiariedade. (MOREIRA, 2004, p. 95)

Há, portanto, ingerência do Estado na economia, não como afronta ao sistema capitalista ou esgotamento do modelo econômico adotado pela Constituição da República, mas como forma excepcional e necessária de integração estatal para que economia de mercado humanize-se e deva observância à justiça e ao progresso sociais. Na observância da ordem econômica, deve-se buscar assegurar a todos uma existência digna, em conformidade com os ditames da justiça social

Robert Alexy (2001, p. 106) entende que o princípio da proteção do Estado (ordem democrática e a do Estado em si mesmo) pode ter precedência diante da dignidade da pessoa humana.

Não se celebra a livre iniciativa como preceito absoluto e independente no contexto constitucional e, sim, como o exercício de liberdade limitada aos demais bens e interesses constitucionais, nas palavras de Ariño Ortiz (2001).

Assim esclarece Sergio Ferraz (2003):

A ordem jurídica estampa diferentes graus de sensibilidade tutelar, em vista do escalonamento dos valores a proteger e da projeção desse escalonamento na busca da realização daquele que parece ser o mais importante dos interesses públicos — o da justa composição de conflitos. Como decorrência, o ordenamento, como bem anotou Rogério Ehrhardt Soares (Interesse público, legalidade e mérito. Coimbra, 1955, p. 19), constrói uma arquitetura: [...] a ordem jurídica, depois de reputar o conflito valioso, isto é, de se julgar interessada em estabilizá-lo, vai formar uma composição para os interesses em conflito e decidir a precedência dum deles e o sacrifício total ou parcial do outro, impondo ou proibindo, criando obrigações ou estabelecendo uma cortina de defesa, mas em qualquer dos casos escolhendo sempre uma solução de conteúdo fixo que quer ver respeitada em todas as circunstâncias. É nessa "solução de conteúdo fixo que quer ver respeitada em todas as circunstâncias" que se identifica o conceito de interesse público. E, então, a compreensão de interesse público flui cristalina e facilmente. [...] O interesse público é o interesse do todo, o que implica que sem perder a sua qualidade de interesse superior, sem ser a mera resultante da adição dos interesses das partes componentes, sublima-se numa unidade da qual, todavia, os interesses particulares são coeficientes inafastáveis. [...] O princípio da livre competição, por ser uma opção constitucional de balizamento da ordem econômica, traduz-se, à toda evidência, numa formulação de interesse público. Por essa dupla face — princípio constitucional e exteriorização de interesse público —, goza a livre competição de um escudo de supremacia, quando confrontado com outras inspirações de origem não tão altaneira. (FERRAZ, 2003, p. 204, 210)

Seguindo essa trilha, nos socorremos dos ensinamentos de Fábio Konder Comparato (1991) para quem:

[...]

os princípios da ordem econômica e social, ainda quando explicitados no texto normativo, consideram-se subordinados, todos eles, aos princípios fundamentais da soberania popular e do respeito aos direitos humanos.

[...] Mesmo no campo limitado da ordem econômica, é preciso não esquecer que a enumeração de princípios, constante do citado artigo de nossa Constituição [art.170], assim como a declaração dos valores fundamentais da livre iniciativa e do trabalho humano, acham-se subordinadas aos ditames da justiça social, sendo esta, indubitavelmente, o critério supremo nessa matéria. Tudo isso justifica, fundamentalmente, a admissibilidade de restrições — interpretativas ou legislativas — à aplicação dos princípios constitucionais da ordem econômica, ao mesmo tempo em que dá a medida da legitimidade dessas restrições. A liberdade empresarial, como se disse, não pode ser tomada em sentido absoluto, o que equivaleria a desvincular a ordem econômica, como um todo, da diretriz superior da justiça social. Mas as restrições ao exercício dessa liberdade não podem ser de tal monta que acabem por eliminá-la em concreto. (COMPARATO, 1991, p. 23)

Nesse sentido, destacamos como princípios da ordem econômica a liberdade (caráter espontâneo) e a igualdade (caráter racional), que nesse processo de concretização cultural se relacionam e se tensionam. Ainda recorremos ao auxílio de Fábio Konder Comparato (1991):

A liberdade é um anseio sempre presente e de permanente conquista histórica da ordem espontânea e, por isso, também muito antiga, mas sua conquista depende, muito mais, de um esforço corretivo racionalmente imposto que da evolução natural das sociedades, uma vez que a igualdade não é um imperativo da natureza, mas da justiça. Esses princípios, derivados do postulado da liberdade, são as chamadas liberdades individuais que, na ordem econômica e social podem resumir-se no seguinte elenco: liberdade de iniciativa, de empresa, de lucro, de competição, de contratação e de apropriação. (...) O princípio da livre iniciativa tempera-se pelo da iniciativa suplementar do Estado; o princípio da liberdade de empresa corrige-se com o da definição da função social da empresa; o princípio da liberdade de lucro, bem como o da liberdade de competição, modera-se com o da repressão do poder econômico; o princípio da liberdade de contratação limita-se pela aplicação dos princípios de valorização do trabalho e da harmonia e solidariedade entre as categorias sociais de produção; e, finalmente, o princípio da propriedade privada, restringe-se pelo princípio da função social da propriedade. (COMPARATO, 1991, p. 27-28)

Entendemos que, por serem instrumentos diretivos e vetores das condutas de uma dada sociedade, esses princípios devem estar bem aclarados na Constituição, para que a alteração coercitiva da ordem jurídica realizada pelo Estado tenha legitimidade constitucional.

Imperativo ressaltar o que Sergio Ferraz (2003) identificou como a lúcida concepção de Rogério Ehrhardt Soares, sobre a concentricidade dos círculos de interesse e a tutela que a eles se deve reconhecer, e conclui, ao comentar a Lei Geral de Telecomunicações (Lei nº 9472/97), que:

Como decorrência do princípio da supremacia do interesse público — aqui eideticamente substanciado no regime da livre, ampla e justa competição — tem-se que os atos administrativos emitidos em favor da concorrência, ainda quando, por mera hipótese, contrariam interesses de A e B, são presumidamente lícitos e legítimos. Assim, A e B podem até pleitear, da Administração, reparações [se isso se justificar no caso concreto]; jamais, contudo, poderão postular a cassação do ato, quando comprovadamente ampliativo da competição e do atendimento às exigências do usuário. Há até, por vezes, o que a "jurisprudência" do CADE freqüentemente ilustra, casos em que, provisoriamente, se elimina a concorrência. A análise de tais casos revela, porém que, invariavelmente, quando isso se deu, o que se fez foi evitar uma concorrência desigual e desequilibrada, que levaria, ao termo e ao cabo, a um regime de dominação (exclusiva ou compartilhada). Ou seja, pensável, até, a colocação entre parênteses, transitoriamente, da competição, quando se trate de uma etapa assecuratória da realização, ao final, de um regime de competição ampla, livre e justa. É nesses termos que se harmonizam as idéias de regulação e de concorrência. (FERRAZ, 2003, p. 213)

Outro ponto que merece destaque diz respeito à intervenção estatal na economia por meio das finanças públicas que envolvem o poder de alocação de riquezas que, se bem executada, traz benefícios favoráveis à economia de um país e, ao revés se não estiver bem planejada, pode gerar concentração de riquezas. Por conseguinte, desigualdade indesejável. Essa forma de intervenção é o que Sabino Cassese (1997) denomina de "distributiva ou alocativa".

Em economias como a nossa, em que não há simetria entre os que contribuem com recolhimento de tributos e os que usufruem dos serviços prestados aos custos destes, fica prejudicada e sempre pendente de superação a referida atuação distributiva e alocativa dos serviços por parte do Poder Público.

Diogo de Figueiredo Moreira Neto (2005), ao tratar das relações entre economia e Estado, pondera sobre uma provável redução maior da influência daquele na economia, que até poderia ser esperada ao se considerar o breve surto de liberalismo econômico que acompanhou o caso do Estado moderno. Contudo, essa redução realmente não vem ocorrendo, pois o volume da carga tributária tem atraído parcelas significativas do Produto Interno Bruto de diferentes países para o âmbito da órbita pública, fato que transformou a atividade orçamentário-financeira do Estado pós-moderno em um considerável instrumento interventivo nas economias nacionais. Assim é que, em uma perspectiva futura, nem tão remota, "os gigantescos orçamentos públicos serão redimensionados e revistos" para, gradativamente, uma grande parte dessa gigantesca atividade estatal descentralizar-se, realizando um processo aberto, aproximando-se dos cidadãos-usuários, dispondo-se em rede, afastando-se da concentração do poder e, finalmente, caminhando para o marco que deverá nortear o século 21: a policracia e a democracia.

Diante das considerações que expõem o conteúdo constitucional da ordem econômica, avancemos em direção ao conhecimento dos instrumentos normativos de que dispõe o Estado para intervir na economia, buscando enaltecer a natureza e a pretensão da eficácia das normas constitucionais e fortalecer a premissa de que o princípio

98 | Renata Porto Adri
O Planejamento da Atividade Econômica como Dever do Estado

da supremacia do interesse público sobre o interesse privado não foi, nem deve ser, flexibilizado.

Passemos, agora, a analisar se há possibilidade de diálogo entre o Direito e a Economia identificando suas racionalidades.

2.2.3 Do Direito e da Economia em suas racionalidades

A dogmática da Constituição da República de 1988 confere espaço para análise das políticas econômicas, razão pela qual melhor se coaduna com um ordenamento jurídico mais diretivo do que imperativo.

Assim é que sentimos necessidade de entender, mesmo que perfunctoriamente, a mecânica da política econômica identificada no Estado e na evolução da economia e que acaba por influenciar as mudanças na ordem jurídica.

Será que há diferença entre racionalidade econômica e racionalidade jurídica? A resposta é afirmativa. A economia, enquanto ciência social, encontra-se revestida de objetividade, revisibilidade e autonomia; tem uma visão da sociedade com foco na "administração de recursos escassos", ou seja, na utilidade dos bens econômicos, para análise econômica do comportamento humano. A economia não leva em consideração os valores morais dos agentes, nem mesmo a justificativa para dado comportamento.

De outro giro, o direito é axiológico em sua essência. Conforme abordamos no início, as normas vigentes refletem os valores positivados na ordem social vigente de uma dada sociedade, o que reafirma a teoria tridimensional de Miguel Reale de que o Direito é a integração entre fato, valor e norma.

Miguel Reale (1963), citando Hauriou (1800), alerta:

> A regra de Direito não emana dos fatos sociais do mesmo modo que as leis físicas emanam dos fenômenos físicos; ela é sempre obra de um poder que, até certo ponto, a impõe às forças sociais; ela tem necessidade de ser mantida por este poder para vencer as resistências que encontra; convém desconfiar de todos os sistemas que afirmam o império do direito [...] o direito não reina por si mesmo [...] atrás da regra de direito é preciso encontrar o poder que a sanciona. (HAURIOU, 1800, p. 33 *apud* REALE, 2002, p. 43)

Parece, então, inevitável questionar se no contexto constitucional que estamos estudando — *Ordem Econômica* — há espaço para "interpretação econômica do Direito".

A resposta é afirmativa. Isso porque a interpretação econômica do Direito consiste em uma forma de reflexão e análise do papel das normas jurídicas em uma economia de mercado, ou seja, qual o seu impacto e repercussão sobre o comportamento dos agentes econômicos.

De acordo com Marcos Juruena Villela Souto (2002) a análise econômica do Direito tem um enfoque positivo e um enfoque normativo:

> [...] a análise positiva busca explicar o efeito das normas jurídicas sobre os distintos mercados e, ademais, em certas circunstâncias produz teorias que pretendem encontrar causas econômicas na adoção de certas normas por parte das distintas sociedades. A análise normativa, ao contrário, serve para trazer prescrições a respeito de quais normas jurídicas são mais adequadas em uma situação ou em outra, segundo qual seja o objetivo buscado pelo legislador. (SOUTO, 2002, p. 11-12)

O sentido econômico associado às normas não deve estar atrelado às relações econômicas em sentido estrito (operações de mercado), mas à forma pela qual a sociedade faz uso dos recursos escassos para seu bem-estar.

Desse modo, os custos e benefícios econômicos podem ser objeto da análise econômica do Direito,[46] a exemplo dos atos regulatórios da atividade econômica, que implicam a intervenção estatal na ordem econômica, em excepcional substituição ao livre mercado.

Salienta Fábio Nusdeo (1995), ao dizer que a presença estatal no sistema econômico pode ser mais ou menos ativa, que não é possível definir de plano e de forma absoluta qual o peso ou a extensão da participação estatal em qualquer sistema, por não constituir um parâmetro técnico, mas puramente instrumental e político:

> [...] Como tal, caberá a cada sociedade, ao longo de sua trajetória histórica, *determinar o quanto de mercado e quanto de Estado deseja ter.* [...] E o caminho será o da adequada normatização da atividade

---

[46] Por opção metodológica não iremos abordar, mas apenas gizar nosso conhecimento quanto à existência das teses de economistas como Stliger, Peltzman e Posner que buscam afastar o Estado da economia, bem como a Ronald Dworkin que alude à teoria política sobre o direito, usualmente denominada de análise econômica do direito.

estatal, justamente como prolatora das leis do Direito Econômico, a fim de conferir a indispensável segurança à sociedade de que o seu fim estará sempre em estrita consonância com aqueles princípios informadores básicos e com as diretrizes em que se desdobram, racional e conscientemente adotadas pela mesma sociedade. (NUSDEO, 1995, p. 36, 39, grifos nossos)

A restrição à plena liberdade econômica, como vimos, se evidencia pelo sistema político adotado e pela necessária e almejada organização social, daí porque a necessidade de iniciativa estatal e da formação de um sistema jurídico que expresse as finalidades e confirme segurança à sociedade.

Assim é que, diante do ordenamento constitucional brasileiro, se por um lado identificamos e reconhecemos a dinâmica dos agentes econômicos que buscam extrair do mercado o lucro, por outro entendemos que cabe ao Estado estabelecer os limites para o exercício da livre iniciativa.

O Estado e a Economia podem (e devem) se correlacionar, daí porque devemos compreender quais são a racionalidade jurídica e a racionalidade econômica que devem ser empregadas para que o sistema seja eficaz.

Para aqueles que não reconhecem qualquer relação ou possibilidade de aproximação entre as ciências jurídica e econômica, depois do resgate histórico e doutrinário, entendemos que ficou demonstrada a relevância do papel do Estado na Economia e adotamos o entendimento de que há compatibilidade do raciocínio jurídico com o raciocínio econômico, ressaltando que as características essenciais de cada ciência devem ser preservadas e diferem, mas isto não impede a possibilidade de diálogo entre elas.

Entendemos que direito e economia são disciplinas diversas e singulares como vêm sendo tratadas no decorrer do tempo, embora tenham conexões irrefutáveis.

José Reinaldo Lima Lopes (2004) nos ensina que:

A economia desenvolveu-se nos últimos dois séculos com um campo autônomo, embora tenha nascido da ética e da política (ciência da política, ou da polícia) e neste sentido ganhou autonomia dentro do largo campo da filosofia prática. Dentro do mesmo campo, o da filosofia prática, encontra-se o direito, que tem uma carreira acadêmica muito mais longa, datada do século XII em Bolonha (para o caso do direito ocidental moderno). (LOPES, 2004, p. 137)

No Brasil, é bom lembrar, o sistema jurídico adotado parte de uma Constituição escrita, rígida e orientada para o estabelecimento de um Estado social, democrático e de direito, que se depara com a globalização da economia e com modificações sociais, cuja racionalidade econômica (ou de mercado) deve ser respeitada e observada a tradição jurídica e instituições estabelecidas.

A construção dogmática do direito brasileiro existe há bastante tempo e propiciou a formação de uma cultura jurídica, marcada por forte proteção do interesse privado, mas sempre firmada nas ações, crenças e comportamentos das pessoas que compõem esta sociedade.

Buscando entender (e demonstrar) se há possibilidade de diálogo entre direito e economia, destacamos, o instituto da regulação[47] pública do mercado, que mescla os conceitos jurídicos e econômicos, na medida em que a economia pode ter aplicabilidade em certas questões jurídicas, desde que observadas as normas legais, dando destaque para a criação das agências reguladoras.

A questão nodal parece estar no fato de que algumas correntes de pensamento entendem que a regulação econômica conduz a uma espécie de interferência indevida nas liberdades dos particulares e que é inaceitável o uso de considerações econômicas para decidir disputas jurídicas.

Recorrendo, novamente, aos ensinamentos de José Reinaldo Lima Lopes (2004), dizemos que as disciplinas do direito e da economia possuem traços distintivos, mas podem se inter-relacionar para solucionar ações humanas de modo diferente, respeitando-se cada "tipo ideal" de racionalidade.

> O tipo ideal na economia é uma racionalidade, que explica e interpreta as ações "de um ponto de vista econômico", que pode ser do custo e do benefício levados em conta para justificar e dar razão de ser (racionalidade) do juízo econômico (o que custa, o quanto custa e no curto, médio ou longo prazo para um agente) (p. 140). Já o direito, como disciplina acadêmica, pode explicar e interpretar ações "do ponto de vista jurídico" que é essencialmente o de *cumprir uma regra*. Se voltarmos à doutrina romana, elaborada ao longo da Idade Média, lê-se no Digesto: "A virtude das leis é obrigar, proibir, permitir ou punir" (D.1.3.7, legis virtus haec est imperare, vetare, permittere, punire). O direito permite, pois, dizer o proibido, o

---

[47] Objeto de estudo no Capítulo 4 deste trabalho.

permitido, o obrigatório, segundo uma regra jurídica. O tipo-ideal do raciocínio jurídico não é conseguir um bem, a menos que bem seja definido de forma amplíssima. Mas se a definição de bem for assim tão ampla, como se referindo a tudo aquilo que se deseja, ou como o resultado final de qualquer ação, ou o fim (telos), então a economia mesma voltada ao grande mar indiferenciado da filosofia moral ou filosofia prática, como antes do século XVIII, antes de Smith ou dos fisiocratas. Vale a pena distinguir, portanto, o pensamento teleológico em geral (aquele que conduz uma ação, tendo em vista um fim qualquer) das espécies de pensamento teleológico que podem ser tanto o cumprimento do dever (dever moral ou jurídico), quanto a obtenção de alguma coisa materialmente desejável. Os dois maiores juristas do século XX, Hart e Kelsen, divergiram, parece, exatamente, neste ponto, ou seja, na construção do tipo ideal jurídico. Para Kelsen, o raciocínio jurídico constrói-se a partir da perspectiva do sujeito que quer evitar a sanção. Para Hart, o raciocínio jurídico constrói-se da perspectiva do sujeito que quer cumprir as regras para cooperar socialmente. Para o primeiro a pergunta principal é: "o que devo fazer para evitar a sanção?" Para o segundo a pergunta principal é: "como se fazem estas coisas aqui?" Ambos, porém, tinham em vista a racionalidade do cumprimento das regras. Regras são simultaneamente critérios de ação (orientam a ação, como máximas, normas, princípios) e elementos de crítica da ação (permitem a avaliação da ação e o julgamento do sujeito e dos resultados). (LOPES, 2004, p. 141)

Olhemos, agora, para o campo das decisões. A racionalidade econômica tem foco na *eficiência* ou custo, para efeito de avaliar o resultado que pretende alcançar. De outra parte, a racionalidade jurídica estará atenta à *legalidade*. Pergunta-se: Será que essa afirmativa é correta? Será que está completa? Será que a eficiência econômica, que equivale ao custo, em nada se aproxima da eficiência administrativa, elevada a princípio constitucional informador da atividade da Administração Pública (artigo 37, *caput*, da CR/88)?[48] Quando se fala em eficiência administrativa estamos analisando os meios empregados ou os fins alcançados?

Fizemos estudos sobre o princípio da eficiência introduzido no artigo 37, *caput*, da CR/88, pela EC nº 19/98, os quais se iniciaram

---

[48] Art. 37 A administração pública direita e indireta de qualquer dos Poderes da União, dos Estados, do Distrito Federal e dos Municípios obedecerá aos princípios da legalidade, impessoalidade, moralidade, publicidade e eficiência e, também, ao seguinte:

pelo registro histórico do Decreto-Lei nº 200 de 25.02.1967, que estabeleceu diretrizes para a reforma administrativa no governo do Presidente Castelo Branco. Tal direito atribuía a cada Ministro de Estado, integrante da Administração Federal, o encargo de assegurar a eficiência administrativa no âmbito da sua respectiva Pasta (arts. 25 e 26, III). Ademais, no art. 94, incumbia o Poder Executivo de rever e adequar as normas relativas aos servidores aos seguintes princípios: aumento de produtividade (art. 94, II), profissionalização e aperfeiçoamento do servidor público (art. 94, III), constituição de dirigentes capazes de garantir a qualidade e produtividade da ação governamental (art. 94, V).

Outrossim, no art. 100, determinava a instauração de processo administrativo para a demissão ou dispensa do servidor efetivo ou estável, comprovadamente ineficiente ou desidioso no desempenho dos encargos e cumprimento dos deveres. Criava, ainda, no art. 115, o Departamento Administrativo do Serviço Público (DASP), ao qual competia cuidar dos assuntos referentes ao pessoal civil da União, adotando medidas visando ao seu aprimoramento e maior eficiência. Portanto, na reforma administrativa de 1967 a eficiência já era bastante enfatizada. Recentemente, outros diplomas legais também consagraram o princípio da eficiência na Administração Pública.

A Lei nº 8.112/90 instituiu o regime jurídico dos servidores públicos civis da União, das autarquias e das fundações públicas federais, impondo aos servidores o dever de exercer o cargo com dedicação e presteza, bem como zelar pela economia do material e pela conservação do patrimônio público.

Marçal Justen Filho (1997), ao comentar o art.6º, §1º, da Lei nº 8.987/95, diz que:

> O serviço será adequado quando for eficiente. O §1º do art. 6º produz um detalhamento do que se reputa como eficiência. Em suma, a eficiência consiste no desempenho concreto das atividades necessárias à prestação das utilidades materiais de molde a satisfazer necessidades dos usuários, com imposição do menor encargo possível, inclusive do ponto de vista econômico. Eficiência é a aptidão da atividade a satisfazer necessidades, do modo menos oneroso. (JUSTEN FILHO, 1997, p. 124)

Os artigos 70, *caput*, e 74, II, da CR/88 dedicam-se ao controle e apuração da legalidade, eficiência e eficácia da Administração, avaliando os resultados da gestão orçamentária (art. 74, II) e a economicidade (art. 70, *caput*):

> Art. 70. A fiscalização contábil, financeira, orçamentária, operacional e patrimonial da União e das entidades da administração direta e indireta, quanto à legalidade, legitimidade, economicidade, aplicação das subvenções e renúncia de receitas, será exercida pelo Congresso Nacional, mediante controle externo, e pelo sistema de controle interno de cada Poder.
>
> [...]
>
> Art. 74. Os Poderes Legislativo, Executivo e Judiciário manterão, de forma integrada, sistema de controle interno com a finalidade de:
>
> I – avaliar o cumprimento das metas previstas no plano plurianual, a execução dos programas de governo e dos orçamentos da União;
>
> II – comprovar a legalidade e avaliar os resultados, quanto à eficácia e eficiência, da gestão orçamentária, financeira e patrimonial nos órgãos e entidades da administração federal, bem como da aplicação de recursos públicos por entidades de direito privado;

É preciso lembrar que, antes da redação final de eficiência, os legisladores constituintes derivados pretendiam registrar a expressão "qualidade dos serviços prestados", uma impropriedade por atingir apenas um setor da Administração Pública (a esfera da prestação de serviços públicos).

Nesse ponto, reside nossa controvérsia: a atuação da Administração, pode ser avaliada sob dois enfoques, a saber, como meio ou como resultado?

Cogita-se da possibilidade de a aplicação da eficiência estar voltada ao comportamento dos seus agentes no uso dos recursos públicos (avaliação dos meios e procedimentos de trabalho) ou aos resultados finais obtidos por esses agentes (avaliação dos fins).

Historiando a elaboração da referida Emenda Constitucional nº 19/98, Cláudia Fernanda de Oliveira Pereira (1998) critica a inclusão, aprovada no segundo turno da Câmara dos Deputados, do *princípio da eficiência em substituição ao princípio da qualidade do serviço público*, argumentando que a segunda escolha tem sentido mais restrito que a primeira.

A exposição de motivos encaminhada pela Mensagem Presidencial nº 886/95, convertida na Proposta de Emenda Constitucional nº 173/95, posteriormente aprovada como Emenda Constitucional nº 19/98, pretendia:

incorporar a dimensão de eficiência na administração pública: o aparelho de Estado deverá se revelar apto a gerar mais benefícios, na forma de prestação de serviços à sociedade, com os recursos disponíveis, em respeito ao cidadão contribuinte e enfatizar a qualidade e o desempenho nos serviços públicos: a assimilação, pelo serviço público, da centralidade do cidadão e da importância da contínua superação de metas desempenhadas, conjugada com a retirada de controles e obstruções legais desnecessários, repercutirá na melhoria dos serviços públicos.

Celso Antônio Bandeira de Mello (2006, p. 117-118) entende que o princípio "mais parece um adorno agregado ao art. 37, que não pode ser concebido senão na intimidade do princípio da legalidade e, finalmente, que é uma faceta de um princípio mais amplo, já superiormente tratado, de há muito, no Direito italiano: o princípio da 'boa administração'".

Lúcia Valle Figueiredo (2006) pondera:

É de se perquirir o que muda com a inclusão do princípio da eficiência, pois, ao que se infere, com segurança, à Administração Pública sempre coube agir com eficiência em seus cometimentos. Na verdade, no novo conceito instaurado de Administração Gerencial, de "cliente", em lugar de administrado, o novo "clichê" produzido pelos reformadores, fazia-se importante, até para justificar perante o país as mudanças constitucionais pretendidas, trazer ao texto o princípio da eficiência. Tais mudanças, na verdade, redundaram em muito pouco de substancialmente novo, e em muito trabalho aos juristas para tentar compreender figuras emprestadas sobretudo do Direito Americano, absolutamente diferente do Direito brasileiro. (FIGUEIREDO, 2006, p. 64)

Maria Sylvia Zanella Di Pietro (2005, p. 84-85) também aponta que "já tivemos oportunidade de realçar a acentuada oposição entre o princípio da eficiência, pregado pela ciência da Administração, e o princípio da legalidade, imposto pela Constituição como inerente ao Estado de Direito". Destaca, ainda, que "a eficiência é princípio que se soma aos demais princípios impostos à Administração, não podendo sobrepor-se a nenhum deles, especialmente ao da legalidade, sob pena de sérios riscos à segurança jurídica e ao próprio Estado de Direito".

De outra parte Antônio Carlos Cintra do Amaral (2002), ao tratar do tema — interpretação das normas jurídicas —, entende que, primeiro: a "vontade" do legislador, ordinário ou constituinte, não tem qualquer relevância para a interpretação das normas por ele produzidas. Isso porque, a "vontade do legislador" exaure-se no momento da produção da norma. A partir daí sequer se pode falar em "vontade da lei", expressão claramente absurda, e sim em "significado objetivo" da norma, em contraposição, como diz Hans Kelsen, ao significado que lhe pretendeu dar o aplicador do Direito ("significado subjetivo"). Os atos preparatórios de elaboração legislativa "valem apenas como ilustrações de caráter científico". Conclui, então, seu pensamento, ressaltando que a partir dessas observações, ficam afastadas quaisquer conjecturas sobre o que "quis" o legislador constituinte ao introduzir o princípio da eficiência no *caput* do art. 37 da Constituição, por mais sólidas que sejam elas. Afasta-se, igualmente, qualquer preocupação com o que ocorreu no Congresso Nacional na tramitação da proposta de Emenda Constitucional nº 173/95 (aprovada, depois, com o nº 19/98).

Indagamos, então: qual o significado objetivo do princípio da eficiência contido no *caput* do art. 37 da Constituição? Será que nele está implícita a ideia de eficácia (resultado)? Será que se fizermos uma análise mais literal a acepção científica do vocábulo "eficiência" ficaria mitigada dada a ausência da carga semântica de eficácia? Poderíamos, então, dizer que a Administração Pública não tem compromisso com os resultados de suas ações, com base no princípio da eficiência?

Concordamos com a abordagem de José Reinaldo de Lima Lopes (2004) de que a eficiência não pode ser critério primeiro ou último de uma decisão jurídica, pois ela é instrumento de apoio à decisão jurídica a ser tomada.

No âmbito da regulação pública, introduzida em nosso ordenamento jurídico, cuja especificidade acena sua finalidade e pactua com a eficiência administrativa, em alguns casos concretos, a serem abordados oportunamente, aponta-se para necessidade de definições e linhas de conduta, com fito de evitar o uso indiscriminado do instituto ora como meio ora como fim, desequilibrando a racionalidade jurídica que lhe é própria.

Mas, afinal, esta diferença de olhar entre o direito e a economia permite algum diálogo? Será que o direito, julgando o passado segundo a lei, pode de alguma maneira dialogar com a economia,

Capítulo 2
Da Intervenção do Estado no Domínio Econômico | 107

voltada para garantir resultados futuros? Pode a expectativa de fatos e eventos futuros servir como fundamento, razão ou sentido de decisões ou raciocínios jurídicos?

A resposta é afirmativa, como já dito anteriormente, por apoiarmos e vislumbramos a necessidade de respeito às especificidades e a harmonia da multidisciplinaridade.

Outro pressuposto de divergência entre a racionalidade jurídica e a econômica é a norma ou lei como fonte para tomada de decisões jurídicas, bem como os costumes, os princípios do direito ou da razão moral, enquanto que, para a economia, a norma ou o argumento de autoridade firmado nela não concebe essa noção de validade constituída, pois a resposta econômica sequer a considera, visando, sempre, ao custo e/ou à eficiência econômica da ação[49] obtida pelo benefício do menor custo, consideradas todas as circunstâncias, cujo resultado pode ser micro ou macroeconômico.

Apesar dessa aparente divergência entre as referidas racionalidades, há reconhecimento da influência de regras jurídicas em algumas condutas econômicas para efeito de busca da finalidade, como observou José Reinaldo Lima Lopes (2004):

> Claro que a aplicação de regras morais e jurídicas, que poderiam ser apenas julgamento de eventos dados, mantêm alguma relação com o futuro, com o que se espera. A finalidade, o produto da ação conta e conta muito em certas deliberações jurídicas. Apenas para ressaltar as possíveis conexões da economia e do direito com a ética, cito aqui um exemplo clássico da deliberação concreta a partir de regras e o papel que a justiça e a finalidade (ou resultado) da ação joga em tais momentos. Refiro-me à hipótese indicada por Tomás de Aquino — um exemplo tornado clássico — das relações que há entre as regras e os resultados esperados das regras. É obrigatório fechar os portões da cidade a tal hora da noite. A obrigação explica-se por um resultado que se quer alcançar: a segurança dos habitantes. Mas pode acontecer que algum cidadão fique fechado do lado de fora dos portões e ali se veja exposto a ladrões e bandidos ou inimigos. Deve-se, então, abrir as portas, pois o fim visado pela norma (salvar as vidas) poderá ser cumprido (salvar aquele cidadão, sem expor os outros) pela desobediência aparente. O cumprimento sensato da regra implica a avaliação do resultado. Tradicionalmente, os

---

[49] Há discussão atual dentro das escolas econômicas sobre a unidade de análise ou o sentido do raciocínio econômico; um dos precursores desta é o economista indiano, que ganhou o Premio Nobel, *Amartya Sen*.

juristas chamam esta espécie de interpretação de *interpretação finalista*. Ela é bastante comum e vale-se, freqüentemente, de uma outra interpretação auxiliar, a *interpretação histórica*. Muitas vezes para se determinar o sentido de uma norma é preciso contrastá-la com a norma anterior sobre a mesma matéria. O contraste pode indicar o "porquê" (para que fim) a norma foi mudada. Uma interpretação que destrua a razão de ser da mudança pode ser uma má interpretação. [...]

Há várias maneiras de levar o resultado em consideração. Surpreende que os juristas não dêem conta de que isto é parte do processo decisório. Nos anos 80, Robert Alexy voltou ao tema na sua teoria dos direitos fundamentais. Ao traçar a diferença entre os direitos de defesa (direitos civis tradicionais, de não interferência do Estado) e dos direitos de proteção (direitos a uma prestação do Estado para impedir que outros particulares violem o direito de um indivíduo), dizia que os primeiros exigem a proibição de todas as ações que possam violá-los. Os segundos (direitos de proteção) pode haver várias ações adequadas e então o Estado pode escolher qual delas tomará. Neste caso — de várias ações possíveis e eficazes — há um "campo de ação cognitivo" que não é normativo mas empírico. Não se trata, diz ele, de ponderar (deliberar sobre a adequação da regra, digo eu) mas de fazer prognósticos sobre a melhor solução empírica (não sobre a melhor regra). A exigibilidade judicial fica, pois, subordinada a juízos normativos (ponderação) e técnico-empíricos (prognósticos) ao mesmo tempo. (ALEXY, 1993, p. 446-450; LIMA LOPES, 2004, p. 147, nota de rodapé 16)

Prevalece na doutrina o entendimento de que a decisão judicial (e administrativa) deve ser motivada, conforme, inclusive, prescreve o artigo 93, inciso X,[50] da Constituição da República. Ora, no que diz respeito às situações jurídicas de regulação e concorrência, muitas vezes, o cálculo de eficiência quanto aos resultados esperados, pode ser o diferencial na busca da justeza daquela decisão, ensejando, neste particular, diálogo entre o raciocínio jurídico e o raciocínio econômico.

Isso porque atos de aparente concentração econômica, após analisados pelas autoridades competentes, podem ser autorizados

---

[50] Art. 93 Lei complementar, de iniciativa do Supremo Tribunal Federal, disporá sobre o Estatuto da Magistratura, observados os seguintes princípios: [...] X – as decisões administrativas dos tribunais serão motivadas, sendo as disciplinares tomadas pelo voto da maioria absoluta de seus membros;

Capítulo 2
Da Intervenção do Estado no Domínio Econômico | 109

(e revistos) em função dos resultados previstos ou previsíveis, conforme se depreende do disposto no artigo 54, parágrafo 1º, c/c artigo 55 e artigo 58 da Lei nº 8.884/94. É o princípio da legalidade aplicado na avaliação contínua de resultados.[51]

Parece inevitável concordar que, em alguns casos,[52] o direito recorre às considerações propriamente econômicas, de custo-benefício, resultado, proporcionalidade, observados graus diferentes de complexidade e da casuística.

Resgatando da jurisprudência,[53] caso exemplar, identificado na Medida Cautelar em Ação Direta de Constitucionalidade nº 9-6 de 28.06.2001,[54] que discutiu, no Colendo Supremo Tribunal Federal,[55] a crise de abastecimento de energia elétrica e, consequentemente, a constitucionalidade da Medida Provisória nº 2.152-2, de 1º.06.2001, verificamos que a análise dos resultados pode ser invocada para efeito de tomada de decisão, até judicial.

O principal debate estava centrado na possibilidade de cobrança de sobretarifa dos usuários de energia elétrica que não cumprissem sua meta de consumo e a constitucionalidade do

---

[51] A Lei nº 8.666/93 refere-se à manutenção do equilíbrio econômico-financeiro do contrato, em caso de alteração unilateral de suas condições. Nas leis que regulam as concessões de serviços públicos (Lei nº 9.074/95) existem também dispositivos regulando a alteração de preços, tarifas, remuneração. No direito do consumidor foi introduzida a possibilidade, inexistente no sistema contratual estritamente liberal, de revisão judicial dos contratos, pois é possível pedir judicialmente a manutenção do contrato com alteração de alguma cláusula (art. 6, V, c/c art. 51, parágrafo 4º da Lei nº 8.078/90).

[52] Sob o ponto de vista jurídico, ainda segundo José Reinaldo de Lima Lopes, é a consideração, em certos casos, de resultados agregados. O caso mais exemplar, dos citados acima, é o da legislação antitruste, pois ela obriga o julgador a levar em consideração resultados agregados. De fato, ao falar dos consumidores em diversos dispositivos do art. 54 da Lei nº 8.884/94 está certamente falando do interesse agregado e médio dos consumidores. Creio que também a Lei nº 8.078/90 fala de resultados agregados de benefício aos consumidores em alguns de seus dispositivos, mas não em todos. A harmonia nas relações de consumo, do art. 4º do Código de Defesa do Consumidor, presta-se a um entendimento agregado e médio. O mesmo não acontece em outros casos, quanto o que está em jogo é o direito individual de cada consumidor (*Op. cit.*, p. 15-159).

[53] Cf. artigo citado de José Reinaldo de Lima Lopes. p. 160-166.

[54] A decisão encontra-se citada no ANEXO B deste trabalho.

[55] O Colendo Supremo Tribunal Federal em outra oportunidade pronunciou-se sobre os limites da intervenção do Estado no domínio econômico: "A possibilidade de intervenção do Estado no domínio econômico, por sua vez, não exonera o Poder Público do dever jurídico de respeitar os postulados que emergem do ordenamento constitucional brasileiro, notadamente os princípios — como aquele que tutela a intangibilidade do ato jurídico perfeito de que se revestem de um claro sentido de fundamentalidade. Motivos de ordem pública ou razões de Estado — que muitas vezes configuram fundamentos políticos destinados a justificar, pragmaticamente, *ex parte principis*, a inaceitável adoção de medidas que frustram a plena eficácia da ordem constitucional, comprometendo-a em sua integridade e desrespeitando-a em sua autoridade — não podem ser invocados para viabilizar o descumprimento da própria Constituição, que, em tema de atuação do Poder Público, impõe-lhe limites inultrapassáveis, como aquele que impede a edição de atos legislativos vulneradores da intangibilidade do ato jurídico perfeito, do direito adquirido e da coisa julgada" (STF – Pleno – AI nº 244.578/RS – Rel. Min. Celso de Mello. Informativo STF, nº 154).

corte de fornecimento, em casos de descumprimento reiterado da meta. Esse núcleo de discussão, em diversos momentos, girou em torno da legitimidade do raciocínio que leva em conta o *resultado da decisão*, ou ainda, de *se saber se os resultados são ou não um elemento a ser considerado juridicamente*.

Reconhecido o cabimento da ação direta, por unanimidade, no mérito, porém, o Tribunal dividiu-se: dois Ministros (Relatores: Néri da Silveira e Marco Aurélio Mello) consideraram inconstitucional a medida provisória naqueles dois pontos. Sete ministros (Ellen Gracie, Nelson Jobim, Maurício Corrêa, Carlos Velloso, Sepúlveda Pertence, Sidney Sanches e Moreira Alves) votaram pela constitucionalidade da Medida.

Assinalamos, desde nosso título, e buscamos nos aprofundar na legislação e doutrina do planejamento, a seguir apresentada, com o fito de verificar sua presença, utilização, interpretação e aplicação no ordenamento jurídico vigente, em que identificamos a mesma tensão temporal da análise dos resultados, bem como a abordagem conflituosa de juristas que afirmam e negam a necessidade da flexibilidade e revisão dos planos por parte da Administração Pública.

Frise-se, por oportuno, que não estamos com isso querendo dizer que os planos são imutáveis. Alterações legislativas e de execução do plano podem ocorrer respeitados direitos fundamentais e o Estado de Direito. A questão polêmica é se essa alteração gera responsabilidade objetiva do Estado; embora seja uma reflexão futura, não nos contemos em colacionar a este trabalho posicionamento recente do Colendo Supremo Tribunal Federal capitaneado pelo Excelentíssimo Ministro Carlos Velloso, que, ao relatar o Recurso Extraordinário nº 422.941-2/Distrito Federal,[56] na Segunda Turma,

---

[56] Pedimos *venia* para transcrever trecho do voto condutor da decisão: "[...] De fato, o texto constitucional de 1988 é claro ao autorizar a intervenção estatal na economia, por meio da regulamentação e da regulação de setores econômicos. Entretanto, o exercício de tal prerrogativa deve se ajustar aos princípios e fundamentos da Ordem Econômica, nos termos do art. 170 da Constituição. Assim, a faculdade atribuída ao Estado de criar normas de intervenção estatal na economia [...] não autoriza a violação ao princípio da livre iniciativa, fundamento da República (art. 1) e da Ordem Econômica (art. 170, *caput*). [...] *o estabelecimento de regras bem definidas de intervenção estatal na economia e sua observância são fundamentais para o amadurecimento das instituições e do mercado brasileiros, proporcionando a necessária estabilidade econômica que conduz ao desenvolvimento nacional.* Essa conduta, se capaz de gerar danos patrimoniais ao agente econômico, no caso, a Recorrente, por si só, acarreta inegável dever do Estado de indenizar (art. 37, parágrafo 6º). [...] A intervenção estatal na economia encontra limites no princípio constitucional da liberdade de iniciativa, e o dever de indenizar é decorrente da existência do dano atribuível à atuação do Estado. [...] *"Esclareça-se, ao cabo — quase em termos de repetição — que não se trata, no caso, de submeter o interesse público ao interesse particular da Recorrente. A ausência de regras claras quanto à política econômica estatal, ou no caso, a desobediência aos próprios termos da política econômica estatal desenvolvida, gerando danos patrimoniais aos agentes econômicos envolvidos, são fatores que acarretam insegurança e instabilidade, desfavoráveis à coletividade e, em última análise, ao próprio consumidor".* (grifos nossos)

declarou a responsabilidade objetiva do Estado e o consequente dever de indenizar a recorrente por ter fixado preços abaixo da realidade de mercado, intervindo, portanto, na ordem econômica, em desconformidade com a legislação aplicável ao setor (sucroalcooleiro), violando, assim, o princípio constitucional da livre iniciativa.

Daí nossa atenção e ocupação em compreender a relevância do planejamento, enquanto ação estatal fundamental e necessária à consecução dos princípios e objetivos fundamentais da Constituição da República de 1988.

Capítulo 3

Da Função Estatal de Planejar

Sumário: 3.1 Noções elementares – 3.2 Do direito comparado – 3.3 Breve histórico brasileiro – 3.4 Da democracia e do planejamento – 3.5 Do processo político e do planejamento – 3.6 Do Direito, das finanças e do planejamento – 3.7 Da economia de mercado e do planejamento – 3.8 Diferentes espécies de planejamento – 3.8.1 Do planejamento urbanístico – 3.8.2 Do planejamento ambiental – 3.8.3 Do planejamento e da Lei de Responsabilidade Fiscal – 3.8.4 Do planejamento e das Parcerias Público-Privadas (PPP)

Abordadas as racionalidades jurídicas e econômicas e a intervenção estatal na ordem econômica e social, passamos a abordar o cerne deste trabalho que é o planejamento econômico como espécie desta intervenção.

Consideramos que ao tema — planejamento — está subjacente uma reflexão sobre seu regime jurídico, sua origem constitucional e as relações ideológicas, políticas e jurídicas, bem como a interpretação e aplicação do ordenamento jurídico vigente, sobre institutos que hoje compõem o Estado e suas realidades frente à sociedade brasileira contemporânea.

Nossa atenção, portanto, estará voltada para as transformações sofridas pelo Estado, em face de seu desempenho econômico, buscando maximizar as decisões políticas diante da nova concepção e assunção de responsabilidade pela direção, coordenação e fiscalização da aplicação dos recursos públicos, cujo foco é a promoção do Bem-Estar Social.

3.1 Noções elementares

A ideia de planejamento traz alguns signos como parte de sua linguagem, sendo evidente sua adoção como o caminho a ser trilhado para promoção das mutações econômicas, sociais e culturais e implementação dos fundamentos e objetivos da República Federativa do Brasil.

O planejamento, ao lado da coordenação, da desconcentração, da descentralização e do controle, compõe uma das funções estatais disponíveis para o cumprimento de suas finalidades.

Esclarece Hely Lopes Meirelles (1995, p. 635) que "a finalidade precípua da Administração é a promoção do bem-estar social, que a Constituição traduz na elaboração e execução de 'planos nacionais e regionais de ordenação do território e de desenvolvimento econômico e social' (art. 21, IX)".

O bem-estar social se refere ao bem comum da coletividade, manifestado pela satisfação de suas necessidades básicas, pelo desenvolvimento da coletividade pela prosperidade econômica, social, material, espiritual e individual, da qual o Estado, na função de gestor, é protagonista.

De outra parte, no âmbito do planejamento econômico, há destaque para o desenvolvimento nacional, isto é, o permanente aprimoramento dos meios essenciais à sobrevivência dos indivíduos e do Estado, visando ao bem-estar de todos.

Nessa perspectiva é imperioso que haja aperfeiçoamento ininterrupto da ordem social, econômica e jurídica, com expressiva melhoria, por exemplo, da educação pública, da saúde pública, da preservação dos direitos e garantias individuais (com destaque para materialização do objetivo constitucional de dignidade da pessoa humana), visando ao aprimoramento das instituições, mantendo a ordem interna e afirmando a soberania nacional.

O Estado, como já referido, diante das necessidades humanas da sociedade contemporânea, busca se adequar, na sua estrutura e na técnica de governo, por meio de novas formas de ação administrativa e de controle de sua atividade, às realidades e se depara, de um lado, com a amplitude dos fins que deve preservar, quais sejam: a liberdade, a propriedade e os direitos individuais (que reivindicam os cidadãos), o desenvolvimento econômico, o equilíbrio e o bem-estar social, a saúde, a habitação, a cultura, a segurança, o meio ambiente sustentável, a assistência social etc.; e, de outro, a complexidade dos problemas econômicos e interesses políticos que sempre estão presentes no outro pêndulo da balança.

O planejamento congrega, pois, diversos atos jurídicos e preserva ao mesmo tempo individualidade própria. Ao apresentar seu entendimento sobre o planejamento, José Afonso da Silva (2005, p. 722) destaca que "o planejamento, em geral, é um processo técnico instrumentado para transformar a realidade existente no sentido de objetivos previamente estabelecidos".

Gunnar Myrdal (1962 *apud* GRAU, 1978, p. 62) entende que o planejamento é uma ação governamental, auxiliada por outros órgãos coletivos, que busca coordenar, racionalmente, as políticas públicas, com a finalidade de atingir as metas determinadas por um processo (e um projeto) político em andamento.

As finalidades públicas indicadas nos objetivos e fundamentos da Constituição da República não podem ser deixados ao acaso e, para sua consecução, necessitam da seriedade que advém da segurança interna e externa proporcionada pelo planejamento coerente.

Hely Lopes Meirelles (1995, p. 636) conceitua planejamento como "o estudo e estabelecimento de diretrizes e metas que deverão orientar a ação governamental, através de um plano geral de governo, de programas globais, setoriais e regionais de duração plurianual, do orçamento-programa anual e da programação financeira de desembolso, que são seus instrumentos básicos".

O Estado contemporâneo pode agir de forma indicativa e ativa; quando exerce a primeira, está exercendo ação diretiva, oferecendo diretrizes para a atividade econômica, orientando-a e coordenando-a; e quando participa diretamente da atividade econômica está intervindo na ordem economia e social, mitigando a autonomia do mercado, razão pela qual, esta última deve ser excepcional, quando necessária aos imperativos da segurança nacional ou relevante interesse coletivo, conforme prescreve o artigo 173 da Constituição da República, já transcrito.

Quanto ao dirigismo, há uma imposição constitucional, quando se atribui ao Estado, como agente normativo e regulador da atividade econômica, as funções de fiscalização, incentivo e planejamento, nos termos do artigo 174 da Constituição da República, também citado no capítulo anterior e futuro objeto do capítulo quatro deste livro.

No que concerne aos conceitos de planejamento e de planificação, ambos estão afeitos diretamente à atuação do Estado, observada a crescente importância da economia no âmbito político e, em consequência, a necessidade de o Estado ingerir-se no processo econômico.

Impõe-se, pois, registrar como fundamental que na coordenação e na interligação entre as esferas das decisões políticas com a área das atividades econômicas realizadas sob a égide do princípio da livre iniciativa, o que se tem é o planejamento, conceito diferente daquele que se refere à planificação da economia, como concebida pelos estados socialistas e que pressupõe a inexistência do mercado.

No tocante às questões de natureza econômica, há um certo grau de incerteza, razão pela qual, na busca da redução desta e da efetividade das decisões tomadas, dispõe o ordenamento jurídico brasileiro do planejamento como forma de intervenção do Estado no domínio econômico, que visa (ou deve visar) ao desenvolvimento sustentado e integrado dos diferentes níveis de governo — federal, estadual e municipal:

> O plano econômico é passível de ser conceituado como um ato jurídico que tem por finalidade definir e hierarquizar fins econômicos a serem prosseguidos, assim como definir as medidas ou os meios próprios à sua concreção. Assim é que o plano econômico compõe-se de diagnóstico e prognóstico. No primeiro reúnem-se os dados globais e setoriais; no segundo projeta-se, para o futuro, o conjunto de estimativas, tidas por mais plausíveis e extraídas do diagnóstico. (BASTOS, 1989, p. 107)

Consoante Manuel Gonçalvez Ferreira Filho (1972, p. 43), "o planejamento, os grandes empreendimentos, a acumulação de capital que o Estado, empenhado no desenvolvimento econômico, tem a realizar, impõem a modernização de sua máquina institucional e administrativa".

Compreendemos o planejamento como uma atividade estatal, documentada por um plano (lei) e operacionalizada por um processo interventivo e sistemático, cuja vocação é a ordenação do processo econômico e a satisfação e a concretização da ordem social. O plano, portanto, veicula a atividade regulatória que nele estiver inserida, sendo um relevante fator de integração social.

Por conseguinte, o planejamento do desenvolvimento econômico e social do país consiste em um conjunto de atos políticos e jurídicos que objetiva alcançar as finalidades e anseios da sociedade, conforme os princípios e escopos definidos no ordenamento jurídico.

Entendemos, assim, que o planejamento estatal sintetiza a reunião de esforços políticos, econômico-financeiros e jurídicos e objetiva coordenar os recursos orçamentários disponíveis, aplicando-os a metas específicas, em tempo e modo previamente prescritos, com o mínimo de custo. Essa congregação necessita da harmonização da política, do direito e da economia, razão pela qual quisemos, anteriormente, discorrer sobre as diversas racionalidades e a possibilidade de sua interação.

Com a coleta de informações e de dados disponíveis das necessidades da sociedade em foco podem ser elaborados projetos de lei propondo-se e debatendo-se um dado planejamento desejado (programação e execução das etapas e do dispêndio de recursos). No entanto, esses projetos nem sempre são aprovados ou, se o são, às vezes não são efetivados ou não se mostram eficazes, apesar de implementados.

Pode ocorrer, também, que não haja avaliação dos resultados em face das metas previstas, de forma a extrair a razão da deficiência e corrigir as distorções apresentadas. Neste caso, portanto, não há o controle do plano, com a comparação constante das diversas fases de sua execução, de forma a possibilitar uma visão global das finalidades alcançadas, até mesmo na perspectiva de correção e adequação futura.

As diversidades de planos (nacionais, regionais e setoriais) no contexto brasileiro, cuja aprovação está centralizada pelo Congresso Nacional, não inviabilizam a possibilidade de adoção da descentralização de discussões, de condão instrumental ao processo de formação dos projetos de lei (mesmo que não disciplinada na Constituição da República), pois a enxergamos como materialização dos princípios republicano e democrático.

Com efeito, sob a ótica federativa, o planejamento será uma projeção do futuro do país, nos mais variados setores, sendo executado por meio de ação administrativa do Estado e dos entes públicos, sempre condicionados pelas diretrizes e bases contidas nos planos nacionais, regionais e setoriais de desenvolvimento, sem que com isto sejam violados, na sua autonomia, os entes políticos que compõem uma Federação. Por essa razão, a descentralização do planejamento (seja na fase de aprovação do projeto de lei, seja na adequação da lei ao contexto local) é útil à execução do plano e se impõe na medida em que esta se converterá em fator de unidade na atuação do Estado, na busca da promoção do desenvolvimento e da justiça social.

De outra parte, a heterogeneidade das matérias que estão envolvidas no planejamento traduz a dificuldade de identificar sua natureza, mas não a impossibilidade. Há um caráter prospectivo que, ao mesmo tempo que projeta uma ação futura, não deixa de se alicerçar em situação concreta e presente, além de contar com uma linguagem própria, técnica e multidisciplinar.

Pertinente a ressalva de Agustín A. Gordillo (1969) sobre o aspecto indicativo do plano, que não deve desnaturar sua índole jurídica:

> 1. No nosso modo de ver, a juridicidade de tais normas é clara, posto que, em primeiro lugar e pelo que respeita à Administração, seu caráter ainda que relativamente discricionário é de todos os modos *obrigatório*; de outra maneira, haveria que negar caráter jurídico a toda lei que outorgasse faculdades mais ou menos amplas à Administração, o que carece de sentido. 2. Em segundo lugar, e no tange aos *particulares*, o enunciado indicativo do plano tem alcance de ser o fundamento legal da ação que ditos indivíduos vão empreender e dos benefícios que vão receber, pelo quê dará lugar a relações jurídicas criadoras de direitos e impositivas de obrigações, além de estar em relação instrumental a respeito das previsões ou objetivos do plano, e em relação de coordenação com as demais medidas de outra natureza que este estabeleça. 3. Em terceiro lugar, esse enunciado indicativo tem também o alcance, a nosso juízo, de comprometer a *responsabilidade* da Administração se esta não cumpre seus compromissos diante dos particulares que voluntariamente decidiram acolher o plano. Em outras palavras, se um particular ajustar livremente sua conduta ao plano, impulsionado pelos meios de persuasão que o mesmo contém, e logo esses meios não são concretizados, é evidente que o indivíduo poderá, com fundamento legal nas previsões e afirmações do plano, reclamar o cumprimento de tais postulados ou, em sua falta, exigir a reparação do prejuízo que se lhe ocasionou. *Claro está que, para isso, será necessário que do plano surja claramente quem está contemplado na norma, quais são os benefícios a conceder e como se concederão, pois, na ausência de tal previsão, não existirá uma conduta concretamente regulada que o indivíduo possa exigir como direito subjetivo.* (GORDILLO, 1969, p. 423, grifos nossos)

No passado, relembra José Afonso da Silva (2005), nem sempre o planejamento foi compulsório, uma vez que o administrador poderia ou não utilizá-lo, não sendo um processo juridicamente imposto, mas simples técnica, portanto, um procedimento a ser adotado. No entanto, caso o escolhesse, deveria fazê-lo mediante atos jurídicos que se traduziriam num plano, que é o meio pelo qual se instrumentaliza o processo de planejamento. Daí porque o citado autor os classifica em planos imperativos e meramente indicativos, sendo que no primeiro há imposição de diretrizes para a coletividade e, no segundo, o Poder Público sugere e oferece estímulos para persuadir os indivíduos a ajustarem-se às diretrizes, ainda que sejam livres para aderir ou não.

Dessa forma, com relação ao particular, José Afonso da Silva (2005) aponta:

> (1º) que a liberdade de atuação do empresário fica, em termos globais, condicionada à atuação governamental planejada; (2º) que o setor privado não pode atuar deliberadamente contra os objetivos do plano; (3º) que, naquelas hipóteses em que a atividade depende de autorização ou licença, a Administração poderá ter em conta os objetivos, previsões e requisitos estabelecidos, para outorgar, ou não, a autorização ou licença, pois, em tais casos, sua concessão ou denegação se converte em matéria regrada. (SILVA, 2005, p. 93)

A planificação com caráter indicativo se traduz, em regra, em uma ação estatal de fomento, na qual são oferecidos benefícios e estímulos ao setor privado e, em contrapartida, os particulares assumem obrigações a serem revertidas em prol de finalidades públicas, conforme será enfatizado oportunamente.

Partilhamos do posicionamento de José Afonso da Silva (2005) de que a adesão voluntária às indicações do plano não gera, por si só, direito subjetivo aos benefícios e estímulos prometidos.Todavia, em situações bastante específicas e concretas, pode surgir o direito do particular de auferir os benefícios e estímulos prometidos no plano.

No passado, na fase de desestabilização da moeda nacional e abertura do mercado interno brasileiro, essa oscilação normativo-administrativa (a exemplo: da alteração de alíquotas, de sistemática de compensação e de incentivos fiscais) foi experimentada principalmente pelos exportadores, sendo causadora de inúmeros prejuízos financeiros.

Isso porque a relação estabelecida por um plano entre o Estado-Administração e os administrados, apesar de reconhecermos a natureza flexível e reversível deste, não deve ser modificada ao bel prazer dos administradores a pretexto da invocação do interesse público, pois, além de ser estabelecida por lei, está firmada nos princípios da boa-fé e da lealdade, além de respeito aos direitos e garantias fundamentais.

Na visão de Ruy Cirne Lima (1988), o conceito Estado-Administração se vincula à administração como atividade humana que obedece a um plano preestabelecido, visando a um fim determinado. Há a tendência teleológica, ou seja, busca-se um fim, uma finalidade, fielmente, não apenas por estar designado, mas por constituir um dever. No caso, cabe ao Estado administrar o bem-estar coletivo como um dever que lhe é conferido constitucionalmente.

3.2 Do direito comparado

Em um passado bastante remoto, a doutrina, segundo Edelamare Barbosa Melo (1990), alude às Pirâmides, ao Partenon e ao Coliseu como mostras não apenas de planos técnicos, como também de planos econômicos. Nas Escrituras Bíblicas, descreve-a a planificação de José durante os sete anos de vacas gordas para os sete anos de vacas magras (Gênesis, capítulo 41, 55), quando também se apresenta a questão da legitimação do intérprete do futuro e a contestação, relacionando-a com o saber do *expert*.

Por fim, ainda, há menção ao Duque Sully (1560-1641), criador do primeiro orçamento francês, reformador da administração, planificador regional e, dentre outros, instituidor do plano internacional em forma de uma cooperação europeia, da República Cristã.

Deve ser registrada a edição, nos Estados Unidos da América, da Lei Sherman, em 1890, que permitiu o aparecimento de unidades econômicas que assumiam uma destacada posição nos mercados, capaz de permitir-lhes a sua "regulamentação", em benefício próprio, o que levou o Estado a intervir no processo econômico, para organizá-los e preservar o ideal de livre concorrência.

Há quem atribua a ideia de Plano aos grandes planos quinquenais da Rússia Soviética, por terem designado a diretriz da organização governamental e as regras de competência fulcradas nas necessidades daqueles, que pressionavam a renúncia forçada ao consumo, constituindo um pressuposto da industrialização.

Vemos, assim, que o Estado tem planejado em diferentes épocas. Contudo, é com a passagem do Estado Liberal para o Estado Social que vimos transformar-se a noção de liberdade econômica, que passa a ser construída de forma compatível com os ideais de bem-estar e desenvolvimento da coletividade, mediante uma política de intervencionismo econômico e social.

As decisões tomadas sob o manto do intervencionismo assumem, sistematicamente, técnicas de racionalidade, como esclarece Gunnar Myrdal (1962):

Capítulo 3
Da Função Estatal de Planejar | 121

[...] A ordem histórica e causal foi de que os atos de intervenção no jogo das forças de mercado vêm primeiro, e o planejamento então se torna uma necessidade [...] A coordenação de medidas de intervenção implica em um reexame de todas elas do ponto de vista de como se combinam para servir as metas de desenvolvimento de toda a comunidade nacional, à medida que tais metas são determinadas pelo processo político que fornece a base para o poder. A necessidade de tal coordenação surgiu porque os atos individuais de intervenção, cujo volume total estava crescendo, não haviam sido examinados dessa maneira, quando foram inicialmente postos em prática. À medida que o Estado cada vez mais se envolve na coordenação e regulamentação da economia nacional, é ele compelido a fazer previsões de curto e longo prazo e a tentar modificar suas diretivas para o comércio, as finanças, o desenvolvimento e a reforma social, sob a luz do que tais prognósticos revelem. (MYRDAL, 1962, p. 77-78 *apud* GRAU, 1978, p. 26-27)

De acordo com a doutrina francesa, o plano não é uma regra de direito e, por sua natureza, por sua essência, é estranho ao Direito.[57]

Alfredo Anabitarte (1964, p. 103), segundo descreve Edelamare Barbosa Melo, discorda, por considerar que na qualificação de plano, em especial, do Plano de Desenvolvimento Nacional, "está em jogo o crédito e tomar-se a sério um Estado e uma Sociedade" que estariam "minados, se se declara o plano como mero compromisso moral, como mero programa, com mero ato, sem vinculação jurídica para o Governo, o Poder Legislativo nem para a sociedade o ato mais transcendente de sua vida e de sua existência: um plano de desenvolvimento econômico e social".

Celso Ribeiro Bastos (1989) refere o planejamento, sob a ótica constitucional de Portugal:

[...] Na medida em que os países repudiam o totalitarismo econômico tendem também a relativizar o planejamento. O exemplo de

---

[57] Francine Batailler (1964, p. 365-386 *apud* MELO, 1990. p. 51), conclui, na concepção finalista de Duguit, que o "plano não é uma lei, senão um Ato-programa e um novo tipo de conceito", que não é obrigatório como uma Lei e um Regulamento, traduzindo-se, simplesmente, em uma obrigação moral, porém não jurídica, do Legislativo e do Executivo. Ou, ainda, que o plano é tão só uma orientação que não tem a natureza de uma Lei em sentido estrito, eis que carece das características de generalidade e obrigatoriedade que correspondem aos atos legislativos, deixando claro que "no orçamento, o plano é tão-só a base provisional e causa parcial", tendo as Cortes tão só o compromisso moral de aprovar as medidas legislativas necessárias para a execução do plano (II Jornada de Administración Financiera, jun. 1969. Mecanografiado).

Portugal[58] é muito ilustrativo. Na Constituição de 1976 o plano foi colocado no centro da ordem jurídica do país, com assento inclusive na própria Constituição. É, ainda, Cabral de Moncada que nos fornece excelente síntese das transformações havidas por ocasião da Emenda economicamente liberalizante: "A Constituição, depois da revisão de 1982, desvalorizou contudo o relevo constitucional do plano econômico, pois que deixou de fazer dele o garante da efectivação dos direitos e deveres econômicos, sociais e culturais (art. 50 da Constituição de 1976) e, verdadeiramente, critério da transição para o socialismo. Isto significa que o novo texto constitucional retirou ao plano econômico o alcance ideológico que tão claramente o identificava à face do texto de 1976. A concepção constitucional do planejamento econômico é agora mais neutra. *O plano econômico é concebido como instrumento de racionalização da actividade econômica* e não como critério de uma rota política". (BASTOS, 1989, p. 106-107)

E ainda, com relação aos Estados Unidos da América, descreve o citado autor que, extremo oposto aos países marxistas, temos aqueles países onde se vive o liberalismo econômico de forma dominante. É o caso dos Estados Unidos, onde os planos não se dedicam a não ser ao controle orçamentário, o que significa não constituírem um documento jurídico que abone e fundamente a intervenção econômica do Estado. O orçamento é avaliado com vistas a se pensar na conjuntura econômica, extraindo dele as possibilidades, é dizer, procurando suas virtualidades que apresenta como instrumento com repercussão nos níveis de consumo, de poupança e de investimento.

No Direito Brasileiro, como veremos, não se enquadra nessa a concepção de que o planejamento instrumentalizado pelo plano é mero compromisso moral de provisão do futuro, uma vez que este foi fixado em bases constitucionais como sendo um dever, o dever de planejar.

3.3 Breve histórico brasileiro

Ao propor um histórico referente aos dispositivos constitucionais desde a nossa Constituição de 1824 (Constituição do Império)

---

[58] Em Portugal, o artigo 164 da Constituição na sua alínea "g" confere ao Parlamento a título de competência absoluta, indelegável, a aprovação da chamada lei do plano. O governo dela participa pela iniciativa e, depois de aprovada pelo Parlamento, pela sua execução. Não se confunde, pois, naquele país, a lei do plano com o plano propriamente dito. Aquela só contém, na expressão de Cabral de Moncada, as "grandes opções" (BASTOS, 1989, p. 109).

até a Constituição da República de 1988, procuramos cotejá-las em uma compilação comentada, inserida no ANEXO A, onde há referência aos termos intervenção, desenvolvimento e planejamento no decorrer dos diferentes ordenamentos constitucionais.

Na fase expansionista do Estado republicano brasileiro, entre as décadas de 70 e 80, foram criadas inúmeras empresas e órgãos estatais, quando, consequentemente, o volume de documentos com planos de controle gerou processos burocráticos com demanda de vasta regulamentação, o que chegou a impedir a aplicação mais correta e eficaz destes planos.

Gilberto Bercovici (2003, p. 308) relata que existiram três grandes momentos na experiência brasileira do planejamento. São eles: Plano de Metas (1956-1961), Plano Trienal (1962-1963) e o II Plano Nacional de Desenvolvimento (1975-1979).

O Plano de Metas foi a primeira experiência efetiva de plane-jamento no Brasil que buscou reunir todos os projetos e programas setoriais, sendo atribuída aos órgãos especiais (com destaque para Banco Nacional de Desenvolvimento (BNDE) que assumiu o papel de coordenador dos programas governamentais e vinculou os recursos públicos específicos, sob forma de empréstimos, para destiná-los aos investimentos em setores estratégicos da economia nacional) a responsabilidade por sua execução, com relação ao sistema administrativo tradicional, o que gerou desgastes políticos, apesar de, por outro lado, ter contribuído para a fragmentação e, consequentemente, elaboração e implementação de políticas públicas que influenciaram a formação deste Plano (Comissão Mista Brasil-Estados Unidos e o Grupo Misto BNDE-CEPAL [Comisión Económica para América Latina]).

O Plano Trienal, conforme ainda discorre Gilberto Bercovici (2003), ressaltou as barreiras ao desenvolvimento e indicou como superá-las. Finalmente, a última experiência (II Plano Nacional de Desenvolvimento) deu-se já no período de ditadura militar, tendo sido instituído o regime jurídico do planejamento pelo Ato Complementar nº 43 de 29 de janeiro de 1969 (que sofreu modificações pelo Ato Complementar nº 76 de 21.10.69 e pelo Decreto nº 71.353 de 9.11.1972). Seu escopo era assegurar o crescimento econômico acelerado e sua implementação marcou a força imperativa do Governo Federal, que afastou a participação do Órgão Legislativo, o qual apenas poderia formular ressalvas ao plano e encaminhá-las à apreciação e deliberação do Órgão Executivo.

Em seguida, ainda na trilha da história, relata, agora, Clovis V. do Couto e Silva (1991, p. 53), que os planos setoriais, no Brasil, foram sendo superados pelos Planos Nacionais de Desenvolvimento Econômico,[59] implementados na década de 70, que, mais tarde, foram sendo integrados aos Programas Macroeconômicos, os quais tinham como referências as tendências globais, a pressão inflacionária, a balança de pagamentos e o nível de emprego e que o conjunto de medidas implementadas na década de 90 não constitui um plano global da economia, mas sim medidas que visavam à redução da inflação e suas causas aparentes, como o *déficit* orçamentário crônico.

O planejamento setorial no Brasil, com base em subsídios, especialmente nos incentivos fiscais, foi um dos principais fatores de desenvolvimento da economia nas décadas de 1960 e 1970; os planos de estabilização da economia se inviabilizaram, pois não conseguiram diminuir o *déficit* público; o insucesso dos planos financeiros da década de 70 e 80 não possibilitou a implementação de planos macroeconômicos e quanto ao planejamento setorial, com base em incentivos, a Constituição é expressa em permiti-los como elemento complementar ao sistema de mercado.

Dessa resenha histórica extraímos que após a implantação do II PND não mais existiu um regime jurídico do planejamento e, por conseguinte, o desenvolvimento nacional ficou à deriva, mercê da gestão isolada de "planos" de estabilização econômica, quando o pior sobreveio: o Estado foi incapaz de implementar políticas públicas coerentes e com diretrizes globais.

O planejamento obteve novo tratamento jurídico com a Constituição da República de 1988, tendo sido constituído um processo sistemático de planejamento com direta participação do Órgão Legislativo e determinação da vinculação dos planos aos objetivos e princípios fundamentais e ao orçamento público.

---

[59] O primeiro Plano de Desenvolvimento Econômico (I PND) ocorreu em 1970, seguindo-se do segundo Plano Nacional de Desenvolvimento (II PND), que foi aprovado pela Lei nº 6.151 de 4 de dezembro de 1974 e que deveria vigorar no período de 1975 a 1979. Depois sobreveio o terceiro Plano Nacional de Desenvolvimento (III PND) que deveria viger de 1979 a 1984 e, por fim, o Plano Nacional de Desenvolvimento da Nova República que nunca chegou a ser posto em execução. O agravamento da crise econômica do Brasil fez com que em 1990 fossem adotadas novas políticas econômicas para conter a inflação, o déficit público, criando-se nova moeda, limitando-se o valor de saques etc. Essa filosofia de plano financeiro de ajuste tem a particularidade de ser originária das diretrizes do Fundo Monetário Internacional, adaptadas ao modelo econômico vigente no Brasil. A grande dificuldade estava, justamente, em adequá-lo à legislação interna sem violar os primados constitucionais.

Na visão de Gilberto Bercovici (2003), o planejamento significa a capacidade do Estado de propor e atingir uma ação teleológica, na justificativa de alterar uma dada situação econômico-social, daí seu caráter eminentemente político, ainda que possa se configurar como um instrumento técnico. Assim, as estruturas política e econômica se conectam, ainda mais em um regime federativo, como o brasileiro, em que o planejamento pressupõe um processo de negociação e decisão política entre os entes federativos e os setores sociais.

Por conseguinte, pode-se afirmar que os modelos de livre mercado e de planejamento estão imbricados, mesmo que possam experimentar permanentes formas de tensão. No entanto, em busca de harmonia ambos estão afeitos à racionalização dos princípios da prevalência e da integração, politicamente erigidos.

Gesner de Oliveira (1995), ao comentar as dificuldades de se implementar programas rígidos e a tendência de flexibilizar os planos econômicos brasileiros, sob a égide do Fundo Monetário Nacional, ressalta que houve uma experiência problemática com programas de estabilização do FMI, uma vez que os objetivos não foram alcançados e muitos planos foram interrompidos. As autoridades nacionais relutaram tenazmente na aceitação desse receituário por temerem os custos políticos associados a ele. Mesmo com a assinatura de acordos de alta condicionalidade, as prescrições de política do FMI deixaram de ser atendidas:

> A experiência brasileira não corrobora a associação usual entre políticas do FMI e regimes autoritários. Tanto governos democraticamente eleitos quanto autoritários recorreram ao Fundo e, em ambos os casos, observou-se considerável resistência às recomendações do FMI. Durante o regime autoritário, os desvios em relação ao receituário do FMI coincidiram com períodos de forte restrição às liberdades democráticas. É possível, inclusive, identificar fases sob regime democrático em que esforços para chegar a um acordo foram superiores àqueles envidados durante certos períodos da ditadura militar. [...] As circunstâncias dos anos noventa sugerem mudanças relevantes nas relações do Brasil com o FMI. Do ponto de vista interno, a normalização das relações com os credores privados e oficiais se tornou prioritária para o que um acerto com o FMI passou a ser visto como um passo importante. Além disso, há um maior consenso dos formuladores de política econômica em relação à necessidade de sanear as finanças do Estado. São poucos os analistas que discordam, hoje, de que um corte significativo no

déficit público, seja um dos componentes fundamentais de qualquer programa de estabilização. Verifica-se, por fim, da parte dos países latino-americanos, uma maior consciência acerca da necessidade de implementar reformas estruturais profundas que modernizem a economia e especialmente o setor público. (OLIVEIRA, 1995, p. 17-18)

Há quem pudesse pensar que a reestruturação do Estado, a partir do Plano de Desestatização Nacional (PND), em 1990, se traduziria em uma ação planejadora das atividades econômicas e sociais, na qual os planos e programas de redução estrutural e buro-crática projetariam e destacariam suas funções estatais de fiscalização, de regulação e de incentivo, em prol do desenvolvimento nacional e em prestígio à livre iniciativa.

Contudo, o que vimos foram adoções de inúmeras medidas imediatistas como, por exemplo, a criação do "órgão regulador", editado e regulamentado por lei, mas que, após alguns anos de sua implementação, não reflete sua missão, seja pela ausência de definição de suas atribuições, seja na ausência de transparência o que, consequentemente, reflete sua ineficácia em nosso contexto nacional, no qual, atualmente, vige uma crise de identidade, competência e capacidade.

Entendemos, pois, que o planejamento econômico e sua consequente planificação, por ser espécie de intervenção no domínio econômico, deve ser adotado de modo a compatibilizar-se com o regime democrático de governo, bem como com o sistema capitalista de mercado, sem perder a perspectiva do bem-estar coletivo pelo atendimento das necessidades básicas de toda a população.

Ao considerarmos que as ações de planejar e planificar são atos do presente com extensão futura, devemos atentar para as observações de que podem se tornar propostas inconsistentes e ideológicas que, de forma subliminar, atendam aos interesses apenas de parcelas da população, em detrimento da maioria.

Realmente, o plano será relegado caso não se revele econô-mica e socialmente viável, dispondo de informações, cálculos e cronogramas de difícil ou impossível implementação. Contudo, se assim for, haverá grande distância entre o plano e os fatos reais, sendo frustrada a finalidade para a qual aquele foi elaborado.

O Estado deve captar quais são as prioridades daquela socie-dade e planejar a forma de melhor realizá-las, sabedor de que a escolha deverá ser a que mais puder refletir o bem-estar social e o consentimento coletivo, expressado em torno de valores firmados pelos cidadãos.

Como vimos, a liberdade incondicional não se sustenta nem se concebe, em uma sociedade que tem interesses comuns e uma estrutura estatal para geri-los, sendo prudente e justificada a adoção do planejamento em conformidade com a liberdade, o direito de propriedade e demais direitos individuais, bem como com as finalidades firmadas em seu ordenamento jurídico, de tal sorte que sua implementação e seu controle público revelem suas aspirações democráticas.

Haverá, como não é possível deixar de registrar, o momento em que o grau de conflito entre princípios e direitos individuais gerará limitações, como veremos a seguir.

3.4 Da democracia e do planejamento

Norberto Bobbio (1986) conceitua a democracia como um conjunto de regras (primárias ou fundamentais), que estabelece quem está autorizado a tomar decisões coletivas e com quais procedimentos.

No dizer de Przeworski (1984 *apud* PASSOS, 2003), democratização:

> É o processo de submeter todos os interesses à competição da incerteza institucionalizada. É exatamente esta transferência do poder por sobre os resultados que constitui o passo decisivo em direção à democracia, o poder é transferido de um grupo de pessoas para um conjunto de regras, do que deriva que numa democracia — e esse é um de seus traços essenciais — ninguém tem a capacidade efetiva de evitar conseqüências políticas contrárias a seus interesses, seja esse alguém uma pessoa (o líder), uma organização (as forças armadas, os sindicatos etc), a polícia, o partido, a burocracia ou mesmo algo menos facilmente identificável, como uma "panelinha" de grupos ou indivíduos. (PRZEWORSKI, 1984 *apud* PASSOS, 2003, p. 61)

José Afonso da Silva (2005) nos rememora o tempo em que se negava a possibilidade da relação entre democracia e planejamento econômico. Isso porque foi firmada a ideia de que só haveria democracia e liberdade onde a iniciativa privada dominasse toda atividade econômica.

Vez por outra vem à tona essa afirmação de que o planejamento é incompatível com a liberdade, uma vez que na busca de sua eficiência ocorre a atuação incisiva do Estado sobre a ordem econômica, "cerceando" ações livres do mercado. Entendemos que há um exagero, pois não estamos diante de um genuíno Estado liberal (*laissez-faire*) e nem mesmo de um Estado totalitário.

Como vislumbramos no segundo capítulo, a racionalidade jurídica tem o condão de preservar os interesses e direitos assegurados pela ordem jurídica, de tal sorte que as medidas de intervenção sobre a ordem econômica cumprem seu *mister* de conservação do princípio da livre iniciativa e das correções das falhas de mercado, enquanto medidas de salvaguarda da liberdade e a título de ordenação do bem-estar social.

Afinal a liberdade de que falamos não tem viés individualista, mas sim contornos traduzidos pela integração do homem no meio social, ou seja, na liberdade e na igualdade da comunhão de interesses, ainda que advindos de segmentos sociais e de individualidades singulares.

Nesse sentido, expressava Washington Peluso Albino de Souza (1970):

> Ao se falar em liberdade, refere-se hoje, a uma liberdade abstrata, admitida no Liberalismo, e a uma liberdade real que se procura garantir a todo transe na atualidade. As decorrências deste modo de tratá-la se vão definindo nas experiências e nas realizações da sociedade moderna. Nesse sentido o planejamento se apresenta como técnica posta a serviço do ideal de assegurar a liberdade real do homem deste fim de século. Por aí se vê como justamente o argumento contrário ao Planejamento, no início, transformou-se no motivo fundamental de sua adoção. (SOUZA, 1970, p. 248-249)

Portanto, o planejamento, com seu método interventivo, tem o escopo de complementar e suprir a liberdade real em prol do desenvolvimento nacional, o que para Arnold Wald (1969) representa importantes repercussões na estabilidade política, ensejando o aumento da produtividade, permitindo um melhor e mais rápido atendimento das reivindicações sociais. Paralelamente, a questão da liberdade assume novos contornos, extrapolando o âmbito de meras garantias formais, para buscar garantir uma vida digna a todos os cidadãos. "Essa liberdade real significa tanto a possibilidade de participar da vida política, como a capacidade de gozar os direitos de natureza econômica e social, que têm sido garantidos pela nossa Constituição". A igualdade, ainda que apenas política e não econômica, deve buscar garantir a igualdade de oportunidades a todos os cidadãos, mediante a atuação efetiva e eficaz de todo um coro institucional.

O planejamento, repisamos, é processo sistemático pelo qual se viabiliza um dever funcional do Estado, qual seja, o dever de planejar, cuja aplicação demanda a utilização adequada e eficiente das estruturas administrativas ou mesmo da criação de novas, que possuam atribuições, definidas em lei, para atuação, em especial pelo Órgão Executivo, intervindo e integrando-se à ordem econômica.

Como expressado, a ação de planejar possui natureza político-jurídica, que se impõe de forma contínua na promoção do desenvolvimento nacional.

Salienta Eros Roberto Grau (1978):

> Desta sorte, o sistema democrático deve ser suficientemente eficaz para permitir que a adoção de novas estruturas administrativas e de tomada de decisões políticas não sacrifique a democracia. Se o intervencionismo forçou a centralização das decisões e o planejamento tornou mais incisivos os seus efeitos é imprescindível que o sistema se amolde a essas realidades para tornar viável a democracia possível. (GRAU, 1978, p. 47)

A questão está, realmente, superada com as premissas firmadas pelo legislador constituinte de 1988, que compatibilizou, no mesmo ordenamento jurídico, o planejamento e a democracia, constituindo a República Federativa do Brasil como Estado Democrático de Direito, com previsão de sua intervenção na ordem econômica. Adotou, portanto, a tese de que não haverá democracia onde não exista um mínimo de organização econômica planejada pelo Poder Público, visando à realização das finalidades e interesses desta sociedade.

Diferençar *planejamento democrático* de *planejamento autoritário* exige que analisemos qual a participação do povo nos atos decisórios. Afinal, sendo o plano (o instrumento de execução do planejamento) ato político juridicizado, requer prévia decisão política.

A democratização é um processo que pressupõe o estabelecimento de regras que determinem quem está apto a tomar as decisões em nome da coletividade e por meio de quais procedimentos. Daí porque, ao se almejar que a economia seja democrática, há necessidade de que o intervencionismo seja planejado e repouse em um plano que tenha o substrato do dirigismo econômico na direção do bem-estar universal.

Assim assevera J. J. Calmon de Passos (2003, p. 61) que, em regimes autoritários ou pseudo-democráticos, o poder constituído tem a capacidade e a possibilidade política de impedir resultados, segundo seus próprios interesses, exercendo controle sobre a sociedade, controle esse que se estende do *ex ante* ao *ex post* de todo o processo decisório, fato não aceitável em um Estado de Direito Democrático. Se tal comportamento existisse, haveria um "desvirtuamento *ab origine* do livre debate de opiniões, por todos, e a formalização de decisões, pela maioria".

Dessa forma, a sociedade estaria jungida a decidir apenas em consonância com fins já predeterminados e tornados imutáveis. Definições rígidas, de caráter substantivo, só são aceitáveis se também forem constitucionalizadas regras flexibilizadoras das modificações e redefinições reclamadas pelo conjuntural e pelo contingente da vida social. Deve ser garantido que o interesse de todos esteja atual ou virtualmente representado e que o processo de aplicação individual não seja manipulado.

Ao comentar os fundamentos do paradigma da modernidade, J. J. Calmon de Passos (2003) destaca:

> [...] A ciência e a técnica passaram a colonizar o mundo da vida, desqualificando-o em três de suas ricas dimensões — a solidariedade e a fruição do belo e do prazeroso. Disso resultou a ênfase na domesticação do outro, mediante a desqualificação da atividade política, sufocada pela ideologia tecnocrática. Essa postura repercutiu sobre o desempenho da democracia, falando-se, inclusive, nas promessas por ela não cumpridas. (PASSOS, 2003, p. 59, 63)

Dentre essas promessas, ainda para J. J. Calmon de Passos (2003), destacam-se os princípios da solidariedade e da emancipação do homem, pois o encontro entre o poder disciplinar da ciência e o poder político do direito exacerbou a necessidade de um controle em detrimento da emancipação e estimulou a competição, em detrimento da solidariedade, "fazendo da derrota do outro nossa coroa de louros".

Decorre, então, uma ênfase à coerção (que se impõe, mediante essas condições objetivas), na perspectiva de assegurar o que se denomina de ordem social, política e jurídica em detrimento de um processo civilizatório e humanizador da condição humana.

Postulamos que a solidariedade e a integração são signos de grande relevância para as relações humanas e pensar o futuro é o mesmo que utilizá-los de forma criativa e prospectiva, elaborando o meio social que se pretende hoje, projetando-o de forma coletiva para o futuro.

Nesse sentido, Cristiane Derani (2002) aponta que:

> A produção de riqueza é uma produção social e será o fundamental objeto da criatividade humana para efetivação da solidariedade. [...] O indivíduo pode ter ele mesmo razões de buscar outros objetivos além do seu bem-estar ou de seu interesse pessoal. A tomada em conta da ação do outro pode igualmente conduzir à satisfação individual. De uma perspectiva social, o indivíduo compõe o seu interesse individual com a solidariedade, coordenando-os com a satisfação pelo aumento e melhora da convivência. (DERANI, 2002, p. 237, 239)

O direito tem o papel fundamental de prover identidade normativa às condutas de elaboração de políticas públicas que envolvem o passado, o presente, e o futuro, pois são os valores sociais (ética) positivados que irão sedimentar os princípios normativos.

Peter Häberle (1997) relata que a democracia se desenvolve desde a delegação de responsabilidade formal do povo para os representantes políticos (legitimação mediante eleições) até o último intérprete formalmente "competente", a Corte Constitucional. Ao tratar dos direitos fundamentais, destaca o autor que a democracia desenvolve-se mediante a controvérsia sobre as alternativas, sobre possibilidades e sobre necessidades da realidade e também o "concerto" científico sobre questões constitucionais, nas quais não pode haver interrupção e nas quais não existe e nem deve existir dirigente. Finalmente, conclui:

> "Povo" não é apenas um referencial quantitativo que se manifesta no dia da eleição e que, enquanto tal, confere legitimidade democrática ao processo de decisão. Povo e também um elemento pluralista para a interpretação que se faz presente de forma legitimadora no processo constitucional: como partido político, como opinião científica, como grupo de interesse, como cidadão. [...] Na democracia liberal, o cidadão e intérprete da Constituição! Por essa razão, tornam-se mais relevantes as cautelas adotadas com o objetivo de garantir a liberdade: a política de garantia dos direitos fundamentais de caráter

positivo, a liberdade de opinião, a constitucionalização da sociedade, v.g., *na estruturação do setor econômico público*. (HÄBERLE, 1997, p. 36-37, grifos nossos)

Uma relevante constatação advém da necessidade de revitalização da atividade política, ou seja, a implementação de um novo modo de pensar, de uma nova mentalidade, em que haja ampliação do controle social sobre o processo econômico, político e, reflexamente, sobre a produção e aplicação do direito (inclusive no âmbito constitucional).

Todavia, a viabilidade dessa implementação, em especial no tocante ao planejamento econômico, somente será possível se o jurista estiver comprometido com o político que, por sua vez, estará entrosado com o economista, para que haja plena conscientização.

Afinal, a insuficiência da lei, *in casu*, materializada pelos planos, muitas vezes, resulta da ausência de comprometimento dos diversos segmentos envolvidos no processo legislativo e gera ilegitimidade daquela ou mesmo sua ineficácia.

Daí a relevância e essencialidade do papel do jurista, para análise da adequação do planejamento econômico ao ordenamento jurídico.

3.5 Do processo político e do planejamento

No primeiro capítulo deste estudo nos referimos à hermenêutica e à interpretação constitucional, uma vez que nosso foco é o planejamento econômico, enquanto espécie de intervenção estatal no domínio econômico previsto pela Constituição da República de 1988 e porque suas peculiaridades se espraiam para as searas política, jurídica e outras, conforme a especificidade dessa planificação.

Celso Antônio Bandeira de Mello (2006), ao tratar do tema "a função política ou de governo", ressalta que os atos praticados no exercício da "função política" ou "de governo" diferem da função administrativa, pois:

estão em pauta atos de superior gestão da vida estatal ou de enfrentamento de contingências extremas que pressupõem, acima de tudo, decisões eminentemente políticas. Diferem igualmente da função administrativa do ponto de vista formal, que é o que interessa, por não estarem em pauta comportamentos infralegais ou infraconstitucionais expedidos na intimidade de uma relação hierárquica, suscetíveis de revisão quanto à legitimidade. Tais atos, a nosso ver, integram uma função que se poderia apropriadamente chamar de "função política" ou "de governo", desde que se tenha a cautela de dissociar completamente tal nomenclatura das conseqüências que, na Europa, se atribuem aos atos dessarte designados. É que, em vários países europeus, sustenta-se que os atos políticos ou de governo são infensos a controle jurisdicional, entendimento este verdadeiramente inaceitável e que, como bem observou o eminente Oswaldo Aranha Bandeira de Mello, é incompatível com o Estado de Direito, constituindo-se em lamentável resquício do absolutismo monárquico. (MELLO, 2006, p. 36-37)

Neste momento, após situar o tema no tempo, na norma e na doutrina, podemos afirmar que o planejamento possui diversas vertentes relacionadas aos fundamentos e objetivos constitucionais, os quais demandam métodos e regras peculiares de interpretação.

Parafraseando Konrad Hesse (1991), a Constituição é, nesse sentido, um espelho da publicidade e da realidade (*Spiegel der "Öffentlichkeit und Wirklichkeit*). Ela não é, porém, apenas o espelho. Ela é, se for permitida uma metáfora, a própria fonte de luz (*Sie ist auch die Lichtquelle*). Ela tem, portanto, uma função diretiva eminente.

Peter Häberle (1977) relaciona, ainda, quais seriam as tarefas que equivalem aos objetivos da Constituição e que, por sua semelhança com os objetivos e princípio de nossa Ordem Constitucional, merecem ser mencionados: a justiça, a equidade, o equilíbrio de interesses, os resultados satisfatórios, a razoabilidade, a praticabilidade, a justiça material, a segurança jurídica, a previsibilidade, a transparência, a capacidade de consenso, a clareza metodológica, a abertura, a formação de unidade, a "harmonização", a força normativa da Constituição, a correção funcional, a proteção efetiva da liberdade, a igualdade social e a ordem pública voltada para o bem comum.

Ocorre que todos esses elementos estruturais da análise interpretativa, de âmbito constitucional, podem não ser devidamente manuseados, sendo utilizados de forma isolada e não sistemática ou corporativa, ou mesmo operacionalizados por agentes políticos que não detêm preparo técnico para implementar de forma consciente a compreensão e sentido da norma de planejamento que seria desejável.

Com a redefinição do Estado, descrita no segundo capítulo, buscou-se a aproximação do setor público com o setor privado, por meio de parcerias, nas quais a participação de grupos e dos cidadãos tornou-se mais premente, ainda que não efetiva e eficaz, o que pode impedir que a concretização da Constituição seja garantida sob influência da teoria democrática.

Ao tratar do tema — processo de decisão — J. J. Calmon de Passos (2003) assevera que:

> [...] nenhuma normatividade, enquanto prescrição, tem qualquer eficácia se desvinculada do processo de comunicação humana, por conseguinte de seus protagonistas. É a leitura que se faz do que se comunica que é relevante. E quando ela se traduz em decisão, o que realça é o processo que a engendrou, dependente, precipuamente, dos que nele se envolveram como protagonistas.
>
> A ingênua segurança da modernidade iluminista ruiu. A perversa pretensão unificadora e estabilizadora da "globalização" encobre uma estratégia de dominação internacional em novos moldes, mas na roupagem antiga. Todas as declarações universalizantes nada têm de universalizantes. *Toda tentativa de regulação ampliada representa mais dominação e menos espaço para a emancipação. O constitucionalismo mal pensado produz frutos não desejados.* (PASSOS, 2003, p. 65, grifos nossos)

É impossível imaginar que as articulações do processo político de provisão do planejamento econômico, dentre elas a introdução de "novos" instrumentos de intervenção, como ocorre com as agências reguladoras, não reflitam sobre o direito, quando subvertem o econômico, o político e o ideológico, que são suas bases, ou dizendo melhor, sua matéria-prima.

Nesse contexto está nossa principal inquietude, com relação à competência normativa conferida às agências reguladoras, que tem como uma de suas missões fiscalizar a implementação e execução das políticas públicas delegadas ao setor privado.

Corroborando entendimento firmado por J. J. Calmon de Passos[60] dizemos que a interpretação constitucional, elaborada segundo o paradigma da modernidade, deve produzir o direito para

---

[60] O autor propõe esse "repensar" pela reflexão da ideia de ordem (o direito se desvincularia da ordem natural [direito natural] — "algo dado aos homens", passando a ser entendido como algo a ser produzido [politicamente] como ordem jurídica). Outro aspecto que o autor entende relevante, com o paradigma da modernidade, é a ideia de evolução, pois se pensou o mundo humano como algo a ser administrado pelo próprio homem; daí surgiram, segundo o autor, as ideias de ordem social, ordem política, ordem jurídica, progresso, *planejamento*, evolução etc. (2003, p. 60).

atender a determinadas necessidades humanas, o que, na atualidade, precisa ser repensado, visto que muitas mudanças e inovações resultaram da perspectiva e da pressão político-econômica a que nos submetemos e não precisamente como fruto do aparecimento de novas necessidades e exigências da convivência social.

O processo político não está dissociado da Constituição. Ao contrário, há de ser considerado como elemento importante da interpretação constitucional. Isso porque, verificamos, a partir desse processo, movimentos, inovações, mudanças que também contribuem para o fortalecimento e a formação do conteúdo interpretativo-constitucional.

Nas precisas palavras de Peter Häberle (1997):

> O processo político não é um processo liberto da Constituição; ele formula pontos de vistas, provoca e impulsiona desenvolvimentos que, depois, se revelam importantes da perspectiva constitucional, quando, por exemplo, o juiz constitucional reconhece que é missão do legislador, no âmbito das alternativas compatíveis com a Constituição, atuar desta ou daquela forma. O legislador cria uma parte da esfera pública (*Öffentlichkeit*) e da realidade da Constituição, ele coloca acentos para o posterior desenvolvimento dos princípios constitucionais. Ele atua como elemento precursor da interpretação constitucional e do processo de mutação constitucional. Ele interpreta a Constituição, de modo a possibilitar eventual revisão, por exemplo, na concretização da vinculação social da propriedade. Mesmo as decisões em conformidade com a Constituição são constitucionalmente relevantes e suscitam, a médio e a longo prazos, novos desenvolvimentos da realidade e da publicidade (*Öffentlichkeit*) da Constituição. Muitas vezes, essas concretizações passam a integrar o próprio conteúdo da Constituição. (HÄBERLE, 1997, p. 27)

As diversas funções, qualificações e procedimentos adotados para a interpretação constitucional, materialmente, exercidos, por exemplo, pelo legislador, pelo juiz, pela opinião pública, pelo cidadão, pelo Governo, têm o condão de enunciar e aprimorar, com responsabilidade, a teoria constitucional democrática.

Por essa razão, o processo político deve ser (e deve permanecer), tanto quanto possível, aberto à comunicação de todos para com todos, no qual as entidades públicas, as instituições privadas, os cidadãos devem ser ouvidos e respeitados, como forma de se prestigiar e implementar o princípio republicano.

3.6 Do Direito, das finanças e do planejamento

Como já destacado, o Estado advém da construção normativa (Estado de Direito), criada pela sociedade (Estado Democrático de Direito), que busca uma formação estável de organização para consecução de suas finalidades, as quais são viabilizadas por mecanismos que buscam atingir àqueles resultados. Esses resultados possibilitam aferir a performance dessa organização e checar se os meios foram condizentes com os resultados para traduzir a eficiência e a eficácia da atuação estatal.

Cristiane Derani (2002, p. 236) refere que "esta disposição voluntária de meios para a consecução de fins é chamada de *comportamento racional*. O racional na vida econômica é muito mais complexo que a busca do interesse pessoal. *O racional na vida social é a disposição de meios para alcançar fins sociais desejados*" (grifos nossos).

Para que sejam concretizados esses interesses (e/ou direitos) sociais para a sociedade brasileira, hão de ser implementadas políticas públicas, por meio de planos e programas e, para isto, há necessidade de se compreender o regime de finanças públicas e sua inserção nos princípios constitucionais desde os mais próximos, como aqueles atinentes ao sistema constitucional tributário (anualidade, capacidade contributiva etc.) até o mais abrangente como o da segurança jurídica. Com isso, afirmamos que planejar o desenvolvimento nacional significa transpassar as fases legislativa e burocrata e adequar o orçamento anual, as metas plurianuais, as despesas de capital e a continuidade de projetos de programação continuada, para aí sim falarmos em efetivação do planejamento.

Já vimos que existem racionalidades específicas para o direito e para a economia, as quais com relação ao planejamento devem ser harmonizadas para viabilizar a correta alocação de recursos públicos e proporcionar benefícios, necessitando para tanto de análise gerencial e integrada para que sejam alcançadas as metas previstas nos planos de execução desse planejamento.

O planejamento, portanto, pressupõe a definição de objetivos de políticas públicas a desenvolver e da escolha de instrumentos adequados para o melhor uso possível dos recursos financeiros e naturais.

Como elenca Paulo Maurício Sales Cardoso (1996) de forma pragmática, para que haja um desenvolvimento nacional equilibrado, o Governo deve adotar alguns objetivos específicos, a saber:

- analisar o desenvolvimento de políticas que busquem o melhor uso possível dos recursos públicos, em geral, e o gerenciamento sustentável dos recursos naturais, em particular;
- melhorar e fortalecer os sistemas de planejamento, gerenciamento e avaliação dos recursos existentes;
- fortalecer as instituições e coordenar mecanismos para a exploração racional dos recursos naturais;
- criar mecanismos para facilitar a intervenção e a participação ativa de todos os interessados, especialmente os órgãos da sociedade civil organizada e a população local, na tomada de decisões sobre o uso e gerenciamento dos recursos existentes.

Ainda segundo o autor, para obter efetividade, o planejamento do desenvolvimento nacional deve levar em conta:
- sistemas de planejamento e gerenciamento que possam integrar componentes ambientais — recursos hídricos, minerais, vegetais e animais, dentre outros, inclusive utilizando métodos tradicionais e autóctones;
- estratégias que permitam a integração tanto de metas de desenvolvimento como de proteção ao meio ambiente;
- uma estrutura geral para o planejamento do uso dos recursos naturais e do meio físico;
- organismos consultivos intersetoriais para agilizar e democratizar o planejamento e a implementação dos projetos;
- abordagens flexíveis e inovadoras para captar o financiamento dos programas;
- inventários detalhados dos recursos produtivos existentes, na perspectiva de constituírem um guia para a alocação, o gerenciamento e o uso desses recursos nos planos nacional, regional e local.

Dessa forma, o plano econômico contém três elementos essenciais: as previsões, os objetivos e os meios, numa perspectiva temporária.

A escolha e a aplicação racional e razoável desses instrumentos permitem a realização de planejamento sustentável, nos diversos níveis de Governo, viabilizando a execução de políticas públicas, reduzindo as desigualdades sociais, possibilitando a médio e longo prazo desenvolvimento equilibrado, regulação adequada das atividades econômicas, fiscalização eficiente e bem-estar social.

Vale lembrar que os objetivos das políticas públicas, bem como suas repercussões econômicas, decorrentes dos objetivos fixados na Constituição da República de 1988, são definidos pela Administração no exercício de sua atividade discricionária, a qual não se afasta da moldura do Direito. Ao contrário, a ele são inerentes e vinculantes para todos os órgãos e entidades do Estado, bem como para os demais partícipes das relações socioeconômicas pertinentes à implementação daquelas, como discorremos no decorrer deste trabalho.

Ainda que possamos discordar, há corrente de pensamento que entende que o planejamento não está afeto ao Direito, por considerar que:

> Na busca de uma conceituação jurídica para o planejamento, concluímos pela impossibilidade de firmá-lo, tendo em vista ser o fenômeno do planejamento (se um instrumento, se uma técnica da moderna Ciência da Administração na busca da racionalização das ações inserida no contexto de uma decisão política em um Estado que tomou a si a responsabilidade pela direção e coordenação do desenvolvimento econômico-social, quando não intervindo diretamente num domínio antes privativo do particular), uma nova opção para o processo de decisões do Estado contemporâneo surgida na Ciência da Administração e, enquanto técnica, estranha ao Direito. (MELO, 1990, p. 46)

Nessa perspectiva, portanto, restaria ao jurista a busca da compatibilidade desse fenômeno, tendo em vista que, ao se referir ao desenvolvimento nacional, estará demandando tomada de decisões, cujo caráter é eminentemente político, o que irá se refletir sobre o convívio social.

Assim como Edelamare Barbosa Melo (1990), pensamos que, sendo o Direito um "instrumento de regulação das relações sociais", cabe a ele reconhecer a natureza e as possíveis consequências jurídicas do planejamento e sua repercussão para governantes e governados.

Entendemos que a análise da viabilidade do planejamento no Brasil necessita dos estudos e conclusões da Ciência da Administração, da Ciência da Economia (e Finanças) e a da Ciência Jurídica, para que o Estado exerça este relevante papel de ser o organizador e o propulsor da economia.[61]

---

[61] Para justificar nossa afirmação recorremos aos ensinamentos de Clovis V. de Couto e Silva (1991), quando cita H. Krüger (Allgemeine Staats Lehre, parágrafo 31, 2, Sttugart, 1964. p. 64) que, quanto à questão do planejamento, tomando por exemplo a Índia, pergunta: "Num país em que a população cresce em oito milhões de habitantes por ano, poderia o Estado deixar de tomar alguma medida para permitir, ao menos, a sua alimentação? Ou será que as regras de mercado, em sua simplicidade, terão a virtude de solucionar essa situação?"

Vislumbramos harmonia entre essas considerações e a racionalidade implantada na Constituição da República de 1988, pois o artigo 174 traz a lume o planejamento econômico como uma das formas de intervenção estatal no domínio econômico, sendo determinante para o setor público, ou seja, tem força ordenadora e obrigatória que não significa imutabilidade e requer execução contínua e duradoura, em prol do desenvolvimento nacional sustentável. Daí porque afirmarmos que o planejamento tem o poder de aglutinar interesses privados e públicos, ordenando-os de forma racional.

Assim, tanto o intervencionismo econômico quanto a liberdade da iniciativa privada, elementos necessários à planificação, se coadunam e são coordenados pelo Estado, para que todo o potencial econômico do país seja convergente aos objetivos previamente eleitos.

No ordenamento jurídico brasileiro vigente, há disposição expressa e centralizada no Congresso Nacional, com sanção do Presidente, para aprovar o Plano Plurianual.[62] Da mesma forma, esse mesmo procedimento vale para as Diretrizes Orçamentárias[63] e o Orçamento Anual (artigo 165, incisos I, II e III da CR/88),[64] como instrumentos de execução do planejamento.

Não há qualquer referência ao planejamento estadual, tendo sido reservada aos Municípios a execução do Plano Diretor, como instrumento básico da política de desenvolvimento e de expansão urbana (art. 182, parágrafo 1º, da CR/88).[65]

---

[62] Ressalva, contudo, Gilberto Bercovici (2003, p. 321) que "[...] O planejamento não pode ser reduzido ao orçamento. E por um motivo muito simples: porque perde sua principal característica, a de fixar diretrizes para a atuação do Estado. Diretrizes estas que servem também de orientação para os investimentos do setor privado. O plano plurianual é uma simples previsão de gastos, que pode ocorrer ou não, sem qualquer órgão de controle da sua execução e garantia nenhuma de efetividade. A redução do plano ao orçamento é apenas uma forma de coordenar mais racionalmente os gastos públicos, não um verdadeiro planejamento, voltado ao desenvolvimento, ou seja, à transformação das estruturas sócio-econômicas". Concordamos com a afirmativa de que o plano não pode estar adstrito apenas ao orçamento, mas discordamos da não efetividade do plano plurianual, pois diante da integração atual do Poder Público com o setor privado, sem a garantia de que serão honrados os compromissos assumidos não haverá investimentos e, por conseguinte, nosso desenvolvimento estará comprometido.

[63] Ricardo Lobo Torres (1995, p. 51-52) afirma que a lei de diretrizes orçamentárias é de pouca utilidade, tendo sido transplantada do sistema parlamentarista para o nosso sistema presidencialista, tendo objetivo estabelecer metas e prioridades para orientar a elaboração da lei orçamentária anual. Gostaríamos de registrar nosso entendimento de que nenhum dos instrumentos que viabilizam o planejamento global nos parece inútil, o que ocorre é um desuso ou pseudoutilização o que enfraquece a finalidade para qual o instrumento legal foi criado. Ademais, após o ano de 2000 com o advento da Lei de Responsabilidade Fiscal todos esses instrumentos não só necessitam como devem ser colocados em plena e efetiva utilização pelos entes políticos desta Federação.

[64] Art. 165. Leis de iniciativa do Poder Executivo estabelecerão:
I – o plano plurianual;
II – as diretrizes orçamentárias;
III – os orçamentos anuais.

[65] Art. 182. A política de desenvolvimento urbano, executada pelo Poder Público municipal, conforme diretrizes gerais fixadas em lei, tem por objetivo ordenar o pleno desenvolvimento das funções sociais da cidade e garantir o bem-estar de seus habitantes.
[...]

140 Renata Porto Adri
O Planejamento da Atividade Econômica como Dever do Estado

A despeito da referida competência atribuída à União, gostaríamos de ressaltar que para este ente político a competência legislativa que lhe foi outorgada não impede ou inviabiliza a ação planejadora dos Estados, do Distrito Federal e dos Municípios, desde que não contrariem as diretrizes e bases do planejamento do desenvolvimento nacional estabelecidas em lei federal, cabendo, também, a estes, de forma integrativa, esta respeitável tarefa.

Pela própria estrutura federativa percebe-se, porém, maior concentração das decisões políticas e fiscais, relativas ao planejamento, no âmbito federal, o que, de certa forma, inibe a esperada planificação integrada, de âmbito nacional.

São vários os exemplos extraídos da própria Constituição da República que revelam os freios e contrapesos em favor de um equilíbrio de interesses e decisões que viabilizem as diretrizes e as bases do planejamento econômico do desenvolvimento nacional, entre eles: o artigo 48,[66] incisos II e IV (competência do Congresso Nacional, com a sanção presidencial, para dispor sobre plano plurianual, diretrizes orçamentárias, orçamento anual, operações de crédito e emissões de curso forçado e planos e programas nacionais, regionais e setoriais de desenvolvimento);[67] artigo 68, parágrafo 1º, inciso III (não pode ser objeto de delegação legislativa a competência para criar os planos plurianuais, sendo de iniciativa do Poder Executivo); artigos: 187 (política agrícola),[68] 194 (seguridade social),[69] 196-200 (saúde),[70] 201 (previdência),[71] 214 (educação).[72] O artigo 165,

---

[66] Art. 48. Cabe ao Congresso Nacional, com a sanção do Presidente da República [...] dispor sobre todas as matérias de competência da união, especialmente sobre:
II – plano plurianual, diretrizes orçamentárias, orçamento anual, operações de crédito, dívida pública e emissões de curso forçado;
IV – planos e programas regionais e setoriais de desenvolvimento;

[67] Art. 68. As leis delegadas serão elaboradas pelo Presidente da República, que deverá solicitar a delegação ao Congresso Nacional.
§1º Não serão objeto de delegação os atos de competência exclusiva do Congresso Nacional, os de competência privativa da Câmara dos Deputados ou do Senado Federal, a matéria reservada à lei complementar, nem a legislação sobre:
III – planos plurianuais, diretrizes orçamentárias e orçamentos.

[68] Art. 187. A política agrícola será planejada e executada na forma de lei, com a participação efetiva do setor de produção, envolvendo produtores e trabalhadores rurais, bem como dos setores de comercialização, de armazenamento e de transportes, levando em conta especialmente [...]

[69] Art. 194. A seguridade social compreende um conjunto integrado de ações de iniciativa dos Poderes Públicos e da sociedade, destinadas a assegurar os direitos relativos à saúde, à previdência e à assistência social. [...]

[70] Art. 196. A saúde é direito de todos e dever do Estado, garantido mediante políticas sociais e econômicas que visem à redução do risco de doença e de outros agravos e ao acesso universal e igualitário às ações e serviços para sua promoção, proteção e recuperação. [Artigos 197 a 200, inclusive].

[71] Art. 201. Os planos de previdência social, mediante contribuição, atenderão, nos termos dos incisos de I a V e parágrafos de 1º a 8º.

[72] Art. 214. A lei estabelecerá o plano nacional de educação, de duração plurianual, visando à articulação e ao desenvolvimento do ensino em seus diversos níveis e à integração das ações do Poder Público que conduzam à:

em seus parágrafos 4º, 5º e 7º,[73] enuncia os objetivos básicos dos planos e programas, que estão vinculados ao orçamento público.

De acordo com o artigo 165, *caput*, da Constituição da República os três instrumentos legais de controle do orçamento público — lei orçamentária anual, plano plurianual, diretrizes orçamentárias — devem estar integrados entre si e compatibilizados com o planejamento global.

Da leitura isolada do artigo 165 do nosso texto constitucional, verifica-se que a lei estabelecerá as diretrizes e bases do planejamento e como ela não contém o plano propriamente dito, daí emerge a necessidade de se recorrer aos métodos e recursos interpretativos para sistematizar toda essa resenha normativo-constitucional.

Afirmamos, então, que desse referido conteúdo normativo há existência de nítida imbricação entre as atividades planejadoras e a elaboração orçamentária, nas suas diversas modalidades.

Veja-se que o artigo 165, inciso I, ao tratar do plano plurianual firma o dever jurídico de se estabelecerem diretrizes, objetivos e metas da administração, alicerçados na previsão das despesas para respectivos encargos, revelando sua natureza prospectiva que ultrapassa o ano em que será elaborado. Nessa mesma seara, devem seguir as diretrizes orçamentárias, como plano para vigência no exercício subsequente e a elaboração da lei orçamentária anual.

O dever de obediência à lei do plano plurianual define a compatibilidade necessária dos planos nacionais, regionais e setoriais de desenvolvimento (mesmo sendo respeitadas as materialidades específicas), conforme se pressupõe da definição das competências do Congresso Nacional, levadas a efeito no artigo 48 da Constituição.

I – erradicação do analfabetismo;
II – universalização do atendimento escolar;
III – melhoria da qualidade do ensino;
IV – formação para o trabalho;
V – promoção humanística, científica e tecnológica do País.
[73] Art. 165. Leis de iniciativa do Poder Executivo estabelecerão:
§4º Os planos e programas nacionais, regionais e setoriais previstos nesta Constituição serão elaborados em consonância com o plano plurianual e apreciados pelo Congresso Nacional.
§5º A lei orçamentária anual compreenderá:
I – o orçamento fiscal referente aos Poderes da União, seus fundos, órgãos e entidades da administração direta e indireta, inclusive fundações instituídas e mantidas pelo Poder Público;
II – o orçamento de investimentos das empresas em que a União, direta ou indiretamente, detenha a maioria do capital social com direito a voto;
III – o orçamento da seguridade social, abrangendo todas as entidades e órgãos a ela vinculados, da administração direta ou indireta, bem como os fundos e fundações instituídos e mantidos pelo Poder Público.
§7º Os orçamentos previstos no §5º, I e II, deste artigo, compatibilizados com o plano plurianual, terão entre suas funções a de reduzir desigualdades inter-regionais, segundo critério populacional.

Como afirma Celso Ribeiro Bastos (1989), embora sejam leis que têm conteúdos específicos, impõe-se reconhecer que em parte elas se imbricam. É muito nítida a necessidade de compatibilizar as leis planejadoras e as de dominância orçamentária.

Como assevera Eros Roberto Grau (1978), com base no orçamento são estabelecidos metas e objetivos a serem traçados no planejamento econômico. Quando o Órgão Executivo elabora o Plano Plurianual, o faz com fulcro em seu programa de governo e este ganha efetividade, após a aprovação pelo Órgão Legislativo. São, portanto, duas hipóteses de identificação de motivos que devem vincular as ações estatais. É a teoria dos motivos determinantes aplicada ao planejamento, cujo controle pode ser atribuído ao Órgão Judiciário, o que retomaremos ao tratar, especificamente, do artigo 174 da Constituição da República de 1988.

Se há orçamento público, se há provisão de despesas, se há objetivos e finalidades a serem alcançados, resta aos cidadãos, às entidades de classe, aos órgãos e entidades fiscalizadoras, bem como o órgão judiciário (quando provocado) acompanhar, exigir, fiscalizar e controlar a utilização dos recursos públicos, a partir dos planos, programas e projetos instituídos por lei.

Todo respaldo constitucional e legal atinente ao planejamento viabiliza esta ação, método ou mecanismo jurídico, do qual se vale o administrador para executar a atividade governamental necessária à consecução do desenvolvimento econômico-social, razão pela qual o planejamento é tema do Direito.

Planejamento, assim, é muito mais do que um processo administrativo e legislativo dependente apenas da vontade dos governantes, pois contém diretrizes constitucionais, que imprimem o dever jurídico do Estado de elaborar planos, instrumentos consubstanciadores dos objetivos e finalidades atinentes ao desenvolvimento nacional.

3.7 Da economia de mercado e do planejamento

Quando quisemos destacar as racionalidades do Direito e da Economia, em face do Estado, pensamos em estruturar nosso pensamento para, neste momento, afirmarmos que não há incompatibilidade entre planejamento e um projeto econômico liberal ou neoliberal, mais especificamente, entre planejamento econômico, enquanto ação estatal intervencionista e o mercado ou a livre iniciativa.

Não condiz com o dinamismo e a eficácia que a ordem jurídica confere ao planejamento a ideia de que este é um ato técnico esvaecido de conteúdo ideológico, sendo-lhe conferida a natureza, apenas, de ação administrativa e financeira de recursos públicos, sem qualquer interferência ou associação aos anseios e controles sociais, o que resultaria em sua neutralidade.

Discordamos, assim, dessa noção acanhada e não sistemática de que há neutralidade do planejamento, pois o compromisso prévio de manutenção do mercado, por si só, já afastaria esta afirmativa.

O planejamento pressupõe uma ação política com finalidade própria e *status* dinamizador, que assimila diversidade de escolhas diante de objetivos certos e identificados pelos *standards* escolhidos pela sociedade. Portanto, há conteúdo ideológico a ser agregado a esse contexto. São ideais que buscam respeitar e harmonizar os interesses da livre iniciativa, dado que nossa economia é de mercado, com os fundamentos, objetivos fundamentais, direitos e garantias individuais e princípios fixados na Constituição da República de 1988.

O modelo de sociedade projetado condiciona o desenvolvimento das relações econômicas, bem como institui a política econômica onde serão indicados os objetivos e as metas sociais a serem alcançadas.

Esse esquema de implementação da política econômica que contém "dados" e "fenômenos econômicos", seja com ingerências de curto ou de longo prazo, ocasiona, muitas vezes, as reformas constitucionais que viabilizam programas e projetos nas diversas áreas de atuação estatal.

O poder político, ao se deparar com essa necessidade de mutação, lança sua ingerência sobre os referidos fenômenos e acaba por trilhar dois caminhos não mutuamente excludentes.

O primeiro deles costuma se dar com a ingerência política no ordenamento jurídico, alterando determinados deveres, direitos e faculdades dos agentes econômicos seja em termos de direito de propriedade, seja no que se refere aos direitos obrigacionais, seja ainda quanto ao exercício do "poder de polícia".

Os exemplos clássicos são as modificações das normas atinentes ao ordenamento urbano, meio ambiente, tributação, concorrência, regulação, cujos novos contornos legais se espraiam no mercado, implicando a configuração de variáveis que influenciarão os fenômenos econômicos, como já referido.

Contudo, o outro caminho que surge, como alternativa de atuação, é aquele que subtrai do próprio mercado a determinação de certas variáveis, transformando-as em dados modificáveis, os quais, por sua vez, irão influir no comportamento das demais variáveis ou fenômenos econômicos, o que equivale a deslocar certos elementos que antes eram vistos como possíveis objetivos para se tornarem meios ou instrumentos de política econômica e, pois, institucionalmente fixados. Como exemplos dessa segunda alternativa, temos a instituição de isenção tributária e da taxa cambial.

Como se vê, os primados constitucionais e legais que prescrevem a aplicação da política econômica necessitam estar em consonância com os princípios informadores do sistema jurídico, bem como com seus objetivos mais permanentes, de tal sorte que posições de conflito valorativo não podem ser ignoradas quer pelo político, quer pelo economista quer pelo jurista.

Assim é que a maximização dos resultados do planejamento escolhido pelo Governo deve refletir a ideal escolha, dentre as opções apresentadas, para alcançar a finalidade prevista, com distribuição temporal dos custos associada à sua modicidade, autocontrole e controle efetivo do nexo causal existente entre metas e resultados e, finalmente, transpor a ideologia da sociedade refletida no bem-estar social.

Portanto, ao avaliar as diversas alternativas de condutas, as consequências delas decorrentes, os valores e utilidades que produzirão e análise de risco econômico-financeiro, o Estado estará iniciando o processo de planejamento, sob a ótica política, com vistas às finalidades adstritas ao contexto social, político e econômico ao qual se destina.

Daí se falar em concepção política do planejamento, na qual se considera a natureza política não só da decisão de planejar, como também dos órgãos encarregados da execução (União e Congresso Nacional) e da própria vida do homem, enquanto ser social e político.

Amartya Sen (1990), ao tratar do tema "Ética e Economia", identificou a grande obsessão da economia moderna, consideravelmente empobrecida pela distância estabelecida entre ambas.[74]

---

[74] Amarthya Sen (1990) se destaca como autor de uma das correntes doutrinárias, dentro da literatura econômica, que aborda a relação entre pobreza e desenvolvimento, com especial atenção à importância dos valores na teoria econômica. O que vem expressado no questionamento deste autor indiano quanto à possibilidade de definir o ótimo social apenas em função do aumento de riqueza total, sendo *necessária a revisão ética do conceito de racionalidade econômica*. Nesse sentido, aduz Calixto Salomão Filho (2002, p. 31-32) que os processos de desenvolvimento econômico dependem de instituições e valores e assim "desde que se acredite que o fundamento de organização social é jurídico, baseado, portanto, em valores, e não econômico, baseado em feitos ou resultados, uma conclusão é necessária: o *desenvolvimento*, antes que um valor de crescimento ou mesmo um grupo de instituições que possibilitem determinado resultado, *é um processo de autoconhecimento da sociedade*".

Destaca-se a relevância da função de controle do plano, que impede a livre deliberação do indivíduo e do poder político, nos domínios regulados.

Adotada a postura de promotor e regulador do bem-estar e da justiça social, o Estado planeja suas decisões globais (no sentido de agir considerando os diversos setores saúde, educação, lazer, meio ambiente etc.) relacionadas ao desenvolvimento econômico e social, dispondo de instrumentos para consecução destes objetivos.

As decisões políticas em executar esses objetivos podem variar no tempo e na forma de procedimento a ser adotado, mas são passíveis de controle diante da existência de limites redutores de desvios de finalidade. Nem mesmo a natureza subsidiária da atuação direta do Estado hodierno na ordem econômica, como previsto no artigo 173 da Constituição da República de 1988,[75] impediria que o Órgão Judiciário, por interpretação sistemática com o disposto no artigo 5º, inciso XXXV,[76] defina com força terminativa se há ou não ilegalidade dos atos legislativos e executivos, bem como conformidade com os motivos determinantes e identificáveis das finalidades inicialmente planificadas.

Após as modificações estruturais, políticas e econômicas do Estado brasileiro pontuadas poder-se-ia indagar, ainda, se há necessidade de planejamento da economia ou se o planejamento tem sido postergado em atenção às ações (im)previsíveis do mercado. De forma mais direta: há (ou não) necessidade de planejamento econômico sob o comando do Estado?

A resposta, na perspectiva deste livro, é afirmativa e não apenas remete a um dever como à necessidade de revisão da forma de planejamento adotada, até então, resgatando no escopo federativo a forma integrada de atuação, viabilizada por meio da edição de normas conjuntas, bem como pela sistematização da Constituição da República que define com precisão qual a sua intenção com relação ao desenvolvimento nacional e ao bem-estar social.

---

[75] Art. 173. Ressalvados os casos previstos nesta Constituição, a exploração direta de atividade econômica pelo Estado só será permitida quando necessária aos imperativos da segurança nacional ou a relevante interesse coletivo, conforme definidos em lei. [...]

[76] Art. 5º Todos são iguais perante a lei [...] XXXV – a lei não excluirá da apreciação do Poder Judiciário lesão ou ameaça a direito; [...]

3.8 Diferentes espécies de planejamento

3.8.1 Do planejamento urbanístico[77]

Iniciamos este subtópico de forma reflexiva, com apoio nas palavras de Luís Felipe Colaço Antunes (2002, p. 66): "habitar é permanecer enquanto harmonia subjetiva com o lugar e seu espírito". E, prossegue o autor português, "antes de elaborar o plano devemos interrogar-nos que cidade queremos".

O planejamento urbanístico é tido como espécie de intervenção no direito de propriedade, mas deve também estar associado à ideia de desenvolvimento ordenado da cidade, estruturado por meio de crescente vigor jurídico de suas normas.

É importante pensar no planejamento e nas funções de seu instrumento de execução, no caso o plano diretor municipal, como a convergência de vozes que primam pela ordenação e conformação do território, mais do que única e exclusivamente pela propriedade.

Planejamento, portanto, é a representação jurídica das transformações do território municipal (forma da cidade, qualidade urbanística e ambiental do espaço urbano, a afronta entre o espaço construído e o espaço natural), da construção e reabilitação da cidade (modificações do solo) e ainda do exercício de direitos.

O regime jurídico do planejamento urbanístico, em face da ordem constitucional, é imperativo. Deve ser também diretivo e estrutural, refletindo os *standards* da localidade, suas necessidades, características morfológicas e perspectivas.

A planificação pode ter características de especialidade ou generalidade, podendo ser, ainda, constituinte de normas que serão expedidas, no âmbito infralegal, as quais vincularão tanto as autoridades e os órgãos incumbidos do exercício da atividade urbanística, como os próprios particulares.

O Conselho da Europa redigiu em 1983 a Carta Europeia de Ordenamento do Território e em 1992 a Carta Urbana Europeia, com o subtítulo de Estratégias e Projetos Urbanos. Nesse documento foram firmados alguns direitos urbanos fundamentais dos cidadãos: proteção contra a agressividade de um ambiente urbano perturbador e difícil; exercer um controle administrativo e contencioso sobre a

---

[77] Constituição da República de 1988, artigo 182, *caput* e §1º e o Estatuto da Cidade, editado pela Lei nº 10.257 de 11.7.2001, artigos 39 a 42, 48 a 51.

atuação da administração local; condições mínimas de habitação, saúde e oportunidades culturais, ou seja, direito a uma qualidade de vida humana e culturalmente aceitável.

Consoante Luís Felipe Colaço Antunes (2002), o plano não pode limitar-se a urbanizar o solo e prescrever limites à edificabilidade, mas deve prescrever modalidades de estruturação e de transformação do solo municipal, devendo deduzir uma diversa relação entre intervenções urbanísticas transformadoras e exigências de conservação entre permanência (centros históricos e antigos) e variabilidade dos caracteres dos vários lugares, conceitos que se aplicam não só ao espaço edificado mas também à totalidade dos componentes do ecossistema territorial.

O plano surge, então, como uma pluralidade de elementos que têm identificação com a vida humana e as questões urbanísticas (patrimônio existente, especificidades locais: histórico-culturais, ambientais, físicas) em prol de um urbanismo sustentável, não devendo estar restrito aos coeficientes numéricos (metros quadrados e metros cúbicos).

O Tratado da Comunidade Europeia, com alterações introduzidas pelo tratado de Maastrich, de Amsterdam e de Nice, traz vários princípios e objetivos ambientais, dentre eles o princípio de um urbanismo sustentável.

A composição do plano pressupõe um conjunto de atos (quanto ao caráter procedimental) e um conjunto de normas (quanto ao caráter prescritivo e eficaz).

É no momento de elaboração dessa fase normativa que se deve atentar para a adequação, necessidade, proporcionalidade e razoabilidade das regras, em face da finalidade pública relativa ao sistema urbanístico. Esses limites são, em verdade, os princípios que irão nortear a vinculação e discricionaridade dos atos que compõem o plano.

Por isso, dizemos que os *standards* urbanísticos são relevantes para limitar a discricionariedade empregada na elaboração dos planos, afinal, estamos tratando, também aqui, da dualidade "direito de propriedade" (garantia constitucional) *versus* "direito de edificação" (ou direito expropriatório, por exemplo).

José Afonso da Silva (2006) aborda a controvérsia da natureza jurídica dos planos urbanísticos no Direito Comparado e adota o modelo de plano diretor municipal utilizado na Itália, para apontar três questões:

(a) a que concebe como ato administrativo, seja como simples ato administrativo, ou como ato administrativo geral de conteúdo programático e não normativo, ou, ainda, como ato administrativo geral quando não aprovado por lei; (b) a que tem como ato normativo, seja com valor de norma objetiva de lei, ou como ato normativo de natureza regulamentar, ou como ato geral produtor de normas jurídicas gerais, ou ato-fonte de direito objetivo; (c) a que o entende como ato em parte normativo e em parte administrativo, seja como um misto de ato geral e regulamentar, seja como uma figura intermediária entre a normas regulamentar e o ato administrativo, seja como norma-ato. (SILVA, 2006, p. 97)

Comungamos, portanto, com a terceira vertente e acrescentamos que o processo que antecede a aprovação do plano (lei) e, onde os debates são técnicos (diretrizes para a política do solo e sua edificação), não há transformação da realidade existente, mas sim decisões e efeitos inovadores que serão absorvidos quando juridicizados perante a realidade urbana.

No contexto brasileiro, em virtude da legalidade exigida para implementação dos planos, o exercício da competência de planejar não é nem puramente político, nem administrativo. Em ambas as fases, o conhecimento técnico se faz necessário estando presente no exercício da função normativa, seja na fase preparatória (na qual prevalece a abstração e generalidade) seja na fase executiva (cuja natureza é vinculatória e concreta).

É importante frisar que esse conjunto de atos e normas, com significação e conteúdo técnico e administrativo, servirá de diretriz para formulação dos planos e programas, de cuja eficácia jurídica em relação às regras concretas dependerá a existência de unidade legislativa.

Nas palavras de José Afonso da Silva (2006, p. 98), os planos urbanísticos no Brasil têm natureza de lei não só no sentido formal, como também no sentido material, pois, como já vimos, são "conformadores, transformadores e inovadores da situação existente, integrando o ordenamento jurídico que modificam, embora neles se encontrem também regras concretas de natureza administrativa, especialmente quando sejam de eficácia e aplicabilidade imediatas e executivas".

Encerramos este subtópico, sem qualquer pretensão em esgotar o assunto, mas apenas pincelar reflexões sobre a natureza jurídica e a finalidade do planejamento e da execução dos planos urbanísticos, ressaltando a evidente plurissubjetividade que envolve a planificação urbanística, sem conformá-la excessivamente à propriedade do solo, para alcançar seu viés teleológico e sua natureza racionalizadora e ordenadora do território, atenta aos impulsos do mercado e dos interesses fundiários, em prol de uma cidade que respire qualidade de vida urbana.

3.8.2 Do planejamento ambiental

Integrando o meio ambiente (bem jurídico-constitucional) com o sistema de normas, entendemos que o planejamento indicará as diretrizes essenciais e imprescindíveis para regulação do meio ambiente e sua interação com a sociedade diante dos efeitos resultantes do processo civilizatório, garantindo assim eficácia e segurança jurídica.[78]

No tocante ao planejamento ambiental, há vasto material doutrinário e construção jurisprudencial. Contudo, como dissemos, gostaríamos de destacar as pertinentes observações de Paulo Affonso Leme Machado (2001), ao tratar da função e natureza jurídica do Estudo Prévio de Impacto Ambiental (EPIA), um dos instrumentos da Política Nacional do Meio Ambiente previsto no artigo 9º, inciso III, da Lei Federal nº 6.938, de 31.08.81. O referido autor destaca que as verificações e análises a seu respeito terminam em um juízo de valor, ou seja, uma avaliação favorável ou desfavorável ao projeto, nos seguintes termos:

> Nos EUA, desde o início da aplicação desse instrumento jurídico, salientava a jurisprudência que "o propósito primário da avaliação de impacto ambiental é obrigar as agências federais a dar séria importância aos fatores ambientais ao tomar suas decisões

---

[78] Legislação que trata do tema: art. 225, inciso IV, da CR/88; Lei nº 9.433/1997 (artigos 5º, I, 6º e 7º) Institui a Política Nacional de Recursos Hídricos; Lei nº 9.985/2000 – Sistema Nacional de Unidades de Conservação da Natureza (vide artigo 27 – Planos de Manejos para cada espécie de Unidade); Decreto nº 5.098 de 3.6.2004 – Plano Nacional de Prevenção, Preparação e Reposta Rápida a Emergências Ambientais com Produtos Químicos Perigosos P2R2 e dá outras providências; Lei nº 11.284 de 2.3.2006 – Institui o Serviço Florestal Brasileiro e cria o Fundo Nacional de Desenvolvimento Florestal (artigos 1º, 48 que tratam dos planos e programas para a gestão de florestas públicas) – Resolução nº 379 do CONAMA 19.10.2006; Resolução nº 369/2006 do CONAMA. Dispõe sobre os casos excepcionais de utilidade pública, interesse social ou baixo impacto ambiental, que possibilitam a intervenção ou supressão de vegetação em Área de Preservação Permanente. (artigo 9º, VI – Fala sobre a necessidade de Plano Municipal de Regularização Fundiária para supressão de área de preservação permanente em área urbana); Lei nº 11.445 de 5.1.2007 – Saneamento Básico (artigo 19).

discricionárias". [Conselho de Conservação do Condado de Monroe, Inc x Volpe – 472 F2d, 693, 697-2d Circ. 1972] (Paulo Affonso Leme Machado, 2001, p. 200)

E continua Paulo Affonso Leme Machado, citando, inclusive J. F. Chambault:

> A função do procedimento de avaliação não é influenciar as decisões administrativas sistematicamente a favor das considerações ambientais, em detrimento das vantagens econômicas e sociais suscetíveis de advirem de um projeto. O objetivo é dar "às Administrações Públicas uma base séria de informação, de modo a poder pesar os interesses em jogo, quando da tomada de decisão, inclusive aqueles do ambiente, tendo em vista uma finalidade superior". (Paulo Affonso Leme Machado, 2001, p. 201)

Paulo Affonso Leme Machado (2001, p. 215) pondera, ainda, que o estudo prévio de impacto ambiental é um procedimento público sendo impossível entender-se como um estudo privado a ser efetuado por uma equipe multidisciplinar, sob encomenda do proponente do projeto e ressalta "o inconveniente de um estudo sobre um projeto é que freqüentemente não se pode constatar senão uma situação encontrada, sem ser possível proporem-se verdadeiras alternativas. [...] Parece, pois, necessário preconizar, de modo indissolúvel, o Estudo de Impacto em nível dos projetos, como em nível dos planejamentos".

É imprescindível a intervenção do órgão público ambiental desde o início do procedimento, conforme prescrevem os artigos 5º, parágrafo único; 6º, parágrafo único, e 11, parágrafo único, da Resolução nº 1/86-CONAMA e Resolução nº 6/86-CONAMA.

Evidencia-se, assim, nesta espécie de planejamento, que este viabilizará a construção de bases concretas de informações e procedimento, que auxiliarão as autoridades públicas na tomada de decisões.

3.8.3 Do planejamento e da Lei de Responsabilidade Fiscal

A relevância de se adotar políticas econômicas de médio e longo prazo está em permitir crescimento ordenado com pequenos custos sociais. Os planos plurianuais e as leis orçamentárias, bem como a Lei de Responsabilidade Fiscal (Lei Complementar nº 101/2000), são instrumentos disponíveis, aptos e hábeis a viabilizar o planejamento.

Gustavo Santos Barbosa (2001) refere que o planejamento, ou ação planejada, nos termos da nossa Lei de Responsabilidade Fiscal, é a mais avançada arma das novas normatizações em busca do soerguimento econômico e social do modelo falido do Estado intervencionista.

A função do planejamento na Lei de Responsabilidade Fiscal tem o condão de executar um dos objetivos desta norma, qual seja, fortalecer o planejamento da atuação estatal e isto se dará por meio de equilíbrio orçamentário e da transparência do modo de agir planejado e responsável da Administração Pública,[79] orientado pelas normas constitucionais e suas normas complementares.

André Ramos Tavares (2001), ao tratar da consagração do princípio do controle do Poder Público, em especial dos princípios do planejamento, da transparência e do monitoramento, salienta que:

> O princípio do planejamento é consagrado pela lei quando esta disciplina a feitura do plano plurianual, da lei de diretrizes orçamentárias e do orçamento, a serem preparados pelos entes federativos, consoante impõe a Constituição Federal em seu art. 165. Mas novos instrumentos de planejamento também foram previstos pela lei, podendo-se, aqui, elencar o anexo de Metas Fiscais (constante do art. 4º, §1º), o anexo de Riscos Fiscais (art. 4º, §3º) e o Relatório Resumido de Execução Orçamentária e o Relatório de Gestão Fiscal (art. 48, *caput*). Note-se que o princípio do planejamento significa, numa

---

[79] Assim também ocorre no procedimento de contratação de obras públicas cujo planejamento (fase interna) constitui a primeira etapa, seguida da continuidade do procedimento licitatório (fase externa), da contratação e da execução do contrato, sendo que naquela etapa inicial deverão ser concentradas a experiência técnica (relacionada ao objeto do certame), bem como adequação orçamentária, tudo isto precedido da análise da necessidade e utilidade para o interesse público, razão pela qual Antônio Carlos Cintra do Amaral (2006, p. 2) destaca que [...] o planejamento da contratação de obras públicas compreende a elaboração de um projeto básico. [...] É verdade que por melhor que seja o planejamento da contratação, e por mais que se invista na elaboração do projeto básico, não existe certeza de que não surgirão problemas na etapa de execução da obra. Mas a experiência na área de contratações públicas mostra que nem sempre a Administração dedica a necessária atenção à etapa de planejamento da contratação. E este talvez seja o principal problema na execução de obras públicas no país. Como operador do Direito, não tenho a pretensão de apontar as causas do problema, mas atrevo-me a dizer que muitos questionamentos jurídicos surgidos na etapa de execução dos contratos de obras públicas poderiam ser melhor enfrentados se fosse mais convincente a argumentação técnica em defesa do projeto básico.

acepção mais imediata, traçar metas para a arrecadação e gastos públicos. O planejamento, de fato, não é um mecanismo inédito do ordenamento jurídico brasileiro, pois desde o Dec.-lei 201/67 já havia a sugestão de que os entes federativos realizassem planejamentos. A grande novidade da lei é tornar o planejamento obrigatório e prever instrumentos para cobrá-lo. Assim, o planejamento, atividade essencialmente política, passa também a ter que atender a determinados requisitos jurídicos. (TAVARES, 2001, p. 284)

Conforme Gilberto Bercovici (2003) a Lei de Responsabilidade Fiscal (Lei Complementar nº 101/2000) agravou a limitação à atividade planejadora, quando restringiu a atuação do Estado em todos os níveis federativos, exclusivamente, às dotações orçamentárias. Diz ele que:

Independentemente do mérito de buscar o controle dos gastos públicos, impedindo o seu desperdício, esta lei, visivelmente, impõe uma política de equilíbrio orçamentário a todos os entes da Federação. A única política pública possível passa a ser a de controle da gestão fiscal. A Constituição não contempla o princípio do equilíbrio orçamentário. E não o contempla para não inviabilizar a promoção do desenvolvimento, objetivo da República fixado no seu artigo 3º, II. A implementação de políticas públicas exige, às vezes, a contenção de despesas, outras vezes, gera déficits orçamentários. Não se pode restringir a atuação do Estado exclusivamente para a obtenção de um orçamento equilibrado, nos moldes liberais, inclusive em detrimento de investimentos na área social, que é o que faz a Lei de Responsabilidade Fiscal. (BERCOVICI, 2003, p. 238)

Associada, portanto, à noção e às peculiaridades do planejamento, advém a relevância e o aprimoramento dos estudos sobre orçamento público e a forma e método de planificação, em face da Lei de Responsabilidade Fiscal, sendo prudente a dedicação dos estudiosos do direito,[80] da economia e da ciência política às vertentes da ordem constitucional econômica e orçamentária em busca de efetivo equilíbrio e transparência, em prol do desenvolvimento econômico e social sustentável.

---

[80] Para tanto, indica-se a leitura do título: *Orçamento e desenvolvimento* de César Sabbag (2006).

3.8.4 Do planejamento e das Parcerias Público-Privadas (PPP)

Iniciamos este subtópico indagando o significado da expressão Parceria Público-Privada e qual sua relação com o planejamento, o que, ao final, pretendemos responder.

Sinalizando a experiência estrangeira, em 1992, na Grã-Bretanha, o Primeiro-Ministro John Major instituiu o programa governamental denominado Private Finance Initiative (PFI), com três objetivos: a) a concessão da gestão privada de empreendimento público à iniciativa privada, a qual assumia o controle do projeto; b) transferência do ônus de elaboração e dos riscos econômicos ao particular; c) alcance da eficiência na aplicação de recursos econômicos e financeiros destinados à realização do empreendimento público (*value for money*).

Já no final da década de 90 o governo britânico constatou a necessidade de rever essa gestão, passando o Poder Público a assumir, também, responsabilidades na elaboração do projeto sendo, então, criada a nova gestão participativa de empreendimentos públicos, sob a nova terminologia de *Public-Private Partnership* (PPP).

No Brasil, a Constituição da República de 1988, em seu artigo 175, parágrafo único, inciso III, anuncia o regime de concessões, conferindo à lei ordinária o dever de instituir o regime jurídico a ser implementado.

Em 1995 foi editada a Lei Geral das Concessões (Lei nº 8.987) disciplinando o regime jurídico[81] das concessões de serviço público, no qual o concessionário assumia o empreendimento "por sua conta e risco" (art. 2º, II), havendo, inclusive, a transferência ao concessionário dos riscos alheios ao contrato, em face do equilíbrio econômico-financeiro do contrato (art. 10). A relevância da concessão como instrumento legal é a de ser o veículo de implementação de políticas públicas que permite, pela união de esforços (público e privado), a consecução da realização dos objetivos e valores constitucionais.

---

[81] O particular assume o serviço em nome próprio; as decisões centrais quanto à estrutura do serviço objeto de concessão são tomadas pelo poder concedente; ao concessionário cabe executar as diretrizes fixadas pelo estado (titular do serviço); cabe a equação: quanto maior a intervenção estatal na definição do empreendimento, menor seria a assunção de risco do empresário, seja este apenas suportado no tocante à gestão de sua empresa, sendo este o modelo intervencionista tradicional.

A Lei nº 9.074/95, alterando a Lei nº 8.987/95, permitiu que o autor do projeto pudesse participar de licitações para concessão ou permissão de obra ou serviço público.

De outra parte, como suporte legal à implementação do empreendimento público (obras e serviços públicos), destaca-se a Lei nº 8.666/93, na qual foi admitida a adoção de critérios técnicos de julgamento da licitação, para efeito de outorga da concessão (ou seja, para aquele que ofereça a melhor solução técnica para a prestação de um dado serviço ou obra pública). E, ainda, foram criadas as leis setoriais (Lei de Portos, Lei Geral de Telecomunicações, Lei do Setor Elétrico nº 9.074/95 etc.) como exemplos de normatização dos serviços públicos, ao longo da década de 90.

Com o advento da Lei nº 11.079/04[82] houve abertura à iniciativa privada na propositura de soluções para o serviço a ser licitado, na formulação de projetos, cabendo ao Estado apontar as finalidades buscadas e avaliar a solução mais adequada ao interesse público, além de participar dos custos e remunerar o concessionário-parceiro. Foram, também, criadas duas espécies de concessão: a) patrocinada (com aplicação, por exemplo, nos transportes coletivo e saneamento) e b) administrativa (visualizada na iluminação pública e limpeza urbana).

Havendo, assim, normas gerais e setoriais no ordenamento jurídico brasileiro, poder-se-ia dizer que já se encontra implementado modelo de parceria pela concessão à iniciativa privada da prestação de serviço público e realização de obra pública. Contudo, atualmente, em face das modificações legais e estruturais do país, foi reformulada a maneira de remunerar o parceiro da iniciativa privada (entre outras peculiaridades), passando, agora, o Estado a contribuir para aquela, além da contrapartida dos usuários.

A "filosofia PPP" (Câmara, 2005), portanto, já existia e surgiu no contexto de modernização da Administração Pública, cuja ideia central está no abandono do formalismo estéril, em benefício do atingimento dos fins de interesse público almejados, comportando expressamente a soma de esforços e recursos públicos e privados.

Partindo-se, então, da premissa de que está mantido o regime tradicional de concessão de serviço e obra públicos, entendemos que não há respaldo para edição de novo regime jurídico de

---

[82] Esta de âmbito federal. Registre-se a existência de outras de âmbito estadual: Lei nº 14.868, de 16.12.2003 (Minas Gerais); Lei nº 11.688, de 19.05.2004 (São Paulo); Lei nº 12.930, de 04.02.2004 (Santa Catarina); Lei nº 14.910, de 11.08.2004 (Goiás); Lei nº 9.290, de 27.12.2004 (Bahia); Lei nº 13.557, de 30.12.2004 (Ceará) e Lei nº 12.234, de 13.01.2005 (Rio Grande do Sul).

abrangência geral, pois para implementação das novas modalidades de concessão, como se verá, há que se preservar e utilizar os instrumentos normativos existentes.

Sem preocupação de um maior aprofundamento do tema, entendemos que os contratos de concessão firmados sob o advento da nova lei têm maior complexidade de regulação se comparados aos contratos de concessão em geral. Isso porque, pela combinação do artigo 23 da Lei nº 8.987/95 com o artigo 5º da Lei nº 11.079/04 temos: a) prazo contratual[83] (não inferior a 05 anos e não superior a 35 anos, incluindo eventual prorrogação); b) critérios e procedimentos para reajuste e revisão de tarifas; c) estabelecimentos de métodos e critérios para avaliação e fiscalização dos serviços; d) cálculos de indenização; e) direitos e deveres dos usuários; f) prestação periódica de contas pela concessionária ao poder concedente; g) a sistemática de financiamento do empreendimento[84] (garantias necessárias à liquidação da dívida a longo prazo); h) modos de remuneração; i) compartilhamento dos riscos; j) arbitragem, entre outros.

O grande desafio é associar os ditames das leis gerais, setoriais e específicas (a exemplo da Lei de Responsabilidade Fiscal), aplicáveis, caso a caso, de tal forma que permitam a execução de serviços e obras públicas essenciais, mas economicamente não sustentáveis, avaliando-se o montante dos recursos financeiros necessários, o tempo de execução, a forma e o montante da participação de cada um dos parceiros, as fontes de recursos e as garantias correspondentes e conferindo ao particular garantia de amortização, condicionada ao seu desempenho (binômio eficiência/eficácia); e ao Poder Público o dever-poder de fiscalização e regulação da realização do empreendimento, com a segurança jurídica de manutenção do compromisso ao longo prazo fixado no contrato de concessão.

---

[83] Antônio Carlos Cintra do Amaral (2002) esclarece os parâmetros para fixação, que mesmo sob a ótica da Lei Geral são aplicáveis à nova Lei: "O prazo da concessão de serviço público não pode ser livremente estipulado. Ele deve resultar de sólidos estudos de viabilidade econômico-financeira. Deve ser estabelecido em função da equação econômica do contrato, que é composta de custos, mais lucro, mais amortização dos investimentos previstos menos receitas alternativas e acessórias. O prazo da concessão não deve ser superior nem inferior ao necessário à amortização dos investimentos previstos, considerada a equação econômica do contrato em sua totalidade. [...] O prazo da concessão pode ser prorrogado, desde que previsto no edital e no contrato (art. 23, XII, da Lei nº 8.987/1995). Mas não pode ser prorrogado arbitrariamente" (CINTRA DO AMARAL, 2002, p. 86-88).

[84] A previsão de que a Administração responda financeiramente pelo custo do empreendimento a ser delegado aos particulares ocorre nos casos em que os empreendimentos não são autossustentáveis economicamente; há baixa capacidade contributiva dos usuários ou insuficiente demanda prevista para determinado serviço; não tenha como remunerar o investimento necessário à oferta do serviço com base exclusivamente na receita derivada de tarifas.

Adilson de Abreu Dallari (2005) esclarece qual seu entendimento sobre a finalidade das PPPs:

> As PPPs servem, exatamente, para conferir viabilidade econômica a serviços públicos essenciais mas de baixa rentabilidade econômica, ou seja, em situações nas quais, sabidamente, não existe possibilidade de assegurar a sustentabilidade do serviço exclusivamente pelo pagamento de tarifas por parte de seus usuários. Não se trata de, incidentalmente ou eventualmente, pagar um subsídio para compensar diferenças eventuais ou episódicas. Trata-se, sim, de se estabelecer no próprio momento de celebração do contrato entre o particular e o Poder Público que este vai, necessariamente, efetuar pagamentos ao particular executante, seja para completar o volume de recursos demandados pelo empreendimento, seja para remunerar, no todo ou em parte, os serviços prestados. (DALLARI, 2005, p. 358)

De outra parte, Luiz Tarcísio Teixeira Ferreira (2006), ao comentar a Lei nº 11.079/2004, destacou algumas preocupações:

> 3.2.1 O aspecto "vulto do investimento"
>
> Trata-se, portanto, de contratos de longo prazo e de grande vulto (art. 2º, §4º, I e II).
>
> [...]
>
> 3.2.3. A nota "financiamento privado ao Estado"
>
> [...]
>
> O parceiro-privado funciona como interposta pessoa entre a instituição financeira — que concederá/obterá o empréstimo — e a Administração Pública detentora dos serviços públicos ou da obra pública ou dos serviços de terceiros a serem "concedidos" ao parceiro-privado.
>
> [...]
>
> Daí resulta que o aspecto "financiamento privado do Estado" é parte essencial, elemento indissociável do conceito de parceria público-privada da Lei nº 11.079/04, trazendo consigo todo um regime jurídico relativamente às regras financeiras e de planejamento e execução orçamentária dessas parcerias (incluindo Lei Orçamentária Anual, Lei de Diretrizes Orçamentárias – LDO e Plano Plurianual – PPAs).
>
> Um regramento jurídico, aliás, extenso e difícil ante as inúmeras possíveis ocorrências de longo prazo, sem falar dos imprevisíveis 35 anos de vigência — algo próximo de uma geração e meia —, podendo superar perto de 9 mandatos eletivos ordinários. (FERREIRA, 2006, p. 21,30-31)

Decorre, pois, a necessidade de se estabelecerem determinadas regras que preestabeleçam o comportamento permanente do Executivo e dos órgãos internos e externos de controle, uma vez que deverão surgir: "modificações nos seus objetivos iniciais e na sua regulamentação contratual e legal; necessidades novas inicialmente não imaginadas; necessidade de correções de rumo periódicas ao longo do seu prazo de vigência, e atualização tecnológica permanente". Tais ocorrências serão agravadas pelo desempenho tecnológico cada vez mais avançado, permitindo muitas soluções alternativas para questões igualmente não colocadas presentemente (FERREIRA, 2006, p. 31).

O que vimos nas tomadas históricas deste trabalho foi a revelação de um país que parece ter dificuldades para planejar a longo prazo, tendo vivenciado sucessivos planos econômicos, com um aparente desconhecimento e consciência do alcance e extensão da matéria constitucional.

Destaca com bastante propriedade Diogo Rosenthal Coutinho (2002) essa nossa preocupação de implementação de inovações sem planejamento:

> As privatizações de empresas estatais [...] foram uma resposta a necessidades de ajuste fiscal e financeiro de caráter eminentemente conjuntural. Tratando dos planos de estabilização econômica (a exemplo do Plano Real) continua o autor [...] pouco contribuíram para um projeto de reforma do Estado e que a reestruturação do setor público fosse encarada como uma oportunidade para a criação de formas institucionais inovadoras e, principalmente, adaptadas às particularidades do país. [...] *Essa ausência de visão estratégica e de planejamento de longo prazo implicou, além de boa dose de inadequação dos meios aos fins, também uma série de problemas para a regulação dos setores privatizados, especialmente aqueles sob o regime legal de serviço público.* (COUTINHO, 2002, p. 67-69, grifos nossos)

Na atual modelagem de concessão (PPPs) há introdução gradativa de competição entre os particulares, justificando a tese de que mercados em concorrência são mais eficientes e eficazes que mercados monopolistas, ressaltando, entretanto, que há necessidade de se criar condições isonômicas entre os competidores e controlar (no sentido de fiscalizar e regular) suas atuações, para afastar os riscos de desvirtuamento (concorrência desleal, captura etc) e prestigiar a igualdade de todos os usuários no acesso, funcionamento e utilização do serviço público.

Como verificamos, haverá necessidade de mudança de mentalidade e adequação das regras às normas constitucionais já existentes, que se de um lado já previam hipóteses de planejamento de longo prazo (plano plurianuais), de outra parte envolvendo a iniciativa privada e o compromisso de garantias, qualquer utopia ou previsibilidade não sustentável pode gerar significativas consequências financeiras e responsabilidades aos entes e agentes políticos envolvidos.

Na definição dos serviços prioritários para execução de serviços sob o regime jurídico de PPP, além da abertura dos procedimentos de licitação e contrato, prescreve o artigo 14 da Lei nº 11.079/04, que devem ser preparados relatórios de execução do contrato pelos Ministérios e Agências Reguladoras atinentes aos serviços, sendo criado para tal mister um órgão gestor. Esse órgão é o Comitê Gestor de Parceria Público-Privada (CGP) criado pelo Decreto nº 5.385, de 04.03.2005, composto por membros dos Ministérios do Planejamento, Orçamento e Gestão, da Fazenda e Casa Civil.

Se de um lado é louvável a preocupação em sistematizar os diversos órgãos e entidades envolvidas nesses empreendimentos de grande vulto, aprimorando a fiscalização e o controle sobre a eficácia e alcance da finalidade pública, por outro lado há necessidade de conferir à iniciativa privada, ou parceiro, portanto, maior definição regulatória e segurança jurídica, "fantasmas" que ainda assombram as concessões de serviços públicos.

O cumprimento dos ditames dos objetivos e fundamentos constitucionais, da Lei de Responsabilidade Fiscal, a ampla publicidade e transparência da ação pública, a ação conjunta de todos os profissionais da área atinente à concessão (economistas, engenheiros, advogados, administradores públicos, especialistas etc.), a definição da política regulatória e da implementação da política pública, a democratização das tomadas de decisão (permitindo a participação da sociedade, a exemplo, das consultas e audiências públicas) são os modos de minimizar os desvios (corrupção) e exercitar a responsabilidade social, econômica e política que envolve a todos, cada qual no seu papel.

Finalmente, dentre as diferentes espécies de planejamento, este livro aborda no próximo capítulo o planejamento econômico tal como está proposto no artigo 174 da Constituição da República de 1988.

CAPÍTULO 4

Da Função Estatal de Planejar a Atividade Econômica

Sumário: 4.1 Do planejamento no artigo 174 da Constituição da República de 1988 – **4.2** Das políticas públicas e do planejamento econômico – **4.2.1** Da exposição de motivos – Justificativa vinculante – **4.3** Da visão pragmática da ausência de planejamento econômico – A criação das agências reguladoras – **4.3.1** Da gênese das agências reguladoras ou autoridades administrativas independentes – **4.3.1.1** Breves considerações sobre a experiência regulatória na Inglaterra, nos Estados Unidos da América (EUA) e na França – **4.3.1.2** O surgimento do "órgão regulador" no ordenamento jurídico brasileiro – **4.3.2** Do regime jurídico do "órgão regulador" – **4.3.3** Da regulação e da concorrência

4.1 Do planejamento no artigo 174 da Constituição da República de 1988

É de todo sabido que a conjuntura histórica de elaboração do texto constitucional de 1988 resultou na confluência de interesses e opções políticas diversas que se amoldam ao consenso e ao fundamento racional da observância ao direito.

O artigo 174[85] (*caput* e §1º) da CR/88 define o papel do Estado como agente normativo e regulador da atividade econômica, o que não havia sido mencionado nas Constituições anteriores, conforme pode ser observado do ANEXO A, e insere a função planejadora de forma original, como também se verifica da tramitação legislativa

---

[85] Art. 174. Como agente normativo e regulador da atividade econômica, o Estado exercerá, na forma da lei, as funções de fiscalização, incentivo e planejamento, sendo este determinante para o setor público e indicativo para o setor privado. §1º – A lei estabelecerá as diretrizes e bases do planejamento do desenvolvimento nacional equilibrado, o qual incorporará e compatibilizará os planos nacionais e regionais de desenvolvimento.

comentada, extraída das bases históricas do Congresso Nacional que resultaram na redação final do dispositivo constitucional constante do ANEXO E, ambos deste trabalho.

Retomando-se o artigo 174 da Constituição da República de 1988, anteriormente transcrito, verifica-se que ele prescreve ao Estado o dever de criar, modificar e impor normas e regular a atividade econômica, desde que observados os parâmetros constitucionais decorrentes da ordem econômica, quais sejam os princípios, fundamentos e finalidades, anteriormente citados e comentados. Assim, em articulação com os demais agentes, o Estado busca concretizar a política econômica formulada e estabelecer suas diretrizes, além de indicar sua atuação integradora, ou seja, sua intervenção no domínio econômico.

Cabe aqui firmarmos nosso entendimento de que normatizar consiste na ação de estabelecer normas, ou seja, inserir uma vontade, um comando ou uma situação fática no ordenamento jurídico, o que, neste tópico específico, significa dispor normativamente, sobre a atividade econômica.

Entendemos que a ação normativa da atividade econômica é subjacente e inerente às funções de fiscalização, de incentivo e de planejamento prescritas no artigo 174, *caput*, da CR/88.

Dessa forma, no exercício das funções típicas e atípicas, respectivamente, os Órgãos Legislativo e Executivo podem exercer essa competência normativa no âmbito socioeconômico, criando normas de caráter constitucional (emendas constitucionais) e infraconstitucional (leis, decretos, resoluções, portarias, regulamentos etc.).

O Estado, ainda sob a ótica do artigo 174, *caput*, da CR/88, tem o papel de agente regulador da atividade econômica, ou seja, o dever de promover a ordem jurídica positivada, não apenas de forma direcionada à regulamentação (explicitação e continuidade da ordenação da atividade econômica por meio da instituição de preceitos e normas jurídicas), mas a uma atuação de maior amplitude que visa a enquadrar, reprimir e impor diretrizes aos agentes econômicos, em face do sistema jurídico adotado.

Definido o papel do Estado como agente regulador, já ventilado no segundo capítulo deste trabalho ao tratarmos da reestruturação proposta na década de 90, fica estabelecida sua competência regulatória da atividade econômica, que lhe confere atribuições para dirigir a dinâmica dos diversos órgãos e entidades que interagem no sistema econômico, cada qual em sua área de especificidade, a exemplo: do Conselho Administrativo de Defesa Econômica

(CADE), da Secretaria de Direito Econômico (SDE), do Ministério do Planejamento e das agências reguladoras, sendo que para estas últimas dedicaremos um tópico específico neste trabalho.

Da leitura do artigo 174, *caput*, da CR/88, chegamos às funções estatais de fiscalização, incentivo e planejamento. Como esta última é o objeto deste trabalho, vamos tecer breves considerações sobre as duas primeiras.

A função de fiscalizar deve ser compreendida como a atividade de acompanhamento, supervisão e exame das atividades econômicas exercidas pelos agentes competentes, sob o manto dos princípios e normas preestabelecidos e que permitirá a efetividade do papel normativo e regulador da atividade econômica.

A função de incentivo da atividade econômica traz o estímulo do Estado, a intervenção indutiva das relações de economia de mercado e o oferecimento de condições que permitam alcançar finalidades públicas que irão legitimar e efetivar a política econômica adotada. Assim é que não fazem parte dessa função digressões relativas a efeito cogente, a favorecimento ou a imposição da ação estatal.

A função de planejar, por sua vez, relativa à atividade econômica, pressupõe uma ação estatal de provisão, de projeção, de diretriz, de fixação de metas e de busca de finalidades referentes às relações de produção, comercialização, distribuição e consumo dos bens e serviços.

O caráter indicativo da ação planejadora para o setor privado vem acompanhado dos corolários da conveniência e oportunidade deste em aderir aos planos estatais que veicularão todos os escopos do processo de planejamento. Há planos em que a condição indicativa aponta a direção a ser seguida pelos agentes econômicos e há planos em que a função incentivadora se mescla à função planejadora, de tal sorte que o Estado indica a direção e oferece incentivos para que o setor privado colabore e efetive sua adesão; são os denominados "planos incitativos". Nessa hipótese, há presença do princípio da subsidiariedade que aproxima e redistribui a atribuição do Estado e da sociedade de propiciar um ambiente econômico favorável ao bem-estar coletivo.

O planejamento econômico previsto no artigo 174, *caput*, da CR/88 é determinante para o Estado, portanto, é um dever, como veremos a seguir.

O planejamento econômico, segundo Eros Roberto Grau (1978), se caracteriza pela definição prévia de comportamentos econômicos e sociais, pela definição clara de objetivos e pela definição de meios de ação disponíveis. Assim o Estado ordena, sob o ângulo macroeconômico, o processo econômico, para melhor funcionamento da ordem social, em condições de mercado:

> Esta atividade de planejamento se expressa documentalmente em um plano, no qual se registra, a partir de um processo de previsões, a definição de objetivos a serem atingidos, bem assim a definição dos meios de ação cuja ativação, em regime de coordenação, é essencial àquele fim. Como processo sistemático, compreende também uma etapa, posterior a sua implantação, de controle e adaptação do plano às mudanças da realidade a que se deve aplicar. Considerado o papel cumprido pelo planejamento na ordem econômico-social, como método de intervenção, entende-se esteja ele vocacionado à ordenação do processo econômico, para melhor funcionamento da ordem social. (GRAU, 1978, p. 63-64)

Será profícua a formulação dessa estrutura normativa de planificação, se for dinâmica, sistemática e concreta, isto é, se buscar penetrar no âmago das necessidades e objetivos sociais pendentes, de tal sorte que o plano repercuta os efeitos desejados como feixes do conjunto, para modelar o futuro colimado, mediante transformações do existente; caso contrário, baldada será sua implementação se isolada e viciada por interesses escusos.

Com efeito, o planejamento há de ser visto e incorporado por nosso sistema como mola propulsora do desenvolvimento equilibrado, do qual a associação dos poderes político e econômico revela a eficácia de sua aplicação, trazendo paz social e segurança jurídica.

A adoção de medidas que não valorizem todo esse conjunto normativo implementado na Constituição, como forma racional de exercício da intervenção estatal, será incompatível com sua índole social e democrática, sendo contrária ao equilíbrio da vida coletiva.

Assim é que não devemos modificar ou renovar os ditames constitucionais e sim implementá-los, conforme se lê do artigo 174, §1º, anunciador da forma de realização do planejamento, qual seja, veiculada por lei, a qual indicará diretrizes e bases da sua elaboração, tendo como escopo o projeto de desenvolvimento nacional equilibrado.

Isso significa dizer que não será qualquer provisão política que responderá a este anseio do texto constitucional, mas sim *o planejamento voltado ao desenvolvimento nacional equilibrado*, que

Da Função Estatal de Planejar a Atividade Econômica

pressupõe articulação de interesses e avaliação de necessidades, provisão de recursos financeiros, eficiência nos meios e eficácia voltada para o benefício da coletividade. Há, portanto, a necessidade de projetar e organizar a (re)produção de riquezas e sua distribuição na sociedade.

Clovis V. do Couto e Silva[86] destaca o planejamento, estabelecendo como uma das funções do Estado em particular a prevista no artigo 174, declinando que:

> Pode-se dividir a planificação econômica em dois momentos que se desenvolveram em nosso País: o primeiro, o planejamento setorial progressivo, com base na utilização de incentivos fiscais e de subsídios, e também na aplicação da correção monetária a certos créditos, sem o que não seria possível planejar por força de ser impossível manter o valor dos investimentos (I); depois, o planejamento macroeconômico, de efêmera duração entre nós (II). Excluem-se, porém, da análise o planejamento do próprio Estado o de suas autarquias e empresas públicas, porquanto essas espécies de planejamento existem em todos os sistemas. (SILVA, 1991, p. 45)

José Afonso da Silva (2005, p. 722-724), ao comentar o artigo 174 da Constituição da República de 1988, esclarece que o planejamento era inicialmente um "processo técnico instrumentado para transformar a realidade existente no sentido de objetivos previamente estabelecidos", uma vez que antes esse processo dependia da vontade do administrador, o que gerava problemas de constitucionalidade do planejamento e, especialmente, do plano que o documenta administrativa e juridicamente.

A visão sistemática do planejamento, reafirmada na Constituição da República de 1988 como instituição jurídica, dados os sólidos fundamentos prescritos nos artigos 21, IX;[87] 30, VIII;[88] 48, IV[89] e 182,[90] induz à afirmação de que há imposição jurídica do

---

[86] A utilização de incentivos fiscais e subsídios supõe a planificação indutiva e a adoção da correção monetária é instituída para fortalecer o Estado, sendo aplicada aos créditos da União e, depois, para desenvolver o mercado.

[87] Art. 21. Compete à União: [...] IX – elaborar e executar planos nacionais e regionais de ordenação do território e de desenvolvimento econômico e social; [...]

[88] Art. 30. Compete aos municípios: [...] VIII – promover, no que couber, adequado ordenamento territorial, mediante planejamento e controle do uso, do parcelamento e da ocupação do solo urbano; [...]

[89] Art. 48. Cabe ao Congresso Nacional, com a sanção do Presidente da República [...] IV – planos e programas nacionais, regionais e setoriais de desenvolvimento; [...]

[90] Art. 182. A política de desenvolvimento urbano, executada pelo Poder Público municipal, conforme diretrizes gerais fixadas em lei, tem por objetivo ordenar o pleno desenvolvimento das funções sociais da cidade e garantir o bem-estar de seus habitantes. [...]

planejamento expressado no dever de elaborar planos, que são instrumentos consubstanciadores do respectivo processo; com isto, os planos adquirem natureza de lei, pois, de fato, são aprovados por lei, da qual são parte integrante.

O que insistimos em salientar é que todo esse conteúdo normativo-constitucional não se tem mostrado como fruto de uma implementação consciente, realista e adequada, pois os interesses políticos e econômicos envolvidos nesta sistematização do planejamento parecem superar a ética e a justiça social. Daí porque Charles Albert Morand (*apud* DERANI, 2002, p. 245) ressalta que o planejamento "assegura a coordenação de múltiplas decisões que, se fossem tomadas separadamente, correriam o risco de se revelar incoerentes".

A inspiração para tal afirmação advém da observação que fazemos desde a introdução até o pleno exercício das agências reguladoras, cuja importação[91] não se justificaria, em face da estrutura orgânico-administrativa estatal, nem mesmo se faz útil, uma vez que

---

[91] Maria Paula Dallari Bucci (2002, p. 268) destaca bem a questão ao comentar que a criação de órgãos públicos para atender as pressões de setores sociais — quando não se fazem acompanhar das medidas administrativas necessárias para sua efetiva implantação, tais como a criação de cargos, a abertura de concursos para a formação do quadro de funcionários — põe a nu os reais vetores da ação governamental. Aduz como exemplo artigo do jornalista Jânio de Freitas, na *Folha de S.Paulo*, de 19.4.2000, sobre as ocorrências com a Agência de Vigilância Sanitária (ANVISA), que mesmo depois de sua criação ainda não dispunha de quadro próprio. Mais recentemente, o Jornal *O Estado de S.Paulo* publicou, no Editorial, matérias sobre as agências reguladoras. Dessas destacamos apenas duas que ilustram, um pouco, da visão de outros segmentos (a exemplo da mídia escrita) a respeito do tema. Primeiro o artigo sob o título de "Agências asfixiadas", em 07.07.2006, p. A3, destaca o "êxito" do Governo Lula na sua política de redução da autonomia das agências, especificando o corte de verbas, o uso de critérios políticos para preencher cargos técnicos e a utilização de recursos jurídicos para impedir que as agências cumpram suas funções institucionais. Em contrapartida, o papel fundamental de regular equivale ao desastroso resultado dessa sabotagem sistemática, pois "das 64 distribuidoras de energia elétrica, apenas 33 foram fiscalizadas, e ainda assim a fiscalização se limitou ao levantamento de dados utilizados na revisão tarifária, como admitiu a ANEEL em documento datado de 2004. Avaliar a qualidade dos serviços prestados à população é praticamente impossível nesse quadro de penúria a que o governo levou as agências. A política deliberada de estrangulamento das agências assusta os investidores, retarda a expansão de serviços essenciais para o crescimento econômico e para o bem-estar da população e pode resultar, no médio prazo, na degradação dos serviços hoje existentes". Na sequência, agora na área de telecomunicações, Ethevaldo Siqueira, comenta sob o título "As duas faces da privatização da telefonia", publicado no mesmo jornal, no dia 09.07.06, p. B10, que a tarifas de telefonia fixa mostram a face perversa da "privatização" no Brasil, pois ao longo dos 08 anos decorridos da venda da Telebrás — ocorrida em 29 de julho de 1998 — a assinatura básica subiu 117% segundo a ANATEL. O alto percentual, segundo esclarece o autor do artigo, se deu pela eliminação dos subsídios cruzados (aviltavam sistematicamente o valor das tarifas locais — que eram usadas no cálculo dos índices de inflação — e, em compensação, elevavam ao máximo as tarifas de longa distância) e a inexistência da competição esperada ou projetada entre as concessionárias de serviços públicos de telefonia. Sem a concorrência imaginada e o elevado valor da assinatura básica cai a qualidade dos serviços, motivo de inúmeras queixas nos órgãos de defesa do consumidor. De outro lado, salienta o autor que a oferta abundante de telefones fixos e celulares é a grande vitória, se comparada ao passado quando havia escassez e mercado paralelo de linhas, permitindo, com isto, a inclusão de várias famílias das classes C, D e E.

não se sabe exatamente qual o papel a ser desempenhado, apesar de não ignorarmos, ao contrário, conhecermos as leis gerais e setoriais que regem suas atribuições. Na prática, o que temos visto, é a ineficiência e a ineficácia da atuação reguladora e fiscalizadora desses "órgãos reguladores", diante das expectativas de representatividade e legitimidade conferidas pela sociedade brasileira nas relações com as instituições privadas.

Comentando o artigo 174 da Constituição da República de 1988, José Afonso da Silva (2005) destaca no tópico 6 as *agências reguladoras*, para afirmar que este dispositivo "fundamenta a função normativa e reguladora da atividade econômica do Estado", concluindo que:

> Todas elas foram criadas como autarquias, sob regime especial, sendo-lhes conferida ampla autonomia administrativa, patrimonial e financeira, com dirigentes com investidura a tempo certo. Essas Agências, instituídas apenas por lei, encontram embasamento constitucional no art. 174, em comentário. Todas elas têm competência normativa regulamentar, porque não há como exercer função de regulamentação sem essa competência. A questão está nos *limites* dessa faculdade regulamentar e na sua *autonomia exorbitante e sem controle* [...]. (SILVA, 2005, p. 724, grifos nossos)

A proliferação das agências reguladoras sem que haja um plano operacional que preveja os meios de produção e os fins a que se destinam acaba por segmentar a realidade social, pois nem sempre a especialização que se traz como bandeira acaba refletida em sua atuação e afeta, diretamente, as políticas públicas com efeito nefasto e destruidor aos direitos dos cidadãos-usuários, bem como o desenvolvimento nacional equilibrado, diante da insegurança jurídica gerada pelos resultados imprevistos e imprevisíveis.

Nessa mesma direção, propõe Cristiane Derani (2002):

> O ajuste da produção pelo Estado destina-se a procurar aproximar as decisões individuais de investimento ao atendimento das necessidades sociais. [...] Para a produção caminhar no processo de inclusão com dignidade, não de exclusão, o Estado não pode prescindir do planejamento. Este por sua vez, por uma lógica antagônica à lógica privada de produções, deve orientar-se em razão do uso dos fatores de produção e de sua distribuição (contrapondo-se à orientação em razão da troca e da concentração). (DERANI, 2002, p. 242-243)

Dessa forma, a política tem o dever de projetar, com auxílio da ciência e da técnica, um desenvolvimento que busque a formação de mão de obra, a preservação de recursos naturais como riqueza, a visão do capital como um fator para a produção, e não como sendo a produção em si. É o que no âmbito internacional se denomina de complementação em oposição à exploração.

O planejamento econômico é assim um instrumento de ação do Estado que necessita de corpo técnico especializado nas diversas áreas de abrangência e que, associado ao exercício da efetiva democracia, pode revelar uma de suas relevantes vertentes: a da universalização dos serviços que gera a igualdade social.

Miguel Reale (1963), ao tratar do tema em *Direito e Planificação*, já destacava a importância do planejamento, ponderando a necessidade de a formação do jurista ser objeto de imediata revisão, a fim de que as faculdades de Direito preparem também especialistas destinados à função planejadora.

Ao tratar do tema da igualdade nas ações afirmativas, Luiza Cristina Fonseca Frischeisen (2004) chama nossa atenção para o fato de que há um entrelaçamento conceitual entre a efetividade do exercício dos direitos, o princípio da igualdade e a cidadania. Tal assertiva decorre da proposição de que as relações entre o Estado e o cidadão (autóctone ou estrangeiro) não se restringem ao acesso e ao mero consumo de serviços. Essa relação do indivíduo com o Estado pressupõe acesso a bens essenciais, como é o caso da saúde, da educação, da justiça, da informação.

Pode-se, pois, deduzir, conforme aponta a citada autora, que tais relações não podem ser direcionadas pelas leis de mercado. Dizer que há a igualdade para todos não significa que efetivamente essa igualdade ocorra, ainda que deva ser defendida e demandada com todas as forças democráticas de que dispõe a sociedade, constituindo a igualdade formal. No entanto, ainda que a declaração da igualdade possa salvaguardar os direitos a ela subjacentes, é preciso que haja um mínimo de acesso aos bens considerados essenciais para que se efetive a igualdade material:

> Portanto, a realização da igualdade formal não garante a efetiva promoção do bem de todos, estabelecido como um dos objetivos da nossa República, razão pela qual, no campo jurídico, temos que pensar em um Estado que seja capaz de implementar tal objetivo quer diretamente, quer em parceria com a sociedade civil. Todavia, o Estado não pode abrir mão da elaboração de suas políticas públicas, sob pena das mesmas tornarem-se políticas privadas, atingindo somente um pequeno grupo de pessoas. (FRISCHEISEN, 2006, f. 62)

Dessa forma, a universalidade do acesso a bens essenciais como telecomunicação, saúde, educação, segurança e justiça, deve ser implementada pelas ações de políticas públicas, com respaldo nas normas constitucionais e na legislação infraconstitucional, conferindo juridicidade, além da natureza política.

Goffredo da Silva Telles Júnior (2001) expressa, com singularidade, a realidade experimentada em nosso país:

> Governo à deriva! – Esta é a dura realidade. No Congresso Nacional, total descaso pelos deveres da *representação política*; inoperância, desmotivação, desfibramento, destempero, subserviência. No Executivo, desdém pela Constituição, descaso pela disciplina jurídica, usurpação de poderes, displicência com o que é essencial para o povo, sujeição a impérios financeiros intervencionistas, enganação. Entranhado nos tecidos da República, instalou-se o vírus da corrupção, da improbidade, da insensibilidade moral. Por toda parte, um clima de perdição. Uma degringola da vontade política. (TELLES JR., 2001, p. 567)

Os indignados, como nós, anseiam por uma mudança de mentalidade e de comportamento que retome os auspícios do desenvolvimento equilibrado, que tem, como condição preliminar, o planejamento do futuro.

É notório o pensamento de Marcelo Caetano de que os fins essenciais da coletividade política não são alcançados pela mera existência do Estado: exigem ação contínua e, por isso, o Estado tem de desenvolver certas atividades úteis, de modo sucessivo e por tempo indefinido, para corresponder aos seus fins, atividades a que chama funções.

Em países em desenvolvimento como o Brasil, a previsão do futuro auxilia a estruturar o presente. A confiabilidade e a segurança jurídica implementada pela preordenação de objetivos, definição de metas é o veículo que nos falta para firmar nossa identidade no âmbito interno e externo e atrair investimentos que venham ao encontro de nossos anseios e valores.

Essa nova visão, que busca o verdadeiro desenvolvimento fincado na melhoria e adequação dos fundamentos e objetivos da República elencados nos artigos 1º a 3º da Constituição de 1988,[92]

---

[92] Art. 1º A República Federativa do Brasil, formada pela união indissolúvel dos Estados e Municípios e do Distrito Federal, constitui-se em Estado Democrático de Direito e tem como fundamentos:
I – a soberania;
II – a cidadania;

não se atém aos planos nacionais e setoriais apenas ou à supressão de necessidades, nem mesmo pode estar adstrita ao atendimento da opressão da política financeira internacional.

A real política do desenvolvimento eficaz deve harmonizar os imperativos de um planejamento global, nos quais vantagens coletivas e lucros se integrem e se articulem em benefício de todos, cada qual usufruindo benesses sem a dominação e a exploração que hoje reinam.

A natureza imperativa e obrigacional do planejamento do futuro para o Governo é de extraordinária relevância. Não está afeto ou vinculado às legislaturas; deve ser previsto para processar ininterruptamente, conduzindo o firmamento da política e o desenvolvimento nacional sustentável.

Nas palavras de Goffredo Silva Telles Júnior[93] (2001):

> Planejar o futuro do País é obra política, sem dúvida, mas não pode ser misturado e confundido com apaixonadas preocupações menores, tão freqüentes nas políticas domésticas do Congresso Nacional e dos partidos; nem pode ser obumbrada pelos projetos temporários de flutuantes Ministérios. É obra excelsa, necessariamente infensa ao contágio das ambições de cargos e de Poderes, e incontaminável por seduções e vanglórias da Presidência da República. Para

---

III – a dignidade da pessoa humana;
IV – os valores sociais do trabalho e da livre iniciativa;
V – o pluralismo político.
Parágrafo único. Todo o poder emana do povo, que o exerce por meio de representantes eleitos, ou diretamente, nos termos da Constituição.
Art. 3º Constituem objetivos fundamentais da República Federativa do Brasil:
I – construir uma sociedade livre, justa e solidária;
II – garantir o desenvolvimento nacional;
III – erradicar a pobreza e a marginalização e reduzir as desigualdades sociais e regionais;
IV – promover o bem de todos, sem preconceitos de origem, raça, sexo, cor, idade e quaisquer outras formas de discriminação.

[93] Goffredo da Silva Telles Jr. propõe a solução: "para planejar o futuro, um novo órgão se impõe: o Órgão Planejador" que denominou de "Conselho Nacional do Planejamento". Por sugestão, deveria complementar o artigo 2º, *caput*, da Constituição da República, com função de assessorar os órgãos legislativo, executivo e judiciário que formam o poder estatal. [Art. 2º São Poderes da União, independentes e harmônicos entre si, o Legislativo, o Executivo e o Judiciário]. Não teria competência para legislar, mas sim para planejar, mantendo-se em comunicação permanente com os centros de estudo e pesquisa mais credenciados do país, bem como entidades especializadas, autoridades de notável saber e representantes autorizados das categorias e classes de trabalho. A designação dos Conselheiros (de dez até no máximo trinta) seria apartidária. Seria uma equipe de "excelência", assessoria preciosa dos órgãos do poder estatal, inteiramente dedicada à elaboração e à eficiência do Programa de Metas da Nação. Como estamos a engatinhar nesta jornada de compreensão e aprimoramento a respeito do ato de planejar, entendemos que, antes de acrescentarmos mais um órgão à estrutura administrativa do Estado, deveremos nos conscientizar e definir qual a real aplicabilidade do planejamento, vinculando-o aos motivos expostos para que possa ser, em seguida, exigido e evidenciado o cumprimento das metas previstas.

o presidente, e para os senadores e deputados, as premências assoberbantes do presente e as aspirações naturais das campanhas em curso constituem um biombo: biombo inevitável, mas opaco, obscurecendo e ocultando as exigências do futuro. Já se tem dito e repetido que o futuro não se comprime em esquemas de curto prazo. *De fato, planejar o futuro é façanha que não se prende a legislaturas, e não se submete às imposições do orçamento anual. É obra que não se vincula a circunstâncias do momento, nem às crises de um período. Tal planejamento é operação que tem começo, mas que jamais termina, porque se vai processando, ininterruptamente, no mesmo passo em que suas metas evoluem e se atualizam, cintilantes como estrelas condutoras, no firmamento da política nacional.* (TELLES JR., 2001, p. 569, grifos nossos)

Destarte, ousamos propor, neste livro, uma releitura interpretativa, conforme a Constituição, do artigo 174, seu *caput* e §1º, antes citado, para erigir o planejamento como mola propulsora do conteúdo material nele contido. Trata-se de nova redação embasada na hermenêutica para destacar e organizar o que parece não estar sendo visto ou lido:

> O Estado deve planejar suas ações objetivando o desenvolvimento nacional equilibrado e compatibilizando-o com os planos nacionais, regionais e setoriais que estabelecerão, por lei, suas diretrizes e bases, bem como intervirá na ordem econômica exercendo suas funções regulatória e fiscalizadora, por meio da expedição de normas e concessão de incentivos. A ação planejadora do Estado pressupõe a participação indicativa e integradora do setor privado.

4.2 Das políticas públicas e do planejamento econômico

É possível afirmar que o pós-guerra fez emergir a necessidade de novos conhecimentos relacionados à análise econômica, não só quanto às questões ligadas às políticas públicas, como também no que se relaciona com a avaliação político-econômica dos procedimentos governamentais.

Nessa conjuntura, o Estado brasileiro começou a regular de modo mais específico, por meio dos "órgãos reguladores", as áreas de telecomunicações, petróleo, saúde, meio ambiente (especialmente a água), dentre outras. No entanto, após dez anos de implementação das primeiras entidades (autarquias), vemos que os procedimentos governamentais ainda não são consistentes e os tribunais começaram a se deparar com a necessidade de aprimorar conhecimento técnico para proferir suas decisões e compreender qual o limite do controle judicial dos atos das agências.

Não podemos esquecer que questões sociais, tecnológicas e científicas complexas são reguladas por leis e ora afetam o mercado, ora são por ele afetadas — quando premente sua influência sobre o processo legislativo —, o que acaba por ensejar consequências, responsabilizações e novas atribuições de competências nas diversas esferas do Poder Público.

Em consequência, diversas mudanças no nosso ordenamento jurídico nos levaram a reexaminar diferentes papéis desempenhados por órgãos e entidades governamentais, com enfoque e reflexão voltados para a atuação das agências reguladoras e para os órgãos e entidades de controle do abuso econômico (quando ocorrer) na realidade brasileira, bem como suas funções normativas.

Apropriadas as palavras de Maria Paula Dallari Bucci (2002) ao esclarecer a equivocada refutação produzida quanto à ausência de força normativa dos princípios constitucionais, com auxílio de Eduardo García de Enterría (1991) e a aplicação das regras do plano, numa visão mais contemporânea:

> Esses valores [constitucionais] não são simples retórica, não são — de novo temos que impugnar essa falaz doutrina, de tanta força inercial entre nós — simples princípios "programáticos", sem valor normativo de aplicação possível; ao contrário, são justamente a base inteira do ordenamento, aquela que há de prestar a este seu sentido próprio, a que há de presidir, portanto, toda sua interpretação e aplicação. No caso brasileiro, a falta de continuidade dos planos que existiram na época e a sua reduzida força executiva seriam a negação da própria idéia de plano. Essas considerações e mais a constatação da variedade de arranjos institucionais, em cada país, de acordo não só com as condições econômicas e sociais, mas também com a tradição jurídica e a evolução histórica que assumiu o planejamento, levam à conclusão de que o tema das políticas públicas no campo do direito abre um campo de possibilidades a ser explorado pelo juspublicista. (Maria Paula Dallari Bucci, 2002, p. 264)

Pertinentes e oportunas as palavras de Susan Rose-Ackerman que destaca as razões que a fizeram escrever sobre a análise econômica progressista do Direito — e o Novo Direito Administrativo nos Estados Unidos da América:

> Economia: a ciência desanimadora. Isso certamente insulta o portador das notícias ruins. O método econômico não é desanimador, exceto no caso em que o menor sinal de matemática ou estatística deprime o leitor. A economia tenta revelar os custos em tempo, dinheiro e energia de todos os empreendimentos da vida; ela se recusa a permitir que sonhadores ignorem a escassez. Mas se os recursos realmente são escassos, teríamos algum benefício em ignorar a verdade? A questão tem mais importância para progressistas do que para conservadores. Enquanto conservadores podem se opor aos programas governamentais de regulação e investimento "por princípio", um movimento progressista com credibilidade deve considerar tanto os custos quanto os benefícios da reforma. É, portanto, estranho e lamentável que a análise econômica do direito (*law & economics*) seja freqüentemente associada a um conjunto de ideologias conservadoras e, para muitos, moralmente condenáveis que não têm conexão intrínseca com a análise econômica de problemas jurídicos. Este artigo exorta o desenvolvimento de uma análise econômica reformista do direito, diretamente ligada ao direito administrativo e baseada em teoria de finanças públicas, em análise de políticas públicas e em teoria da escolha social. (ROSE-ACKERMAN, 2004, p. 243)

Assim é que, na análise das políticas públicas, as variáveis do mercado (análises de custo-benefício) deverão ser consideradas na formação do processo de planejamento econômico que irá instrumentalizar o Estado na estruturação e implementação das políticas públicas, buscando aprimorar a gestão eficiente dos serviços e atividades de âmbito coletivo e a equidade na sociedade.

Todos os princípios, que expressam e garantem as necessidades sociais e o estado do bem-estar desejado pela sociedade, dirigem os atos privados e públicos e devem orientar as políticas do Estado — políticas públicas.

Rodolfo de Camargo Mancuso (2002) aduz que, no atual estágio de prospecção doutrinária e jurisprudencial sobre o tema, a política pública pode ser considerada como:

> A conduta comissiva ou omissiva da Administração Pública, em sentido largo, voltada à consecução de programa ou meta previstos em norma constitucional ou legal, sujeitando-se ao controle jurisdicional amplo e exauriente, especialmente no tocante à eficiência dos meios empregados e à avaliação dos resultados alcançados. (MANCUSO, 2002, p. 776-777)

Cristiane Derani (2002) propõe a seguinte definição de políticas públicas:

> As políticas são chamadas de públicas, quando estas ações são comandadas pelos agentes estatais e destinadas a alterar as relações sociais. São políticas públicas porque são manifestações das relações sociais refletidas nas instituições estatais e atuam sobre campos institucionais diversos, para produzir efeitos modificadores da vida social. (DERANI, 2002, p. 238)

As diretrizes constitucionais da Ordem Econômica conferem conotação social às políticas públicas seja no momento em que são escolhidas pelos agentes públicos competentes seja na elaboração do processo de planejamento, para o qual o Estado propõe ações modificadoras e, finalmente, seja pelas alterações institucionais decorrentes das ações públicas e privadas necessárias às suas implementações.

Todavia, vale ressaltar que as alterações constitucionais são pertinentes e cabíveis desde que adequadas aos *standards* firmados na Constituição pela sociedade e ocorrem quando seus mandamentos não mais correspondem às relações de força existentes na sociedade.

Verifica-se, contudo, que a análise das políticas públicas é desprovida de visão realista do funcionamento do processo político, sendo conferida muitas vezes ao político ou burocrata com poder de decisão a tarefa de associar as prescrições econômicas à realidade política.

De outra parte, a realidade que assola as relações jurídicas, econômicas e políticas atuais identifica economistas que, incrédulos, consideram incompreensível o trabalho dos tribunais; advogados que não confiam na produção legislativa eficiente e efetiva; legisladores que acham desnecessária a participação dos primeiros na elaboração do texto normativo.

Susan Rose-Ackerman (2004)[94] pondera que a análise de políticas públicas e a *public choice* devem constituir "forças construtivas", razão pela qual aqueles que focalizam a análise econômica

---

[94] A análise positiva (descritiva) tenta explicar como órgãos políticos e burocráticos comportam-se na realidade, presumindo que os atores políticos são maximizadores autointeressados de alguma coisa (por exemplo, votos, orçamento das agências, lucros, utilidade). Ela avalia, então, "os problemas da relação entre representantes e representados e preocupação com comportamento estratégico, centrais para governos representativos democráticos e para o funcionamento das burocracias"

para o direito público devem preparar-se para redirecionar as áreas que estudam e ensinam.[95]

Uma proposta inerente a este trabalho, até por decorrência, é proporcionar a reflexão sobre mudança de mentalidade tanto para visualizar o necessário entrosamento entre as diversas áreas que estão imbricadas no planejamento que, por sua vez, veicula e estabelece diretrizes atinentes às políticas públicas, quanto para indicar o controle judicial como solução para exigir dos legisladores mais responsabilidade perante o eleitorado.

Essa nova visão dos *checks and balances* poderá aprimorar a capacidade de elaboração dos textos normativos relativos à planificação e permitirá aos eleitores monitorarem o resultado das metas estabelecidas. Trata-se, portanto, de adicionar maior realismo à interpretação judicial das leis e ao controle do processo legislativo, ou seja, trata-se de reforçar a representação democrática.

Há casos em que a lei define atribuições e competências para agência e não estabelece os procedimentos gerando insegurança jurídica, que acaba por desaguar em incertezas na aplicação das políticas públicas, tudo isto gerado pelo fato de o Congresso não ter planejado qual conteúdo e qual o alcance pretendido para a atual regulação, diante do ordenamento jurídico vigente.

A atuação jurisdicional alicerçada no *Estado Substancial Democrático de Direito*, nas palavras de Lúcia Valle Figueiredo (2004), é de fundamental importância para o controle efetivo das competências conferidas aos Órgãos do Poder Estatal.

(p. 246). (*omissis*) "Uma análise econômica reformista do direito combina política pública e *public choice* para redirecionar o estudo do direito administrativo". Isso porque os estudos feitos pela teoria da *public choice* podem fornecer análises das instituições burocráticas e legislativas que seriam úteis aos juízes e administradores preocupados com justiça procedimental. A citada Professora de Direito e Economia Política melhor esclarece a importância dessa associação dizendo que "(*omissis*) o direito administrativo norte-americano permanece uma matéria focada nos tribunais, concentrando-se no controle judicial do comportamento das agências. Enquanto os tribunais permanecerem no centro, a maioria da doutrina jurídica pode ignorar questões ligadas à eficiência econômica e à escolha política. Portanto, existe uma estranha combinação entre a análise de políticas públicas e as preocupações tradicionais do direito administrativo. Enquanto economistas não estão bem informados sobre realidades institucionais e burocráticas e, especialmente, ignoram os tribunais, a maioria dos advogados está acostumada a preocupar-se com questões processuais e com o papel das ações judiciais na promoção da mudança, mas eles não entendem por completo as questões econômicas e políticas subjacentes (ROSE-ACKERMAN, 2004, p. 248).

[95] Discordamos do entendimento que se seguiu no sentido de que "O direito administrativo deveria tornar-se mais preocupado com o modo como políticas substantivas são feitas e com a revisão de paradoxos e inconsistências dos processos de escolha coletiva. Apesar de esta mudança de ênfase já ter começado, ela deve ir muito além [...] O foco deveria estar menos em se todos os interesses afetados foram ouvidos ou se o Estado está prejudicando indivíduos específicos, e mais nas características estruturais do processo político e de políticas públicas e na avaliação de resultados substantivos em termos de eqüidade e eficiência". Pensamos que o que é necessário é um esforço amplo e cooperativo dos economistas, advogados e cientistas políticos para integrar o direito administrativo.

No âmbito da separação de funções estatais, em especial, no tocante à função de planejar, vislumbramos a natureza discricionária na fase de execução do processo de planejamento para definição das políticas públicas e natureza vinculativa, quando o objeto da planificação está firmado no ato legislativo, na lei.

Lúcia Valle Figueiredo (2004), inclusive, trata do controle judicial dos atos administrativos e a súmula vinculante:[96]

> [...] o Judiciário, durante muito tempo, controlava os atos administrativos que ferissem a legalidade. Porém o conceito de legalidade era muito acanhado, havia uma noção de legalidade muito estrita e estreita, e se entendia que toda competência discricionária da Administração Pública refugiria do controle jurisdicional. E, demais, disso, argumentava-se que o ato discricionário da administração, na verdade sequer era ato discricionário, porém, sim, a mera competência discricionária invocada, ou, melhor dizendo, bastava afirmar-se que havia razões de conveniência ou oportunidade, sem se declarar quais, para que o ato refugisse inteiramente do controle jurisdicional. O Judiciário, durante muito tempo, não entendia fosse a administração obrigada a motivar os seus atos. [...] O juiz não está impedido de analisar todo esse processo de intelecção para chegar à conclusão de que, no concreto, existe discricionariedade para se dar cumprimento à finalidade perseguida pela norma. Portanto, gostamos muito de repetir a feliz frase do Professor Cáio Tácito: "a discricionariedade não é um cheque em branco". Realmente, não se pode extrapolar a competência praticando-se condutas fora de seu campo de abrangência ou com intuitos outros não abrigados pelo ordenamento jurídico. [...] Veja-se que indiquei o amplo caminho democrático, no sentido de asseguramento dos direitos e liberdades democráticas pelo Judiciário, com mais acessível ao cidadão, cada vez mais habilitado a exercer seu papel institucional e constitucional, que é de garantir direitos. Repita-se: *de garantir direitos e não planos econômicos*. (FIGUEIREDO, 2004, p. 49, 52, grifos nossos)

Tratando, justamente, da indisponibilidade do interesse público que mitiga a margem efetiva de discrição dos atos administrativos, devendo ser considerada como exercício de liberdade vigiada, recorremos às sábias palavras de Celso Antônio Bandeira de Mello (1985):

---

[96] Lei nº 11.417 de 19.12.2006 que regulamenta o artigo 103-A da Constituição Federal e altera a Lei nº 9.784 de 29.01.1999, disciplinando a edição, a revisão e o cancelamento de enunciado de sua vinculante pelo Supremo Tribunal Federal e dá outras providências.

Capítulo 4
Da Função Estatal de Planejar a Atividade Econômica | 175

> [...] resulta certo que a liberdade administrativa, acaso conferida por uma norma de direito, não significa sempre liberdade de eleição entre indiferentes jurídicos. Não significa poder de opções livres, como as do Direito Privado. Significa o dever jurídico funcional — questão de legitimidade e não de mérito — de acertar, ante a configuração do caso concreto, a providência, isto é, o ato, ideal, capaz de atingir a finalidade da lei, dando assim satisfação ao interesse de terceiros — interesse coletivo e não do agente — tal como firmado na lei. (MELLO, 1985, p. 108-109)

De acordo com Paulo Gustavo Guedes Fontes (2006) a jurisprudência brasileira mostra-se muito cautelosa no que concerne à possibilidade de controle dos atos administrativos praticados no exercício da competência discricionária e esclarece que a aplicação dos princípios constitucionais pode propiciar a fundamentação necessária àquele:

> Pode-se lamentar que o princípio da proporcionalidade, freqüentemente invocado pelo Supremo no controle da constitucionalidade das leis, não seja aplicado mais amiúde no controle dos atos administrativos.
>
> A jurisprudência parece não ter ainda tirado todas as conseqüências da aplicação dos princípios constitucionais ao controle da discricionariedade administrativa. Com efeito, as fronteiras da "legalidade" foram razoavelmente ampliadas em face da previsão, pela Constituição, de alguns princípios a cuja observância a Administração está adstrita (art. 37), notadamente o da *moralidade* e o mais novo, introduzido pela Emenda Constitucional nº 19/98, da eficiência. Tais princípios representam, inegavelmente, novos limites impostos à Administração na apreciação da conveniência e oportunidade do ato administrativo. (FONTES, 2006, p. 135)

Nesse sentido, trazemos à colação entendimento firmado pelo Ministro Celso de Mello relativo ao tema "reserva do possível"[97] e a implementação das políticas públicas, firmado na decisão monocrática proferida na Arguição de Descumprimento de Preceito

---

[97] O conceito de "reserva do possível" é originário de uma decisão da Corte Constitucional Alemã e foi introduzido por Andréas Krell, o qual propõe a discussão, em brevíssima síntese, sobre a competência discricionária do poder político na composição do orçamento público diante de necessidade de prestação de serviços públicos que estejam atrelados aos objetivos fundamentais da nação. Ver ANEXO B deste trabalho com o Relatório de Pesquisa Jurisprudencial sobre o tema e os comentários a outras decisões do Ministro Celso de Mello do Supremo Tribunal Federal.

Fundamental (ADPF n° 45, de 29.04.2004) que reforça nosso posicionamento sobre a possibilidade de controle judicial dos atos administrativos e legislativos omissivos, diante do planejamento e previsão legal da atuação estatal:

[...] Não obstante a formulação e a execução de políticas públicas dependam de opções políticas a cargo daqueles que, por delegação popular, receberam investidura em mandato eletivo, cumpre reconhecer que *não se revela absoluta, nesse domínio, a liberdade de conformação do legislador, nem a de atuação do Poder Executivo. É que, se tais Poderes do Estado agirem de modo irrazoável ou procederem com a clara intenção de neutralizar, comprometendo-a, a eficácia dos direitos sociais, econômicos e culturais, afetando, como decorrência causal de uma injustificável inércia estatal ou de um abusivo comportamento governamental, aquele núcleo intangível consubstanciador de um conjunto irredutível de condições mínimas necessárias a uma existência digna e essenciais à própria sobrevivência do indivíduo,* aí, então, justificar-se-á, como precedentemente já enfatizado — e até mesmo por razões fundadas em um imperativo ético-jurídico —, *a possibilidade de intervenção do Poder Judiciário, em ordem a viabilizar, a todos, o acesso aos bens cuja fruição lhes haja sido injustamente recusada pelo Estado.* [...] Num sistema político pluralista, as normas constitucionais sobre direitos sociais devem ser abertas para receber diversas concretizações consoante as alternativas periodicamente escolhidas pelo eleitorado. *A apreciação dos fatores econômicos para uma tomada de decisão quanto às possibilidades e aos meios de efetivação desses direitos cabe, principalmente, aos governos e parlamentos. Em princípio, o Poder Judiciário não deve intervir em esfera reservada a outro Poder para substituí-lo em juízos de conveniência e oportunidade, querendo controlar as opções legislativas de organização e prestação, a não ser, excepcionalmente, quando haja uma violação evidente e arbitrária, pelo legislador, da incumbência constitucional. No entanto, parece-nos cada vez mais necessária a revisão do vetusto dogma da Separação dos Poderes em relação ao controle dos gastos públicos e da prestação dos serviços básicos no Estado Social, visto que os Poderes Legislativo e Executivo no Brasil se mostraram incapazes de garantir um cumprimento racional dos respectivos preceitos constitucionais. A eficácia dos Direitos Fundamentais Sociais a prestações materiais depende, naturalmente, dos recursos públicos disponíveis; normalmente, há uma delegação constitucional para o legislador concretizar o conteúdo desses direitos.* Muitos autores entendem que seria ilegítima a conformação desse conteúdo pelo Poder Judiciário, por atentar contra o princípio da Separação dos Poderes [...]. Muitos autores e juízes não aceitam, até hoje, uma obrigação do Estado de prover diretamente uma prestação a cada pessoa necessitada de alguma atividade de atendimento médico, ensino, de moradia ou alimentação. Nem a doutrina nem a jurisprudência têm percebido o alcance das normas constitucionais programáticas sobre direitos sociais, nem lhes dado aplicação adequada como princípios-condição da justiça social. A negação de qualquer tipo de obrigação a ser cumprida na base dos Direitos Fundamentais Sociais tem como conseqüência a renúncia de reconhecê-los como verdadeiros direitos. [...] *Em geral, está crescendo o grupo daqueles que consideram os princípios constitucionais e as normas sobre direitos sociais como fonte de direitos e obrigações e admitem a intervenção do Judiciário em caso de omissões inconstitucionais.* (grifos nossos)

A "reserva do possível" não é originária de nossa construção jurisprudencial ou legislativa; todavia, pode ser acolhida por nosso ordenamento jurídico, na medida em que a Constituição da República de 1988 constitui-se em Estado Democrático de Direito e possui objetivos fundamentais (artigo 3º), dentre eles o desenvolvimento nacional, que devem ser planejados e executados observada a supremacia da Constituição em detrimento das atividades do legislador e do administrador, os quais, portanto, encontram limites de conformação para inclusão ou exclusão de suas pretensões na sistemática do planejamento.

O Colendo Supremo Tribunal Federal, em outra oportunidade, demonstrou essa atenção ao firmar entendimento acerca dos limites à liberdade do legislador em alterar objetivos impostos pela Constituição, *in casu*, a discussão abordou a vinculação dos recursos arrecadados pela União sob a rubrica da Contribuição de Intervenção no Domínio Econômico (CIDE), relativa às operações com petróleo, cujo dispêndio estava previamente estabelecido e a Corte Constitucional decidiu que não era admissível modificar o destino da arrecadação (Ação Direta de Inconstitucionalidade nº 2.925, Relatora Ministra Ellen Gracie, publicação no *Diário Oficial da União*, 04 mar. 2005).

Pretendemos, com esses posicionamentos do Colendo Supremo Tribunal Federal, demonstrar a viabilidade da teoria da "reserva do possível" pelo Órgão Judiciário, com total respeito à harmonização das funções do Estado, sem que isto represente a judicialização da política e, ao contrário, permita usufruirmos do que já possuímos, ou seja, do caráter principiológico, democrático e analítico da Constituição que basta ser aplicado para que seja alcançada justiça social.

As funções (ou atividades, para Karl Loewenstein) que compõem o Poder Estatal (artigo 2º, combinado com artigo 60, parágrafo 4º, inciso III, da Constituição da República de 1988) da estrutura política, social, econômica e histórica que clama por integração e interdependência, no qual o critério da tipicidade pode estar relativizado, perante as atividades do Estado contemporâneo. Assim aduz Cândido Rangel Dinamarco (1999, p. 61): "não é lícito invocar regras abstratas e ortodoxas sobre a separação de Poderes, nem pensar na subsistência radical daquilo que no passado sugerira Montesquieu, para com isso desprezar a realidade presente e com isso renunciar a soluções práticas de utilidade geral".

Com esse mesmo pensamento, Ricardo Lobo Torres (1995) propõe reflexão sobre a existência de um "mínimo existencial", que seria uma espécie de imunidade fiscal para aqueles que não detêm capacidade contributiva e se compõe de:

a) imunidades tributárias (a exemplo do ICMS na cesta básica), identificadas como *status negativus libertatis*;

b) prestação de serviços públicos essenciais como, educação, saúde, energia, telecomunicações, deveres do Estado, de natureza específica e divisível; contudo, em razão da gratuidade, não ensejam compulsoriedade e contraprestação, como ocorre com os tributos, sendo denominado como *status positivus libertatis*;

c) prestações relacionadas aos direitos de segunda geração (sociais, culturais e econômicos), que derivam das políticas sociais e dependem da conjuntura econômica do país e da existência de legislação para sua implementação tendo a dimensão do *status positivus socialis*.

Observando esses *status* tem-se a formação do "mínimo existencial" firmado nos interesses da sociedade, por meio dos objetivos e princípios fundamentais estabelecidos no ordenamento jurídico, os quais servirão de metas para o Estado destinar e aplicar os recursos que arrecada.

Nesse momento, enquadram-se as reflexões de Amarthya Sen e Robert Alexy sobre o desenvolvimento e os direitos fundamentais, respectivamente, ou seja, o desenvolvimento consiste na capacidade de pessoas que possam exercer preponderantemente sua condição de agente e isto ocorre na medida em que são eliminadas as privações de liberdades, que limitam as escolhas e as oportunidades delas.

Daí porque é necessária a existência de liberdade real para que a liberdade jurídica tenha valor, considerando-se que a liberdade fática, em sua maioria, depende de atividades estatais.

Conclui, então, Fernando Facury Scaff (2005, p. 218) "[...] Afinal, só pode exercer com plenitude a liberdade, mesmo no âmbito do mínimo existencial, quem possui capacidade para exercê-la. E para que seja possível este exercício de liberdade jurídica é necessário assegurar a liberdade real (Alexy), ou a possibilidade de exercer suas capacidades (Amarthya), através dos direitos fundamentais sociais".

Dessa forma, para se assegurar a garantia do "mínimo existencial" há que se valorar e elevar o *status* dos direitos sociais a direito fundamental (*status positivus libertatis*), o que poderá favorecer a redução das desigualdades socioeconômicas e permitir maior participação da população na comunidade jurídica.

Nesse ponto, ressalta Paulo Bonavides (1996, p. 186):

> O problema da juridicização dos direitos sociais tornou-se crucial para as Constituições do Estado Social. Cumpre, pois, na busca de uma solução, observar toda essa seqüência: reconhecer a vinculação constitucional do legislador a tais direitos, admitir que se trata de direitos de eficácia imediata, instituir o controle de constitucionalidade e, por fim, estabelecer mecanismos suficientes que funcionem como garantias efetivas de sua aplicabilidade. (BONAVIDES, 1996, p. 186)

Ainda com relação à discussão que surge quanto à possibilidade ou não de revisão das políticas públicas pelo Órgão Judiciário, Fábio Konder Comparato (1997, p. 357) sustenta a possibilidade de revisão, desde que antes haja uma reforma constitucional, nos seguintes termos: "Tendo em vista a estrutura tradicional das Constituições brasileiras, a introdução do juízo de constitucionalidade de políticas públicas em nosso direito exige, indubitavelmente, uma reforma constitucional que precise a forma processual da demanda, a legitimidade das partes e a competência jurídica".

De forma contrária à revisão, se coloca Cristiane Derani (2002), ao afirmar que:

> Em certos setores, as leis, de início pouco detalhadas, são objeto de um vasto processo de concretização que, uma vez acabado, estabelece uma rede de normas muito densas. São as normas

de planejamento concretizadoras de políticas. [...] Portanto, o planejamento como política de desenvolvimento não pode ser submetido, no todo pensado e abstrato, à apreciação do judiciário. [...] Quando o poder público age executando normas decorrentes de uma política, pela individualização em mandamento legal, ou pela ação da administração pública, teremos atos protegidos ou não amparados pelo direito e estaremos diante da revisibilidade pelo poder judiciário. [...] De fato, não há instrumento que permita o questionamento da política pública em tese, pela sociedade, no âmbito do judiciário. [...] Políticas públicas são concretizações de normas jurídicas: normas de competência, normas autorizantes, normas-princípios. Instrumentos jurídicos são a serviço dos fins políticos. [...] Estas normas de diferentes características (Leis, Decretos, Medidas Provisórias, Resoluções etc.) guardam uma dependência de finalidade, traduzirão mandamentos, permissões, autorizações e proibições e, quando executadas, ou confrontadas, com as relações sobre as quais incidem, revelar-se-ão próprias ou incongruentes com os preceitos constitucionais. [...] Com esta postura da sociedade e do judiciário, o poder do Estado escapa da concentração e circula pela sociedade, obrigando a que o resultado de seu questionamento adquira imperatividade, a fim de que as políticas públicas sejam realmente servas do interesse da coletividade. (DERANI, 2002, p. 248-251)

Contudo, não estamos advogando essa causa. Firmamos e reafirmamos que o ato político de discussão e visualização das políticas públicas não estará resguardado da revisão judicial; porém, quando este for concretizado por meio de normas legais que devem estar justificadas pelos seus preâmbulos ou exposições de motivos, aí sim, o Órgão Judiciário tem ao seu alcance as razões que levaram à estruturação daquele planejamento e pode, no futuro, se demandado, dizer o direito ao cotejar as metas, os meios utilizados com os fins obtidos, podendo até responsabilizar o agente político que não observou o procedimento e não implementou a política pública nele prevista.

4.2.1 Da exposição de motivos – Justificativa vinculante

A atuação do Estado viabilizada por atos, contratos, regulamentos expedidos sob o exercício da competência discricionária deve expressar o escopo estatal como vetor da implementação concreta de sua ação e não apenas a representação de uma ação isolada e pessoal, de tal sorte que a sociedade possa identificar o interesse público protegido e aplicado.

Diante dessas considerações, firmamos nosso entendimento de que o instrumento jurídico capaz de vincular o agente político ao cumprimento das metas e à busca de atingir as finalidades públicas é a exposição de motivos da lei, pois ela é parte integrante do plano que será veiculado por lei.

No âmbito das normas federais a exposição de motivos é, em regra, dirigida ao Presidente da República por um Ministro de Estado (se tratar de matéria de mais de um Ministério será denominada interministerial e assinada por todos os Ministros envolvidos). Assim costuma ocorrer com os outros entes federados.

Nosso interesse em analisar e pesquisar a exposição de motivos de uma norma consiste em compreender como este instrumento que apresenta, propõe e submete à consideração da autoridade competente um projeto de ato normativo, pode ser útil à planificação.

Estamos cada vez mais convictos de que todo o conteúdo técnico-normativo utilizado na realização do processo de planejamento, que antecede a veiculação do projeto de lei (plano), não está sendo aproveitado em prol da finalidade informativa e construtiva da vontade democrática.

A valorização desse instrumento de motivação deve problematizar as razões da adoção daquele ato normativo proposto, justificando aquela iniciativa como sendo a solução ideal e segura para equacionar os reclamos da sociedade, firmando, assim, a necessidade e utilidade de sua introdução no ordenamento jurídico vigente.

Atinente à exposição de motivos foi editada a Lei Complementar nº 95, de 26.02.1998, regulamentada pelo Decreto nº 4.176, de 28.03.2002, destacado no ANEXO C deste trabalho, o qual prescreve, em especial no artigo 38, os pressupostos para encaminhamento e exame dos projetos de ato normativo, a saber: I – a justificativa e fundamentação constitucional da edição do ato normativo, como pré-questionamento de eventual arguição de inconstitucionalidade; II – a razão de o ato proposto ser o melhor instrumento normativo para disciplinar a matéria; III – a indicação das normas que serão afetadas ou revogadas pela proposição; IV – a indicação da prévia dotação orçamentária, quando a proposta demandar despesas; e V – demonstrar, objetivamente, a relevância e a urgência no caso de projeto de medida provisória.

O ANEXO II do referido Decreto determina o procedimento para elaboração do projeto de ato normativo e exige a síntese da situação proposta e que reclama providências, as soluções e providências contidas no ato normativo, as alternativas existentes às medidas propostas e os custos.

Ao expormos nosso entendimento sobre regulação pública, trouxemos à colação neste trabalho (ANEXO D) a Exposição de Motivos da Emenda Constitucional nº 08 que introduziu ao artigo 21, o inciso XI, na Constituição da República e, neste momento, gostaríamos de destacar a motivação do ato normativo:

> **A Emenda Constitucional proposta repete o caminho seguido pelos países desenvolvidos, como Itália, Inglaterra, Canadá e Estados Unidos, e por outros em fase de desenvolvimento, como a China, o Chile e a Argentina.**
>
> [...]
>
> **Motivação da Proposta**
>
> O Plano de Estabilização Econômica, que aí esta, constitui marco decisivo na implantação de um novo modelo para a gestão do Estado.
>
> Um modelo que busca reduzir o papel do Estado-empresário, dando ênfase a sua função de Estado-Social.
>
> As recentes Propostas de Emendas à Constituição, como a que ora se examina, fazem parte da política governamental de abertura à participação da iniciativa privada em atividades que, constitucionalmente, são hoje atribuídas ao poder público.
>
> Ou seja: pretende-se, por força de uma discussão exaustiva das propostas, modernizar o rol de atribuições do Estado, conferindo a ele, por meio de dinâmica própria, a enorme responsabilidade de cuidar do patrimônio coletivo.
>
> No caso específico das telecomunicações, o cenário atual mostra evidências de que a quantidade, a diversidade e a qualidade dos serviços encontram-se aquém da demanda social.
>
> O império da chamada sociedade de informação, diferencial eloqüente do poderio das nações, alicerça-se nas redes de telecomunicações, como estrutura mais importante para o desenvolvimento político, social e econômico do mundo atual.
>
> Um dos últimos bastiões do estatismo, dentre as grandes economias mundiais, o Brasil almeja, na área das telecomunicações, com a iniciativa ora proposta, retomar a eficiência no setor.

Vale a pena enfatizar.

O País ocupa o 42º lugar no mundo em densidade de telefone por 100 habitantes e o 10º na América Latina.

Envergonha saber que somente cerca de 20% das residências e 50% dos estabelecimentos comerciais brasileiros possuem telefones.

Choca a dura realidade enfrentada pelo homem do campo na área de telecomunicações: 98% das propriedades rurais não tem acesso à telefonia.

A perversa distribuição de renda no País impede o acesso da grande maioria do povo aos serviços telefônicos.

As famílias das classes A e B, com renda superior a 2 mil dólares mensais, dispõem de 80% dos telefones.

As classes D e E, que representam 60% das famílias brasileiras, possuem apenas 3% dos telefones.

As famílias da classe C ficam com os restantes 17%.

Esse quadro é agravado pela deficiente oferta de telefones públicos: o Brasil tem menos de 2 telefones públicos por 1000 habitantes, bem abaixo dos padrões mundiais.

A esmagadora maioria do povo não possui telefone em casa e nem dispõe do telefone público.

O Brasil mudou. Democratizou-se a sociedade. Os desníveis sociais se intensificaram. A liberdade despertou o povo para a inconformidade.

A cidadania rejeita vigorosamente esse quadro e exige decisões eficazes para revertê-lo efetivamente.

Cotejando as normas elencadas, com a citada exposição de motivos e recorrendo às dimensões, elementos e critérios interpretativos, indagamos se após uma década de implementação do órgão regulador atingimos o desenvolvimento econômico e social esperado, com a modificação do texto constitucional. Se a abertura do monopólio e a flexibilização da exploração dos serviços públicos, a exemplo das telecomunicações, afirmou o rígido papel do Estado de regulador, fiscalizador e controlador das atividades de interesse público; se a materialização dessa competência regulatória alcançou os índices de universalidade e inclusão social esperados; e, finalmente, se o Brasil experimentou, em face dessas alterações, o almejado desenvolvimento nacional.

Avanços existiram, não há como negá-los, nem mesmo se questiona o aprimoramento tecnológico necessário; mas a intenção de concretizar alguns objetivos fundamentais da Constituição, ainda está por acontecer.

Na perspectiva de avaliar se a meta de universalização,[98] conforme prevista na exposição de motivos, vem sendo alcançada, consultamos, via correio eletrônico, em 13 de fevereiro p. p., a ANATEL. A resposta da Ouvidoria da referida Agência em 9 de março p. p. está descrita a seguir:

> Prezado(a) Senhor(a) Em análise preliminar de sua solicitação registrada nesta Ouvidoria, verificamos que a mesma se trata de "pedido de informações", por este motivo, solicitamos que Vossa Senhoria registre a sua solicitação em formulário apropriado na página da Anatel no seguinte *link*: http://www.anatel.gov.br/atendimento, na página da Anatel clicando em "Atendimento Eletrônico". Registrando no link apropriado, seu registro será encaminhado à Assessoria de Relações com os Usuários – ARU, que é o setor responsável pela resposta aos pedidos de informação, o contato com a ARU também pode ser feito pelo telefone 0800-33-2001, por meio de fax (61)2312-2264 ou carta para: Assessoria de Relações com os Usuários – ARU SAUS Quadra 06, Bloco F, 2º andar, Asa Sul, Brasília – DFCEP: 70070-940 Outrossim, informamos que grande parte das informações solicitadas podem ser obtidas a partir da navegação no sítio da Anatel – http://www.anatel.gov.br. Na oportunidade informamos que a Ouvidoria da Anatel tem como atribuição principal a elaboração de relatórios de apreciação crítica sobre a atuação da Agência, sendo área distinta da ARU, não havendo

---

[98] Com esse mesmo objetivo, efetuamos, por correio eletrônico em 13.02.2007, consulta à Ouvidoria da Agência Nacional de Enérgia Elétrica (ANEEL) (ouv.bo316@aneel.gov.br), sob nº 010.062.17407-79. A resposta da Ouvidoria da ANEEL — Superintendência de Mediação Administrativa Setorial — se deu em 14.02.07 p. p., nos seguintes termos:
"Senhora Renata
Reportamo-nos à sua solicitação referente ao pedido de informações técnicas relativas ao serviço público de energia elétrica.
Sobre o assunto, informamos que os agentes do setor elétrico que desejam consultar esta Agência, quanto à legislação ou informações técnicas, como é o caso, devem fazê-lo formalmente, encaminhando pedido fundamentado à ANEEL, para o endereço SGAN, Qd. 603, Módulo 'J', CEP 70.830-030, Brasília/DF.
Assim, a Central de Teleatendimento da ANEEL, acessível pelo serviço 144, destina-se a ser canal de comunicação para o consumidor que deseje obter informações gerais, bem como àqueles que queiram registrar reclamação quanto ao serviço prestado pelos agentes do setor de energia elétrica.
Atenciosamente
OUVIDORIA/ANEEL
Superintendência de Mediação Administrativa Setorial"

relação hierárquica entre as duas. Ressaltamos que as solicitações recebidas na Ouvidoria servem de base para a avaliação crítica sobre a atuação da Anatel, que é apresentada nos relatórios da Ouvidoria. Atenciosamente, Ouvidoria-Anatel

Nosso escopo está para além-mar, pois temos ciência da existência de um canal de comunicação com os usuários ou consumidores. Contudo, o que quisemos questionar é o autocontrole, a existência de controle de qualidade da atuação da ANEEL em fase dos fins propostos por sua lei de constituição.

Assim, os atos administrativos no âmbito de suas iniciativas legislativas e os legisladores, no exercício de sua função típica, seriam forçados a articular os objetivos fundamentais e mantê-los na elaboração de dispositivos legais de forma que refletissem com consistente clareza, transparência e eficiência qual o projeto legislativo que será executado, respaldado em dados econômicos, financeiros e orçamentários reais — é a função de exigir que o Congresso Nacional reconheça as limitações impostas por objetivos conflitantes e recursos limitados e, ao insistir, que acordos que envolvam interesses especiais, quando ocorrem, sejam publicamente reconhecidos como um dos propósitos da lei —, de tal sorte que a eficácia dos planos se refletirá por consequência.

Por conseguinte, a exposição de motivos passa a exercer a força vinculante e fazer valer a sua existência como documento jurídico, por meio dos quais os tribunais (que não se envolveriam com análise de políticas públicas propriamente ditas) poderão exigir dos agentes políticos o devido cumprimento da lei e a justificativa com relação aos meios propostos e aos fins alcançados.

Firmamos, aqui, nosso posicionamento de que para efeito de elaboração do plano, o legislador se utilizará de todos os substratos do processo de planejamento e ditará as normas, justificando-as na exposição de motivos que introduzirá a lei. Caso fique provado que essa motivação não é condizente com a realidade orçamentária, financeira, econômica, moral (no sentido de moralidade administrativa jurisdicizada) deve o Órgão Judiciário, ao ser provocado, apreciar o pedido e definir se houve ou não violação aos ditames constitucionais e legais.

De outra parte, considerando que a lei que veicula o plano foi aprovada havendo consonância entre a realidade econômica, política e jurídica e a inovação legislativa e o agente político não a aplica, então, neste caso, haverá omissão por parte do Poder

Público, cabendo, também, responsabilização, mesmo sendo objeto a realização de política pública, pois entendemos que a escolha do momento oportuno para implementá-la não equivale à desídia ou postergação do ato, razão pela qual há responsabilização do Chefe do Órgão Executivo.

Estamos realmente atentos em visualizar uma forma de conscientizar os agentes políticos dos papéis que executam, por isto, utilizando de instrumento já existente, como a exposição de motivos da lei que veicula o plano econômico, devemos exigir que haja comprovação do exposto com o escopo de trazer a todos maior segurança jurídica e respeitabilidade pelos objetivos e fundamentos da Constituição da República e, em primeira ótica, em respeito ao cidadão.

Ao analisar o preâmbulo da Constituição da República de 1988, Alexandre de Moraes (2002) esclarece que este:

> Pode ser definido como documento de intenções do diploma, e consiste em uma certidão de origem e legitimidade do novo texto e uma proclamação de princípios, demonstrando a ruptura com o ordenamento constitucional anterior e o surgimento jurídico de um novo Estado. É de tradição em nosso Direito Constitucional e nele devem constar os antecedentes e enquadramento histórico da Constituição, bem como suas justificativas e seus grandes objetivos e finalidades. [...] Apesar de não fazer parte do texto constitucional propriamente dito e, conseqüentemente, não conter normas constitucionais de valor jurídico autônomo, o preâmbulo não é juridicamente irrelevante, uma vez que deve ser observado como elemento de interpretação e integração dos diversos artigos que lhe seguem. Como ensina Juan Bautista Alberdi o preâmbulo deve sintetizar sumariamente os grandes fins da Constituição, servindo de fonte interpretativa para dissipar as obscuridades das questões práticas e de rumo para a atividade política do governo. O preâmbulo, portanto, por não ser norma constitucional, não poderá prevalecer contra texto expresso da Constituição Federal, e tampouco poderá ser paradigma comparativo para declaração de inconstitucionalidade, porém, por traçar as diretrizes políticas, filosóficas e ideológicas da Constituição, será uma de suas linhas mestras interpretativas. (MORAES, 2002, p. 49)

Afinal, esse mesmo preâmbulo apregoa o regime democrático adotado pela Constituição da República Brasileira, para o qual se supõe a responsabilização dos que regem a coisa pública, razão pela qual há necessidade de se demonstrar as razões, os motivos, as justificativas que traduzem o nexo de causalidade e necessidade, para prática do ato político, do ato legislativo e do ato administrativo, assim como ocorre com o ato judicial.

Como já posto, a norma constitucional tem sua existência vinculada à realidade concreta, inclusive na (inter)dependência das condições históricas, naturais, técnicas, econômicas e sociais. Portanto, sua força normativa lhe é conferida pelo mundo fenomênico do qual emana.

Assim também ocorre com as normas infraconstitucionais, a exemplo da lei que veicula o planejamento econômico (plano), pois sua elaboração é decorrente da análise daquelas condições acima referidas. Por essa razão, a construção da exposição de motivos dessa planificação deve estar fundamentada de forma que sua interpretação sistemática possibilite a manutenção da ordem jurídica vigente e se encontre vinculada à dinâmica da força normativa da Constituição, garantindo a sua estabilidade.

Essa consistência interna das normas, adstrita à teoria dos motivos determinantes, confere realismo aos preâmbulos destas leis e, como consequência, encoraja o debate mais fundamentado sobre concessões e conquistas das políticas públicas. Afinal, para implementação das políticas públicas são necessários pressupostos materiais que as justifiquem, servindo como espécie de controle da discricionariedade,[99] da qual se desencadeia a ação administrativa.

Ainda a título de reforço e composição desta premissa, Florivaldo Dutra de Araújo (2005, p. 148), ao tratar do controle jurisdicional do ato regulamentar sugere: "A motivação do ato regulamentar será, então, similar a uma exposição de motivos — quando se vislumbrar a necessidade de mais ampla justificação — ou, pelo menos, ao preâmbulo de uma lei, visando a demonstrar a observância ao objeto da lei regulamentada e às competências dela decorrentes".

---

[99] Maria Paula Dallari Bucci (2002, p. 266) esclarece ainda que são três os momentos de processualidade da definição da política pública: o primeiro momento — da formação — consiste na apresentação dos pressupostos técnicos e materiais, pela Administração ou pelos interessados, para confronto com outros pressupostos, de mesma natureza, trazidos pelas demais partes, cujos interesses sejam não coincidentes com aqueles. O segundo momento compreende às medidas administrativas, financeiras e legais de implementação do programa. E finalmente o terceiro momento no processo de atuação da política pública é o da apreciação dos efeitos, sociais e jurídicos, novamente sob o prisma do contraditório, de cada uma das escolhas possíveis, em vista dos pressupostos apresentados.

Assim destacam García de Enterría e Fernándes (1991), no capítulo dedicado ao Regulamento, em especial, ao tratar das técnicas de controle da discricionariedade, que há recentemente, uma progressiva exigência da doutrina do Conselho de Estado, de efetiva justificativa das disposições regulamentares, as quais devem ser incorporadas ao expediente de elaboração das mesmas, também em seu preâmbulo, de tal forma que sua exteriorização seja fundamental aos efeitos do controle da eventual arbitrariedade da norma.

Folgamos, também, em constatar, que Maria Paula Dallari Bucci (2002, p. 265) corrobora esse entendimento ao afirmar que "o processo de elaboração da política seria propício a explicitar e documentar os pressupostos da atividade administrativa e, dessa forma, tornar viável o controle posterior dos motivos".

Susan Rose-Ackerman[100] (2004), ao propor uma lei geral e de políticas de segurança e saúde ocupacionais e a reforma do direito administrativo americano, destaca a necessidade de uma intervenção judicial perspicaz diante da atuação do Congresso e das Agências, isto porque:

> [...] A lei é estruturada para atingir este objetivo não por uma invalidação categórica nem por controle judicial material, mas sim pelo *controle da clareza e da consistência lógica da linguagem de meios e fins do Legislativo*. Esta forma de controle judicial não pede que os tribunais façam análise de políticas públicas, mas requer que eles entendam e avaliem os argumentos. Os juízes deveriam fazer uma série de questionamentos acerca do produto legislativo: a lei claramente estabelece seu propósito e os detalhes da lei estão consistentes com estes propósitos? Foram revelados os custos das políticas e foi dada orientação ao Poder Executivo sobre como fazer escolhas importantes entre duas opções excludentes de políticas públicas? As alocações orçamentárias que se seguem são suficientes para efetivar o propósito da lei? Esta perspectiva permite delegação quando conhecimento técnico ou julgamento detalhado de casos individuais são necessários, mas ao mesmo tempo insiste em que o Congresso faça as escolhas críticas sobre políticas públicas com relação a quanto dos recursos da sociedade (públicos ou privados)

---

[100] Professora de Direito e Economia Política da Universidade de Yale escreveu artigo ressaltando a importância de advogados e economistas americanos buscarem uma visão integrativa do sistema político-econômico, de tal sorte que influenciassem nos projetos pedagógicos e educacionais, para que em colaboração, inclusive, dos cientistas políticos e dos analistas de políticas públicas, fosse possível aproximar a alta teoria (com as estruturas subjacentes do Estado) da concretude das políticas públicas (em que análises detalhadas e baseadas em fatos são essenciais).

Capítulo 4
Da Função Estatal de Planejar a Atividade Econômica | 189

deveriam ser usados para promover os objetivos básicos de um projeto. Exigir consistência interna e consistência financeira requer esforço genuinamente progressista do Congresso: uma lei defeituosa pode ser considerada tanto excessivamente vaga (porque objetivos básicos de políticas públicas não estão estabelecidos concretamente), quanto exageradamente específica (porque impõe à agência limitações que restringem um desempenho efetivo). [...] *Os tribunais e os profissionais do direito estão predispostos a ver o Legislativo como uma caixa-preta inacessível cujo trabalho é presumidamente válido se nenhuma garantia constitucional explícita é violada.* Em contrapartida, trabalhos recentes em *public choice* e políticas públicas apontam para *um novo tipo de controle judicial, centrado nas fraquezas da legislação representativa, sem pedir aos juízes que imponham à nação suas próprias visões materiais sobre políticas públicas. O desafio é assumir com seriedade a possibilidade de reformas procedimentais que podem aprimorar a responsabilização democrática.* (ROSE-ACKERMAN, 2004, p. 267, grifos nossos)

Essa proposta de controle judicial, segundo o pensamento de Susan Rose-Ackerman (2004),[101] solicita que os tribunais sejam capazes de entender e avaliar os argumentos utilizados na justificativa das políticas públicas, quando competiria aos juízes questionar a respeito da clareza e da consistência argumentativa do texto de lei. Caberia, também, um questionamento sobre custos, verificando a suficiência (ou não) das dotações orçamentárias. Além disso, haveria a possibilidade de indicar ao poder executivo a opção entre duas alternativas de políticas públicas que se excluem mutuamente.

Com isso, pretendemos dizer que é necessário ao Congresso Nacional fazer escolhas bem fundamentadas sobre políticas públicas, por meio da elaboração sensata da exposição de motivos] associada à dotação orçamentária, especificando os recursos da sociedade (públicos ou privados) que devem ser usados, para promover os objetivos básicos da planificação e, consequentemente, quais os fundamentos firmados na Constituição da República de 1988 que pretende realizar.

Se hoje, na doutrina pátria e estrangeira, há consenso na relevância da motivação dos atos regulamentares, propomos um olhar além-mar, para necessidade de mudança de mentalidade e

---

[101] A menção ao entendimento da autora norte-americana não invalida ou contradiz, que fique claro, nosso posicionamento quanto à troca válida de experiências doutrinárias, acadêmicas, jurídicas. O que se invalida e deve ser evitado é a importação de modelos alienígenas jurídicos, econômicos, administrativos entre outros, sem a devida internação e integração com o ordenamento jurídico brasileiro.

implementação do já existente dever de exteriorização, ou seja, de exposição, de justificação dos motivos que levaram à prática do ato político e o ato legislativo inerentes ao planejamento econômico, na mesma seara do que hoje ocorre nas esferas administrativa e judicial.

Nesse sentido, a legislação e a prática de atos políticos deve pressupor o exercício de um dever-poder não do Estado, mas sim no Estado, uma vez que os representantes do povo estão adstritos aos interesses dos cidadãos e das finalidades coletivas.

Com muita propriedade e eloquência, Fábio Konder Comparato (1997) descreve o Estado Social de Direito como aquele:

> Em que os Poderes Públicos não se contentam em produzir leis e ou normas gerais, mas dirigem efetivamente a coletividade para o alcance de metas predeterminadas. *A legitimidade do Estado passa a fundar-se, não na expressão legislativa da soberania popular, mas na realização de finalidades coletivas, a serem concretizadas programadamente; o critério classificatório das funções e, portanto, dos Poderes estatais só pode ser o das políticas públicas ou programas de ação governamental. E aí, à falta de uma conseqüente reorganização constitucional de Poderes, a qual dê preeminência à função planejadora, que ordena estrategicamente as múltiplas atividades estatais*, é ao Governo, impropriamente chamado agora Poder Executivo, que incumbe o papel hegemônico. (COMPARATO, 1997, p. 15-17, grifos nossos)

A idealização inicial da tripartição de "Poderes" que se sustentava na promulgação de uma lei, hoje, reclama ao Estado Democrático e Social de Direito a observância da continuidade deste procedimento legislativo para que seja constatada a devida aplicação ou implementação das atividades previstas naquela lei e, consequentemente, sejam exigidos os deveres e apuradas as responsabilidades políticas e administrativas em caso de inadimplemento,[102] seja do Estado ou de seus delegatários.

---

[102] Apenas a título ilustrativo, registramos a existência do artigo 22 do Código de Proteção e Defesa do Consumidor (CDC), Lei nº 8.078 de 11.09.1990 – *DOU*, 12 nov. 1990, que dispõe sobre a Proteção do Consumidor e dá outras providências, no Título I – Dos Direitos do Consumidor (artigos 1º a 60), no Capítulo IV – Da Qualidade de Produtos e Serviços, da Prevenção e da Reparação dos Danos (artigos 8º a 28), na Seção III – Da Responsabilidade Por Vício do Produto e do Serviço (artigos 18 a 25), trata do inadimplemento das obrigações estatais (no caso serviços e atividades públicas) no artigo 22, a saber: Os órgãos públicos, por si ou suas empresas, concessionárias, permissionárias ou sob qualquer outra forma de empreendimento, são obrigados a fornecer serviços adequados, eficientes, seguros e, quanto aos essenciais, contínuos. Parágrafo único. Nos casos de descumprimento, total ou parcial, das obrigações referidas neste artigo, serão as pessoas jurídicas compelidas a cumpri-las e a reparar os danos causados, na forma prevista neste Código.

Como já dissemos anteriormente, o tema da responsabilidade do Estado nos encanta. Contudo, neste trabalho, dele nos valemos para elucidar nosso raciocínio acerca da responsabilidade estatal por dano decorrente da ausência do planejamento (dada a ineficiente elaboração ou a omissão pela não aplicação).

O objetivo que estamos propondo é o de conferir aos tribunais a competência para apreciar e, eventualmente, responsabilizar o Órgão Legislativo, pela ação ineficiente de elaboração da exposição de motivos e o Órgão Executivo, pela omissão na aplicação da lei que veicula o plano.

O tema da responsabilidade do Estado evoluiu da noção de irresponsabilidade (monarquia) para a teoria civilista (inspirada nos princípios de Direito Civil — centrada na culpa), seguindo para a teoria publicista, fundada na culpa administrativa, ou seja, na ideia de que ocorre dano porque o serviço não funcionou, funcionou mal ou tardiamente, até chegar à teoria do risco administrativo.

Adotamos posicionamento de que o Texto Constitucional acolheu a responsabilidade objetiva do Estado, inclusive, com relação àqueles que exercem funções estatais, isto é, ocorrendo dano e estando provado o nexo de causalidade entre este e a conduta estatal (atos lícitos ou ilícitos), há responsabilidade e o consequente dever do Estado de indenizar (artigo 37, §6º).[103]

Conforme se lê do referido artigo, o ponto nodal da responsabilidade do Estado é a atribuição de seu dever de reparar os danos causados, independentemente da comprovação de dolo ou culpa do agente, inclusive das pessoas jurídicas de direito privado prestadoras de serviço público.

Celso Antônio Bandeira de Mello (2006) conceitua a responsabilidade objetiva como sendo a obrigação de indenizar que incumbe a alguém, em razão de procedimento lícito ou ilícito que produziu uma lesão na esfera juridicamente protegida de outrem. Para configurá-la, basta a mera relação causal entre o comportamento e o dano.

A responsabilidade atinente aos atos lícitos tem respaldo no princípio da igualdade, pela forma equânime como devem ser conduzidos os diversos interesses em prol do bem público. Quanto aos atos ilícitos sua decorrência lógica é o princípio da legalidade.

---

[103] Art. 37, §6º "As pessoas jurídicas de direito público e as de direito privado prestadoras de serviços públicos responderão pelos danos que seus agentes, nessa qualidade, causarem a terceiros, assegurado o direito de regresso contra o responsável nos casos de dolo e culpa".

Ao afirmarmos a possibilidade de responsabilização dos atos praticados pelo Estado, devemos ter em mente a abrangência dos três Órgãos do Poder Estatal (Executivo, Legislativo e Judiciário), pois todos os respectivos agentes estão sob o mesmo regime jurídico de direito público. Os fundamentos de proporcionalidade e razoabilidade poderão ser elencados para busca da verdade e da justiça. Contudo, se realmente evoluímos para um verdadeiro Estado Democrático de Direito todos os atos podem estar suscetíveis de avaliação e de responsabilização.

Destacamos, ainda, no âmbito constitucional de responsabilização, o artigo 5º, LXXIII, que prevê a ação popular como meio judicial para anular ato lesivo ao patrimônio público, tendo sido recepcionada a Lei nº 4.717, de 29.07.1965, que a regulamenta.

De outra parte, na seara infraconstitucional, a Lei nº 8.112, 11.12.1991 disciplina, entre outras providências, a responsabilidade administrativa e civil dos servidores públicos civis da União, das autarquias e das fundações públicas.

Finalmente, registre-se a existência da Lei nº 8.429, de 02.06.1992, identificada como a lei da improbidade administrativa, que dispõe sobre as sanções aplicáveis aos agentes públicos nos casos de enriquecimento ilícito no exercício do mandato, cargo, emprego ou função administrativa pública direta, indireta ou funcional, com destaque para os artigos 9º, 10 e 11.

Em se tratando da responsabilidade por dano decorrente do planejamento, podemos afirmar que o planejamento econômico, especificamente relacionado à implementação de políticas públicas associadas à regulação pública, pode ensejar a responsabilização do Estado por danos causados aos administrados ou à sociedade pela má formulação ou pelo descumprimento do plano governamental.

A grande questão está em definir, caso a caso, se a ação estatal foi lícita ou ilícita, se há excludente de culpabilidade, se há discricionaridade, enfim, quais os limites e parâmetros para reduzir estas incertezas e conferir aos envolvidos a mais justa e balizada decisão.

Nesse sentido, Luis Roberto Gomes (2003) esclarece:

> [...] pertinente seria distinguir aquela situação em que a omissão tem por antecedente o exercício da discricionariedade daquela em que a inércia não tem qualquer justificativa, significando descaso com a coisa pública por parte do administrador. [...] Se houver inércia ante os fatos de relevância social que demandarem providências

concretas, omitindo-se o administrador sem qualquer justificativa, sem prévio juízo de valor acerca da necessidade, da forma ou do tempo em que será implementada a medida respectiva, maior a probabilidade de desatendimento do interesse público subjacente e, conseqüentemente, da incidência de controle externo, pelo Ministério Público o pelo Judiciário. (GOMES, 2003, p. 88)

Como exemplo de omissão administrativa que contempla a necessidade de planejamento e as consequências decorrentes de sua ausência, o referido autor destaca:

> [...] Assim é que, se um município promovesse o lançamento de esgotos domésticos sem prévio tratamento por absoluta indisponibilidade orçamentária municipal para implantar o sistema adequado, mas realizasse estudo e projetos prévios, postergando-o para data futura, razoável e planejada, inviável que sentença judicial o condenasse a fazê-lo imediatamente, uma vez que naquele momento legítima a opção pela omissão, tomada após a competente análise discricionária. [...] Por outro lado, se a inércia na implementação do sistema de tratamento não encontrasse respaldo técnico, até porque não realizado qualquer estudo sobre o caso, nem revelada intenção de realizá-lo, aí caberia o controle jurisdicional. Neste caso, não haveria fato administrativo, mas inércia pura e simples, mera situação de fato, ilícita, ineficiente e passível de corrigenda. (GOMES, 2003, p. 89)

Lúcia Valle Figueiredo (1996) esclarece com precisão essa possibilidade de modificação do planejamento econômico, desde que respeitadas as garantias fundamentais, sobretudo a dignidade da pessoa humana, os valores sociais do trabalho e da livre iniciativa:

> [...]
>
> Em termos de Administração concertada, como dizem, Gordillo, Laubadére, Vidal Perdomo, tal seja a participação do administrado nos planos, é totalmente inviável excluir a responsabilidade do estado por atos decorrentes de modificação do planejamento, sejam estes responsáveis (portanto lícitos), sejam irresponsáveis como acontece, muitas vezes, em países em que o grau de responsabilidade dos supremos governantes ainda deixa muito a desejar. E, ademais disso, em que o país, na verdade, passa a ser laboratório de experiências. É dizer, planos são elaborados sem a necessária previsão das conseqüências, tanto assim é que são modificados

em brevíssimo prazo, levando de roldão a iniciativa privada para graves conseqüências.

Ora, mesmo em governos com preocupação social, marcada como determina a Constituição brasileira, não se poderia justificar mudanças descriteriosas a pretexto, à invocação do *interesse público*, chamado a contexto sem qualquer suporte. (FIGUEIREDO, 1996, p. 100)

O processo de planejamento e os planos dele decorrentes, em especial em nosso foco — políticas públicas —, podem sofrer modificações advindas, por vezes, de elementos externos que transbordam os limites de sua abrangência, como progressos tecnológicos (a exemplo das telecomunicações), novas técnicas (engenharia genética, biotecnologia) e inovações de outros e novos ramos do conhecimento.

O ponto fulcral é de como associar a atuação do homem com a do Estado, passando pela confiabilidade depositada pelo primeiro ao segundo (princípio da boa-fé, da administração leal), pela segurança jurídica primordial à manutenção da certeza do direito e pela responsabilidade do Estado em conceber um planejamento, que deve incorporar a sistematização de valores e conciliar os diversos interesses em prol do bem-estar comum.

O que mais nos surpreende é a forma como são implementadas algumas políticas públicas e o seu processo de descontinuidade, que pressupõe o reclamo da sociedade e a necessidade de maior comprometimento e seriedade dos agentes políticos, renovando-se em cada projeção para o futuro, muitas vezes a custo alto, pois desmobilização e remobilização de recursos materiais e humanos (antes afetos a uma determinada linha de atuação estatal, e agora, "redirecionados" para outra) envolve, quando menos, tempo.

Consoante Lúcia Valle Figueiredo (2005), há necessidade de mudança na gestão dos negócios públicos com a mentalidade de ação planejada:

> Esse deslocamento de foco — do problema atual para o cenário de médio e longo prazo — exige por sua vez um nível maior de profundidade no conhecimento de seu próprio negócio (para que se possa entrar numa seara de formulação de prognose); e, mais ainda, demanda um alargamento de horizontes, que permita a identificação das interfaces que cada programa ou ação estatal possa ter com outras estruturas do próprio governo, evitando-se com isso o retrabalho, enfim, a gestão irracional dos recursos. (FIGUEIREDO, 2005, p. 29-30)

Por fim, a referida autora conclui com a ideia de profissionalização do planejamento diante da Lei de Responsabilidade Fiscal: "A idéia é, portanto — com o quadro normativo complementado pela Lei Complementar nº 101/00 —, não só de reforço ao tema do planejamento das ações públicas, mas, em última análise, de profissionalização dessa atividade, pelo forte vezo técnico de que ela, indiscutivelmente, se reveste". (FIGUEIREDO, 2005, p. 30)

Ao tratar da possibilidade de utilização da ação civil pública para obrigar a Administração Pública a agir nas hipóteses de omissão, por ato ilícito, condenando-a à obrigação de fazer, ressalva Nilma de Castro Abe (2006), que caberia ao Órgão Judiciário a fixação de prazo para cumprimento daquela e avaliar capacidade financeira do ente estatal envolvido. Contudo, adotando o raciocínio da autora, por analogia, no tocante à omissão do Órgão Executivo na implementação do planejamento econômico, afirmamos, como a autora:

> [...] Já a indisponibilidade orçamentária e financeira do Poder Executivo caracteriza um óbice maior à imposição do Poder Judiciário, na via da ação civil pública, pois a imposição de determinada atividade administrativa considerada prioritária pelos princípios regentes da ordem constitucional e infraconstitucional interfere excepcionalmente na execução orçamentária dos negócios públicos. De fato, é preciso alcançar um meio termo nesta questão. Assim como a indisponibilidade orçamentária não pode ser alegada e aceita em todas as circunstâncias pelo Poder Judiciário — o qual tem o dever de investigar e descobrir a real situação financeira do órgão —, também não pode ser totalmente desprezada, quando comprovadas as dificuldades financeiras e orçamentárias dos órgãos públicos, as quais retratam os limites da atuação estatal. Em outros termos, o Estado do bem-estar social, pensado e de certo modo abraçado enquanto modelo de Estado pela Constituição de 1988, possui *recursos* (humanos, financeiros, materiais, operacionais) *finitos* e essa realidade não pode deixar de ser recepcionada por todos os envolvidos em conflitos desta ordem: Poder Judiciário, sociedade, Administração Pública, Ministério Público, de modo que possam atuar com bom sendo e razoabilidade. (ABE, 2006, p. 239)

Comungamos, então, com o entendimento de que existe análise econômica do Direito, sendo esta pertinente ao moderno Estado do Bem-Estar Social, cabendo uma reorientação acadêmica conferindo força à multidisciplinaridade, pois esta reveste, hoje, as relações políticas, jurídicas e governamentais, lançando-se, assim, o desafio de ser assumida com seriedade a possibilidade de reformas procedimentais que aprimorem a responsabilização democrática.

Um dos caminhos é o processo de planejamento econômico, veiculado pela lei (plano) e fundamentado em uma exposição de motivos clara, transparente, precisa, em dados orçamentários e financeiros e com provisão para a eficácia social que pretende alcançar.

4.3 Da visão pragmática da ausência de planejamento econômico – A criação das agências reguladoras

Passadas quase duas décadas da inserção no contexto nacional da Constituição de 1988, o que vemos é a existência de um relevante instrumento político e técnico de implementação do desenvolvimento nacional e de concretização dos objetivos da República Federativa do Brasil, ou seja, o planejamento econômico, não aproveitado, por falta de vontade política[104][105] e, de outra parte, a criação de "novos" entes

---

[104] Registre-se a iniciativa do Governo Federal, em 2007, em criar o Programa de Aceleração do Crescimento (PAC) (objetivos e metas foram dispostos na apresentação que consta do seguinte endereço eletrônico <http://www.planejamento.gov.br/arquivos_down/noticias/pac/070123_PAC_impresa.pdf>).

[105] No editorial do Jornal *O Estado de S.Paulo*, 12 mar. 2007, a Professora Doutora em Economia pelo MIT e Professora Titular da FGV-SP, Eliana Cardoso, escreve interessante artigo intitulado "Oscar da maquiagem" em que faz um cotejo entre o cinema e a realidade para tratar do referido PAC e por concordarmos com suas considerações que comungam com entendimento firmado neste trabalho entendemos por bem compartilhá-las: "[...] Na economia política, também é possível traçar um paralelo entre o Programa de Aceleração do Crescimento (PAC) e o Plano de Metas de JK. Os críticos veriam no PAC — com sua ênfase no investimento público e a promessa de crescimento de 5% ao ano (modesta em comparação aos 8% ao ano do período do JK) — uma caricatura do Programa de Metas. [...] *Parte da oposição reclama que o programa está amarrado ao passado, porque faz do Estado o ator principal da economia, despreza alternativas mais eficientes e deixa a carga tributária sem remédio.* Entretanto, não há como negar que o pacote define e ordena metas de investimento e resgata a necessidade de recuperar a infra-estrutura. [...] *A infra-estrutura inadequada aumenta o custo da produção e dos negócios. Custo alto e incertezas mantêm baixas a formação de capital fixo e a produtividade.* No passado, a incerteza derivava da instabilidade da inflação, que, por sua vez, advinha de orçamentos fiscais desequilibrados, combinados a uma política monetária frouxa e ao endividamento externo. Hoje, a inflação e a dívida externa ficaram para trás, graças a superávits primários, política monetária restritiva e um choque positivo dos termos de intercâmbio. *Boa parte da incerteza provém dos riscos que cercam as agências reguladoras e a aplicação das leis. [...] O PAC diz que pretende resolver o problema pela combinação de um aumento do investimento público com renúncias fiscais e estímulos ao crédito.* Sinaliza aumentos de gastos e reafirma o modelo do Estado grande com base numa carga tributária cada vez mais pesada. [...] *Para atrair investimentos privados o PAC recorre a créditos públicos e concede isenções fiscais, que, embora tímidas, reforçam a visão do Estado interventor que favorece apenas algumas atividades,* como a informática e a construção civil, e induz, portanto, a novas distorções alocativas num ambiente tributário já ineficiente e caótico. Porque não age a favor das reformas, o programa merece um Oscar de maquiagem, tal como O Labirinto do Fauno. *Sem uma reforma previdenciária, não haverá controle dos gastos públicos. E, sem esse controle, não haverá corte de impostos para abrir espaço para o investimento privado. Ao mesmo tempo, sem uma reforma da legislação trabalhista e tributária faltará ao mundo dos negócios o dinamismo necessário ao crescimento sustentado [...]*". (grifos nossos)

ou estruturas administrativas, cuja inclusão em nosso ordenamento se faz sem qualquer planejamento, gerando diversas e preocupantes consequências para a vida dos cidadãos brasileiros, a exemplo das agências reguladoras.

Partindo dos conhecimentos e das reflexões a respeito da existência da ordem econômica constitucional e da intervenção estatal nesta, enxergamos na criação das agências reguladoras o viés pragmático da inaplicabilidade (entenda-se omissão ou inexistência) do planejamento estatal.

Elegemos a regulação, espécie do gênero intervenção estatal na ordem econômica, por ser instrumento jurídico que busca a implementação de políticas públicas.

Regular é confiar ao Estado a atuação em setores essenciais da economia do país, fiscalizando o cumprimento das finalidades públicas, exercitadas por meio da interação do setor público com o setor privado (administrando, inclusive, a luta de interesses), atraindo e dinamizando as atividades, pela absorção dos avanços tecnológicos, além de imputar custos e sanar imperfeições do mercado.

Pretendendo conhecê-la, devemos buscar sua gênese e seu regime jurídico, cotejando-o com o direito regulatório e com o direito concorrencial, para, então, chegarmos à competência normativa atribuída ao "órgão regulador", denominado de agência reguladora e sua relação com o planejamento estatal, diante da existência de lacunas e os aparentes conflitos normativos.

Recordemos que no século XX houve uma movimentação mundial, calcada em incrementos tecnológicos, que aproximou povos e culturas e ampliou fronteiras comerciais e volume de negócios, reafirmando a ideia de livre circulação de bens e serviços, o que ocasionou uniformização no tratamento jurídico de determinadas nações a suas atividades econômicas, políticas e sociais, fundada nos princípios da subsidiariedade e da eficiência.

Essa reestruturação estatal aproximou ainda mais a iniciativa privada das relações públicas, o que enseja a dúvida de como se imiscuir o interesse pelo lucro e o respeito ao regime publicístico, com suas peculiaridades e necessidades da coletividade.

O Estado brasileiro também passou por essas modificações e as vivencia hoje. Estamos interessados em refletir sobre a regulação e a concorrência que emerge dessa transição político-econômica, por estarem intrinsecamente inseridas nesse progresso científico e tecnológico.

O regime jurídico consagrado pela Administração Pública na função de concretizar os interesses públicos passa por uma transição de uma economia calcada em forte presença do Estado, com monopólios econômicos e prestação exclusiva de serviços públicos, para a introdução da competição, onde ela não existia, com vistas ao livre mercado e à delegação da execução daqueles. Aqui se identifica o papel da regulação de um determinado setor definido como relevante no plano do desenvolvimento econômico.

Assim, a regulação, como promotora e fiscalizadora da competição, terá que prevenir concentrações pela via da desverticalização de atividades, entre outras formas de intervenção na ordem econômica, até se chegar à sua redução pela via da desregulação, de tal sorte que essa atual ideologia político-econômica remodele e reafirme os institutos da regulação e da concorrência relevantes e imprescindíveis ao Estado na persecução de seus objetivos.

4.3.1 Da gênese das agências reguladoras ou autoridades administrativas independentes

4.3.1.1 Breves considerações sobre a experiência regulatória na Inglaterra, nos Estados Unidos da América (EUA) e na França

O tema regulação das atividades públicas e privadas não é novidade em uma estrutura estatal que visa ao gerenciamento de interesses públicos. Contudo, foram inseridas em nosso ordenamento após a década de 1990, as referidas "agências reguladoras", cuja gênese encontra precedentes no direito comparado, razão pela qual devemos ter conhecidos esses universos.

Na Inglaterra, a partir de 1834, floresceram entes autônomos, criados pelo Parlamento para concretizar medidas previstas em lei e para decidir controvérsias resultantes desses textos; a cada lei que disciplinasse um assunto de relevo, criava-se um ente para aplicar a lei. Os Estados Unidos sofreram influência inglesa e, a partir de 1887, teve início a proliferação de *agencies* para regulação de atividades, imposição de deveres na matéria e aplicação de sanções.

Hübner Mendes (2000) destaca que a história das agências reguladoras nos Estados Unidos passou por quatro fases principais. O nascimento desse modelo de regulação deu-se em 1887, quando se verificou a necessidade de se conferir uma resposta reguladora às disputas que estavam a ocorrer entre as empresas de transporte ferroviário que procuravam obter o lucro máximo nas tarifas que livremente estipulavam e os fazendeiros do Oeste, que atuaram como grupo de pressão sobre as Assembleias estaduais, objetivavam a regulação legislativa das tarifas ferroviárias e o preço de armazenagem de cereais. Acatando a reivindicação dos fazendeiros, naquele ano, criou-se a ICC (*Interstate Commerce Comission*) e, um pouco mais tarde, a FTC (*Federal Trade Comission*), destinadas a controlar condutas anticompetitivas de empresas e corporações monopolistas.

Numa segunda fase, lembra o autor, localizada entre os anos 1930 e 1945, a economia norte-americana abalada por uma forte crise foi socorrida por uma irrupção de inúmeras agências administrativas que, como parte da política do *New Deal*, liderada pelo Presidente Roosevelt, intervieram fortemente na economia. Tal intervenção, suprimindo os princípios básicos do Liberalismo e conferindo ampla autonomia a tais agências administrativas, foi motivo de um início de debate constitucional-jurisprudencial substancioso.

O terceiro momento, entre 1945 e 1965, foi marcado pela edição de uma lei geral de procedimento administrativo (APA – *Administrative Procedural Act*) que trouxe uniformidade no processo de tomada de decisões pelas agências, conferindo-lhes maior legitimidade.

Finalmente, ainda relata Hübner Mendes, entre os anos de 1965-1985 defrontou-se o sistema regulatório americano com um problema que desvirtuou as finalidades da regulação desvinculada do poder político: a captura das agências reguladoras pelos agentes econômicos regulados. Explica-se: os agentes privados, com seu colossal poder econômico e grande poder de influência, diante de entes reguladores que dispunham de completa autonomia perante o poder político, não encontraram dificuldades para implantar um mecanismo de pressão que acabasse por quase determinar o conteúdo da regulação que iriam sofrer. Os maiores prejudicados, por consequência, foram os consumidores. Concluindo, em 1985, em um processo que continua até os dias de hoje, o modelo começou a se redefinir consolidando modelo regulatório independente, mas com os controles externos adequados para garantir essa independência.

Em cada um desses momentos, aspectos relevantes como a extensão do controle judicial sobre a atuação regulatória e a delegação de poderes normativos às agências permearam a interpretação jurisprudencial da Suprema Corte Americana.

Na França, as Autoridades Administrativas Independentes, embora sem personalidade jurídica e sujeitas à fiscalização do Conselho do Estado, marcam também um propósito de neutralidade política.

Apesar das adversidades, tanto as agências reguladoras nos Estados Unidos como as autoridades administrativas independentes na França têm em comum o objetivo de proteger os cidadãos que têm interesse nas atividades econômicas e sociais sujeitas à regulação estatal.

O histórico das reformas administrativas no Reino Unido,[106] assim como no Brasil, nas décadas de 80 e 90 do século passado, demonstra a grande intensidade com a qual as experiências de ambos os países passaram, e ainda passam, por experiências de privatizações, liberalizações de setores com ou sem regulação, além das parcerias do setor público com o privado. Mais que isso, mostra como o nosso planejamento, ou melhor, nossa falta de planejamento pode se beneficiar e aprender com a experiência britânica.

No gozo de certa maturidade regulatória, o Estado britânico adotou, recentemente, nas últimas reformas administrativas,[107] sob a administração do partido trabalhista, uma série de medidas que visavam, primordialmente, ao aperfeiçoamento da atividade regulatória. Para tanto, desenvolveu, dentre as várias ferramentas, a Avaliação de Impacto Regulatório[108] ("Regulatory Impact Assessment" – RIA), para cada política pública que pudesse vir a causar significativo impacto à sociedade.

---

[106] Para uma introdução à reforma administrativa na Inglaterra até o ano 1997 (MACEDO, Marcelo Ernandez; ALVES, Andréa Moraes. Reforma Administrativa: o caso do Reino Unido. *Revista do Serviço Público*, ano 48, n. 2, p. 63-79, maio/ago. 1997). Para aprofundamento no tema e uma visão mais contemporânea (BALDWIN, Robert. *Is Better Regulation Smarter Regulation?*. London, p. 1-32, 19 Oct. 2004. Mimeografado).

[107] Ainda em 1997, foi criada no Reino Unido, a força-tarefa da *Better Regulation* (BRTF) dentro do próprio gabinete do governo, incumbida de dar voz às necessidades de pequenos negócios e do público em geral. A BRTF, em 1999, foi renomeada para *Regulatory Impact Assessment Unit*. Dentre *as iniciativas que caracterizaram* a BRTF estão: (i) publicação dos princípios adotados pelo governo, quais sejam: necessidade, eficiência, proporcionalidade, transparência, prestação de contas (*"accountability"*) e consistência; (ii) substituição da análise de custo-benefício anteriormente adotada pelo partido dos trabalhadores pela Avaliação de Impacto Regulatório (*"Regulatory Impact Assessment – RIA"*); (iii) aprovação pelo Parlamento da *"Regulatory Reform Act"* em 2001.

[108] As Avaliações de Impacto Regulatório ou "RIAs" são vistas não só pelo Reino Unido, mas também pela União Europeia e a Organização de Cooperação para o Desenvolvimento Econômico (OCDE – órgão internacional), como a ferramenta principal de aperfeiçoamento da atividade regulatória. Para uma introdução ao estudo dos RIAs, BALDWIN, Robert. *Is Better Regulation Smarter Regulation?*. London, p. 1-32, 19 Oct. 2004. Mimeografado; ADLER, M. D.; POSNER, E. A. (Ed). *"Cost-Benefit Analysis*: Legal, Economic and Philosophical Perspectives". Chicago, IL/London: University of Chicago Press, 2001. Para um aprofundamento nas discussões doutrinárias, ROSE, R. What is Lesson-Drawing. *Journal of Public Policy*, v. 11, p. 3-30, 1991; RADAELLI, Claudio M. The Diffusion of Regulatory Impact Assessment: Best Practice or Lesson-Drawing?. *European Journal of Political Research*, v. 43, p. 723-747, 2004

Infelizmente, no esforço político de importar o modelo de *agencies* (EUA e Inglaterra) e autoridades administrativas independentes (França) para o Brasil, na década de 1990, não se buscou introduzir esses instrumentos de avaliação de impacto regulatório,[109] o que estaria perfeitamente coerente para a concretização dos princípios da segurança jurídica e eficiência, além de esclarecer se está sendo eficaz a implementação da regulação em determinado setor, em conformidade com o objetivo do desenvolvimento nacional.

Políticas regulatórias envolvem o diálogo, o desenvolvimento e a implantação sistemáticos de políticas governamentais, avaliando o uso que o governo faz de sua competência regulatória.

Para tanto, o governo deve buscar ferramentas regulatórias que são utensílios que se destinam a aprimorar o arcabouço regulatório e sua implantação, a exemplo: RIA[110] (tem a finalidade

---

[109] A Lei nº 9.472/1997 que dispõe sobre a organização dos serviços de telecomunicações, a criação e funcionamento de um órgão regulador prevê no artigo 18, incisos II e III, dentre as competência atribuídas ao "Poder" Executivo a aprovação de planos gerais de outorga de serviço prestado no regime público e de *metas* para a progressiva universalização de serviço prestado no regime público, o que demonstra uma forma ainda acanhada de estabelecimento de um processo de planejamento, como veremos no Capítulo 3.

[110] Buscando coerência, não pretendemos "importar" o modelo da *Regulatory Impact Assessments* (RIAs) para nosso ordenamento, mas, no contexto em que o indicamos no cotejo com a regulação estrangeira, entendemos que este aprimoramento em técnica e qualidade deveria ficar registrado, pois traduz um avanço em técnica e qualidade, um aperfeiçoamento do regime regulatório europeu, que, quiçá no futuro, possa nos ser útil. Ademais, como se verá a seguir, trata-se de uma ferramenta que aproxima os ditames democráticos e de eficiência, ainda pouco explorados no Brasil, na gestão regulatória. Interpretando o artigo de BALDWIN, Roberto, *"Is Better Regulation Smarter Regulation?"*. London, 2004. p. 1-32. Mimeografado, destacamos que os RIAs são vistos como a ferramenta principal de aperfeiçoamento da regulação pelo Reino Unido, EU e OCDE. Segundo o autor, os RIAs têm também papel central para responder a pergunta/título do *paper*, isto é, se a *"Better Regulation"* é mais eficiente. RIAs são realizados pelas agências reguladoras e as unidades especializadas nos departamentos do governo *"Departmental Regulatory Impact Units"* (DRIUs). As diretrizes são fornecidas pelo gabinete do governo. Cada RIA deve primeiro ter uma minuta no início do processo de tomada de decisão e deve ser desenvolvido após a consulta pública. RIAs são destinados a informar a tomada de decisão, e não a determinar as decisões ou para substituir a responsabilidade (*"Public Accountability"*). Eles são idealizados para encorajar a *"Better Regulation"* a: (i) esclarecer os objetivos e definir problemas; (ii) assegurar que os objetivos regulatórios são alcançados com eficiência e a um custo baixo pela estratégia que maximiza os benefícios em detrimento dos custos, sejam eles regulatórios ou não; (iii) identificar alternativas à regulação tradicional para atingir os objetivos almejados; (iv) identificar as necessidades de informação dos tomadores de decisão; (v) desmistificar as assertivas relacionadas com a aplicação de normas e seu impacto no mundo dos negócios; (vi) facilitar o escrutínio ministerial e do parlamento da regulação adotada; (vii) aumentar a responsabilidade (*"accountability"*) e a transparência da atividade regulatória; e (viii) implantar os princípios da boa regulação já ditos anteriormente. O autor afirma que, quando usado da melhor maneira, é esperado que o RIA vá alavancar a tomada de decisão no âmbito regulatório. No entanto, o uso eficiente do RIA encontra dificuldades, como por exemplo, a disponibilidade de dados, as considerações feitas a partir dos valores nos quais o RIA se baseia, a consistência do RIA com os valores sociais, a duração do RIA, e a resistência administrativa ao procedimento do RIA. Pelo menos é o que o autor extraiu das experiências dos RIAs na prática, além de problemas em implementar o RIA. Exemplos de RIAs fracassados ou de procedimentos fracassados foram apontados pelo *"National Audit Office"* (NAO), órgão governamental que realiza avaliações de RIAs.

central de indagar se a regulação está sendo eficiente) como ocorre na Europa; consulta e audiência públicas; redução de burocracia estatal; definição legislativa dos papéis de fiscalização; fomento; regulação entre os "órgãos" regulatórios e os órgãos e entes de concorrência.

Os focos dessas ferramentas de implantação são os graus de responsabilidade (*"accountability"*) e honestidade (*"fairness"*) com que as regras regulatórias são aplicadas, incluindo possibilidade de revisão da decisão. As instituições regulatórias são órgãos que aplicam as políticas regulatórias, tanto no âmbito do poder executivo quanto no âmbito do poder legislativo, além de contar com a participação de reguladores independentes e outras organizações.

É de todo sabido que a atividade econômica, no sentido *lato*, que possa ora ser pressuposto de atividade econômica, propriamente dita (a exemplo da comercialização, distribuição e refinamento de petróleo) e de serviços públicos (como os de telecomunicações), encontra-se, por vezes, revestida de complexidade técnica e o Estado nem sempre tem condições de exercê-la seja por falta de agilidade e eficiência seja pelo dever de acompanhar o livre mercado e nele não se imiscuir, apenas, atuando como observador do pleno e correto desempenho das partes envolvidas e intervindo, se necessário, para dirimir, definir e sancionar os conflitos.

A posição do cidadão-usuário é de dependência desses mecanismos de execução e de controle que, se bem harmonizados, permitem a eficaz prestação dos serviços públicos ou o pleno exercício da atividade econômica, visando ao atendimento de seus interesses públicos e atendendo, também, aos interesses peculiares e próprios dos que os prestam.

A qualidade da regulação dependerá não apenas do sistema de controle ou da natureza jurídica das regras e dos requisitos, mas, principalmente, das diretrizes que serão tomadas para compelir à aplicação das regras regulatórias, para que haja efetividade das atividades reguladas.

Os princípios que devem reger essa sistematização são, ao nosso entender: (i) transparência (definição clara dos *standards* da regulação); (ii) provisão de plena informação sobre princípios, normas, procedimentos e decisões (observadas as regras de publicidade e motivação); (iii) flexibilidade nos métodos e metodologias de trabalho, para eficiência e eficácia da regulação; (iv) abertura de diálogo com a iniciativa privada (nacional e estrangeira) e os institutos não governamentais; (v) intercâmbio de informações em nível multidisciplinar para que sejam alcançadas explicações dos reguladores e regulados sobre as normas e procedimentos a serem estabelecidos; (vi) aplicação extensiva do devido processo legal estabelecendo o direito a se opor a decisões e normas; (vii) provisão regulatória de revisão pelos órgãos reguladores (Executivo) e legislativos, como forma de aperfeiçoamento regulatório.

Esse é o nosso entendimento quanto ao ideal de regulação.

As agências reguladoras surgiram no Brasil como "órgãos" dotados das qualidades especiais (técnicas, estruturais, financeiras, normativas) que o Estado-Administração não detém e para garantir os direitos dos cidadãos.

Essa competência normativa não parece, entretanto, ser alvo de questionamento, quer no direito norte-americano, quer no direito francês, pois segundo a análise de Davis (*apud* GARCIA, 2002, p. 220) o debate sobre a independência desses organismos tem abordagens diferentes na França e nos Estados Unidos. Lá, tendo em vista a existência do contencioso administrativo, somente ao qual se submetem as questões administrativas, surge a discussão sobre qual a jurisdição a que se devem se submeter as autoridades administrativas independentes, na consideração de que sua submissão ao Judiciário poderia caracterizar uma ofensa ao princípio da separação de poderes. Já nos Estados Unidos, ainda que a questão da separação de poderes seja relevante, os debates não giram em torno desse aspecto, pois não há qualquer dúvida de que as agências reguladoras submetem-se ao controle judicial.

Na federação americana, a questão principal, cuja importância decorre, ainda segundo a análise daquele professor, do pragmatismo que caracteriza a sociedade americana, é a que diz respeito ao *due process of law*, e sobretudo a da equidade e da imparcialidade devida aos litigantes e da oportunidade de um recurso judicial. É a sua independência relativa à oportunidade de recurso ou, mais exatamente, do *judicial review*, assim como sua independência em relação ao Executivo e ao Legislativo, que provocaram interesses mais sérios nesse lado do Atlântico.

Relembremos que, como inicialmente apontado, já se encontra firmemente definido, doutrinariamente, que o poder normativo do Poder Executivo, nos Estados Unidos, decorre de delegação feita pelo Poder Legislativo, encontrando, pois, nessa delegação, os seus limites; e, na Europa, decorre da própria Constituição, que deve prevê-lo.

Não parece, assim, ser objeto de maiores questionamentos nos referidos países, a extensão e os limites do poder de editar normas que têm as agências reguladoras.

Esse é, por outro lado, um ponto fulcral dos debates travados em torno das agências reguladoras no Brasil, como veremos a seguir, ao conhecermos com maiores minúcias a gênese, o regime jurídico e, consequentemente, as atribuições daquelas.

4.3.1.2 O surgimento do "órgão regulador" no ordenamento jurídico brasileiro

Já no início do século XX, foram criados no Brasil órgãos como: o Comissariado de Alimentação Pública (1918), o Instituto de Defesa Permanente do Café (IBC) (1923), o Instituto do Álcool e do Açúcar (IAA) (1933), o Instituto Nacional do Mate (1938), o Instituto Nacional do Sal (1940), o Instituto Nacional do Pinho (1941) que tinham a competência exclusiva para acompanhar e regular estas atividades específicas que lhes eram inerentes, ou seja, regular as atividades econômicas relacionadas ao café, álcool, açúcar, mate, sal e pinho.

O Estado brasileiro, buscando adequar-se à globalização (fator externo), promoveu e incentivou uma integração regional que corrigisse as disparidades criadas ao longo de sua história, decorrentes de uma organização administrativa viciada e deficiente (fator interno), redefinindo, então, seu "novo" papel.

A implantação dessa Administração Pública gerencial possui como um de seus postulados básicos a redefinição ou requalificação do grau de intervenção do Estado na ordem econômica, traduzida no referido "papel regulador", e que hoje vem sendo exercido por entidades descentralizadas, a exemplo das "agências reguladoras".[111]

Repisando, então, aquele posicionamento ideológico-político, o Estado, a partir da metade da década de noventa, criou entidades autárquicas setoriais de regulação, denominadas de "agências", com regime jurídico especial,[112] por serem dotadas de autonomia e especialização, além de outras características.

Recorremos ao excelente levantamento de dados de Dinorá Adelaide Musetti Grotti (2004) para destacar que no plano federal foram criadas as seguintes agências:

---

[111] BORGES, 1998, *passim.*

[112] Dinorá Adelaide Musetti Grotti (2004) relembra que "a expressão autarquia especial foi empregada, pela primeira vez, na Lei nº 5.540, de 28.11.68 (art. 15), para ressaltar o fato de a universidade pública apresentar um grau de autonomia administrativa superior àquele reconhecido às demais entidades autárquicas".

- Agência Nacional de Energia Elétrica (ANEEL) – Lei nº 9.427, de 26.12.96, alterada pelas Leis nºs 9.648 e 9.649, ambas de 27.05.98, 9.986, de 18.07.00 e 10.438, de 26.04.02; Decreto nº 2.335/97, alterado pelo Decreto nº 4.111/02. Vinculada ao Ministério de Minas e Energia, foi instituída com a finalidade de regular e fiscalizar a produção, a transmissão, a distribuição e a comercialização de energia elétrica em conformidade com as políticas e diretrizes do governo federal;
- Agência Nacional de Telecomunicações (ANATEL) – Lei nº 9.472, de 16.07.97, modificada pela Lei nº 9.986, de 18.07.00; Decreto nº 2.338/97, alterado pelos Decretos nº 2.853/98, nº 3.873/01 e nº 4.037/01. Vinculada ao Ministério das Comunicações, com a função de órgão regulador das telecomunicações;
- Agência Nacional do Petróleo (ANP) – Lei nº 9.478, de 06.08.97, alterada pelas Leis nºs 9.986, de 18.07.00, 9.990, de 21.07.00, 10.202, de 20.02.01 e 10.453, de 13.05.02; Decreto nº 2.455/98, alterado pelos Decretos nº 3.388/00 e nº 3.968/01. Vinculada ao Ministério de Minas e Energia, como órgão regulador da indústria do petróleo;
- Agência Nacional de Vigilância Sanitária (ANVISA — dantes denominada ANVS) – Lei nº 9.782, de 26.01.99, alterada pela Lei nº 9.986, de 18.07.00 e pela MP nº 2.190-34, de 23.08.01; Decreto nº 3.029/99, alterado pelo Decreto nº 4.220/02. Vinculada ao Ministério da Saúde, com a fina-lidade institucional de promover a proteção da saúde da população por intermédio do controle sanitário, da produção e da comercialização de produtos e serviços submetidos à vigilância sanitária;
- Agência Nacional de Saúde Suplementar (ANS) – Lei nº 9.961, de 28.01.00, alterada pela Lei nº 9.986, de 18.07.00 e pela MP nº 2.177-44, de 24.08.01; Decreto nº 3.327/00. Vinculada ao Ministério da Saúde, com a finalidade de promover a defesa do interesse público na assistência suplementar à saúde, regulando as operadoras setoriais, inclusive quanto às suas relações com prestadores e consumidores;
- Agência Nacional de Águas (ANA) – Lei nº 9.984, de 17.07.00, alterada pela MP nº 2.216, de 31.08.01; Decreto

nº 3.692/00. Vinculada ao Ministério do Meio Ambiente, como entidade federal de implementação da Política Nacional de Recursos Hídricos e de coordenação do Sistema Nacional de Gerenciamento de Recursos Hídricos;

- Agência Nacional de Transportes Terrestres (ANTT) – Lei nº 10.233, de 05.06.01, alterada pelas Leis nºs 10.470/02 e 10.561, de 13.11.02 e pela MP nº 2.217-03, de 04.09.01; Decreto nº 4.130/02. Vinculada ao Ministério dos Transportes, destinada à regulação do transporte ferroviário de passageiros e carga e exploração da infraestrutura ferroviária; dos transportes rodoviário interestadual e internacional de passageiros, rodoviário de cargas, multimodal; e do transporte de cargas especiais e perigosas em rodovias e ferrovias;
- Agência Nacional de Transportes Aquaviários (ANTAQ) – Lei nº 10.233, de 05.06.01, alterada pelas Leis nºs 10.470/02 e 10.561, de 13.11.02 e pela MP nº 2.217-03, de 04.09.01; Decreto nº 4.122/02. Vinculada ao Ministério dos Transportes, com o fim de regular os transportes de: navegação fluvial, travessia, apoio marítimo, apoio portuário, cabotagem e longo curso. Também visa a regular os portos organizados, os terminais portuários privativos, o transporte aquaviário de cargas especiais e perigosas;
- Agência Nacional do Cinema (ANCINE) – MP nº 2.228-1, de 06.09.01, com a redação dada pela Lei nº 10.454/02; Decreto nº 4.121/02, alterado pelo Decreto nº 4.330/02; Decreto nº 4.283/02. Vinculada nos primeiros doze meses, a partir de 05.09.01, à Casa Civil da Presidência da República e a contar daí ao Ministério do Desenvolvimento, Indústria e Comércio Exterior. Visa ao fomento, regulação e fiscalização da indústria cinematográfica e videofonográfica.

Há uma autarquia sob regime especial, vinculada ao Ministério da Fazenda, cujas funções são de índole equivalente às das agências reguladoras, mas que não recebeu a denominação de agência: É a Comissão de Valores Mobiliários — Lei nº 10.411, de 26.02.02; Decreto nº 4.300/02, alterado pelo Decreto nº 4.537/02.

Há outras autarquias, que também são denominadas "agências", mas não se constituem em "autarquias especiais", quais sejam:

- Agência Espacial Brasileira (AEB) – Lei nº 8.854, de 10.02.94, alterada pela MP nº 2.216-37, de 31.08.01. Decreto nº 3.566/00, alterado pelo Decreto nº 4.140/02. Autarquia federal, com natureza civil, vinculada à Presidência da República, com a finalidade de promover o desenvolvimento das atividades espaciais de interesse nacional. Responde de modo direto ao Presidente da República. É dotada de autonomia administrativa e financeira;

- Agência de Desenvolvimento da Amazônia (ADA) – MP nº 2.157-5, de 24.08.01, alterada pela MP nº 2.199, de 24.08.01; Decreto nº 4.125, de 13.02.02. Autarquia vinculada ao Ministério da Integração Nacional, com o objetivo de implementar políticas e viabilizar instrumentos de desenvolvimento da Amazônia;
- Agência de Desenvolvimento do Nordeste (ADENE) – MP nº 2.156-5, de 24.08.01, alterada pela MP nº 2.199, de 24.08.01; Decreto nº 4.126, de 13.02.02. Autarquia vinculada ao Ministério da Integração Nacional, com o objetivo de implementar políticas e viabilizar instrumentos de desenvolvimento do Nordeste.

Há ainda um órgão, portanto unidade da Administração direta e não uma autarquia, que recebeu o nome de "agência": a Agência Brasileira de Inteligência (ABIN), criada pela Lei nº 9.883, de 07.12.99; Decreto nº 4.376/02.

Há também uma autarquia, não autarquia especial, cujos conselheiros e procurador-geral têm mandato; exerce funções judicantes, cujas decisões não se submetem à revisão hierárquica, mas que não foi instituída como agência: o CADE (Conselho Administrativo de Defesa Econômica), criado pela Lei nº 4.137, de 10.09.62, que passou a se constituir em autarquia federal pela Lei nº 8.884, de 11.06.94, vinculada ao Ministério da Justiça.

Nos Estados, surgiram várias agências multisetoriais (sem especialização) para regular as atividades dos concessionários dos respectivos serviços estatais ou para exercer poder delegado pela União na fiscalização de serviços elétricos:

- Agência Estadual de Regulação dos Serviços Públicos Delegados do Rio Grande do Sul (AGERGS), criada pela Lei Estadual nº 10.931, de 09.01.97, posteriormente alterada pela Lei nº 11.292, de 23.12.98;
- Agência Reguladora de Serviços Públicos Delegados do Estado do Ceará (ARCE) – Lei Estadual nº 12.786, de 30.12.97;
- Agência Estadual de Serviços Públicos do Estado do Espírito Santo (AGESP) – Lei Estadual nº 5.721, de 19.08.98;

- Agência Estadual de Regulação dos Serviços Públicos Delegados do Estado de Mato Grosso (AGER/MT) – Lei nº 7.101, de 14.01.99;
- Agência Estadual de Regulação de Serviços Públicos de Minas Gerais (ARSEMG) – Lei Estadual nº 12.999, de 31.07.98;
- Agência Estadual de Regulação e Controle de Serviços Públicos do Pará – Lei Estadual nº 6.099, de 30.12.97;
- Agência Reguladora de Serviços Públicos Concedidos do Estado do Rio de Janeiro (ASEP-RJ) – Lei Estadual nº 2.686, de 13.02.97;
- Agência Reguladora de Serviços Públicos do Estado do Rio Grande do Norte (ASEP-RN) – Lei Estadual nº 7.463, de 02.03.99;
- Agência Catarinense de Regulação e Controle (SC/ARCO) – Lei Estadual nº 11.355, de 18.01.00;
- Agência Reguladora de Serviços Concedidos do Estado de Sergipe (ASES) – Lei Estadual nº 3.973/98;
- Agência Reguladora de Serviços Públicos do Estado de Alagoas (ARSAL) – Lei Estadual nº 6.267, de 20.09.01;
- Agência Estadual de Regulação de Serviços Públicos de Mato Grosso do Sul (AGEPAN – MS) – Lei Estadual nº 2.363, de 19.12.01;
- Agência Goiana de Regulação, Controle e Fiscalização de Serviços Públicos (AGR) – Lei Estadual nº 13.550, de 11.11.99;
- Agência Estadual de Regulação e Controle de Serviços Públicos (ARCON) – Lei Estadual nº 6.099, de 30.12.97.

Em alguns Estados foram instituídas agências setoriais: Agência Estadual de Regulação de Serviços Públicos de Energia, Transporte e Comunicação da Bahia (AGERBA) – Lei Estadual nº 7.314, de 19.05.98; Comissão de Serviços Públicos de Energia do Estado de São Paulo (CSPE), criada pela Lei Complementar nº 833, de 17.10.97 e a ARTESP (Agência Reguladora de Serviços Públicos Delegados de Transporte do Estado de São Paulo), criada pela Lei Complementar nº 914, de 14.01.02.

No âmbito municipal, por exemplo, tem-se conhecimento da criação da Agência Municipal de Regulação dos Serviços de Saneamento de Cachoeiro de Itapemirim (AGERSA), criada pela Lei Municipal nº 4.798/99.

Ressalte-se o fato de que cada uma dessas agências está relacionada a um determinado setor da atividade econômica, o que justifica a movimentação do Estado de se afastar do papel de executor e assumir sua vocação de fiscalizador e regulador das atividades públicas, exercidas pelo setor público e pelo setor privado, primando pela necessidade do atendimento do interesse público.

Essa intervenção estatal reguladora, segundo Carlos Ari Sundfeld (2000), sugere que o Estado se organize:

> [...] para fazer mais do que editar uma lei geral para vigorar por tempo indeterminado e depois cuidar dos conflitos individuais. E para isso ele tem de intervir mais. Aqui está a questão. O modelo que conhecemos — a separação de Poderes tradicional e as funções que competiam aos Poderes Judiciário e Legislativo — era perfeitamente coerente com o baixo intervencionismo estatal.[...] É para isso que surgiram as agências reguladoras. Elas nasceram porque a sociedade exigiu que o Estado regulasse certas realidades, fazendo este "gerenciamento" que referi. Não limitar-se à distante edição de normas abstratas capazes de cuidar da sociedade durante 80 anos sem transformação mais profunda (como o Código Civil) [...]; quer dizer: normas que, embora sendo gerais, são muito mais específicas e instáveis do que foram no passado. Regular é, ao mesmo tempo, ser capaz de dirimir os conflitos coletivos ou individualizados. É por isso que surgem as agências reguladoras, porque o Estado tem de regular. (SUNDFELD, 2000, p. 28, 30)

As funções de fiscalização, normativa e sancionatória atribuídas às agências e adotadas pelo modelo de regulação implementado no Brasil, no momento de redefinição do papel do estado na Economia, contudo, devem ser analisadas com parcimônia, uma vez que nos EUA, desde a década de 30, entendeu-se que estas atribuições constituiriam um quarto poder. As agências devem buscar formas práticas de reafirmação dos seus comandos, para gerar e manter sua legitimidade.

A mudança formal do regime regulatório brasileiro ocorreu no momento de arranjo político-institucional que reavaliava o Estado e o mercado.

Os principais aspectos da Reforma do Estado foram a delimitação e a redução do grau de interferência (regulação), a recuperação da governança (efetividade) e o aumento da governabilidade (controle social).

Quanto ao regime regulatório, foram sugeridos cinco princípios básicos: 1. Autonomia e independência decisória; 2. Ampla publicidade das normas, atos, procedimentos; 3. Simplificação e celeridade processual; 4. Participação das partes envolvidas (audiências públicas) e 5. Limitação da intervenção estatal na prestação de serviços públicos.

Recentemente, no afã de refletir sobre a função reguladora das agências estatais, tecemos alguns comentários (ROSA, 2001) sobre a proposta governamental de reestruturação do Estado, os quais gostaríamos de, a seguir, registrá-los neste trabalho.

Reportemo-nos, então, ao Texto Constitucional brasileiro que veicula, por força das Emendas Constitucionais nºs 8 e 9 de 1995, respectivamente, no artigo 21, inciso XI, com o acréscimo do parágrafo 2º e no artigo 177, parágrafo 2º, inciso III, a existência de um *órgão regulador* dos serviços de telecomunicações e do monopólio da União na pesquisa, lavra, refinação, importação, exportação do petróleo e seus derivados. As atribuições e especificações desse foram firmadas na Lei nº 9.472/97 que instituiu a ANATEL (Agência Nacional de Telecomunicações) e na Lei nº 9.478/97, que criou a ANP (Agência Nacional de Petróleo). Destaquemos, por oportuno, o fato de estarem constitucionalmente previstos, o que já lhes confere *standards* suficientes para se concluir que não se trata, apenas, de simples previsão de delegação legislativa, como procuraremos demonstrar a seguir.

A referência constitucional feita apenas a essas duas agências reguladoras, como preferiu a lei denominá-las, não impediu, ao contrário, deu início à criação de outras, nos mesmos moldes: a ANEEL (Agência Nacional de Energia Elétrica – Lei nº 9.427/96), a ANVISA (Agência Nacional de Vigilância Sanitária – Lei nº 9.782/99), a ANS (Agência Nacional de Saúde Suplementar – Lei nº 9.961/2000) e a ANA (Agência Nacional de Águas – Lei nº 9.984/2000),[113] o que denota a aparente e irreversível tendência à proliferação dessas "agências reguladoras" em nosso ordenamento jurídico, cujo avanço de intenções já ensejou a edição de lei dispondo sobre a gestão de seus recursos humanos (Lei nº 9.986, de 18.07.2000).

---

[113] Recentemente, a Casa Civil da Presidência da República divulgou o anteprojeto de lei que cria a Agência Nacional de Defesa do Consumidor e da Concorrência (<www.presidencia.gov.br>). Há, também, agências reguladoras no âmbito estadual: ASEP-RJ (Lei Estadual nº 2.686/97) e a AGERRS/RS (Lei Estadual nº 10.931/97).

Os serviços públicos passaram, então, a ser regulados de modo tradicional, a exemplo da intervenção no domínio econômico e de modo específico, por meio de regulação setorial com funções ditadas pela especificidade de cada atividade que tivesse por finalidade o interesse público.

No contexto brasileiro, há quem defenda a gênese americana para as agências reguladoras — como ocorre com a Agência Nacional de Telecomunicações (ANATEL) —, e quem diga que o modelo inglês teria prevalecido para a constituição de outras — a exemplo da Agência Nacional de Energia Elétrica (ANEEL).

O que se percebe do atual modelo regulatório brasileiro é que a regulação pública possui algumas das características essenciais dos modelos de agências reguladoras estrangeiras, tais como: natureza jurídico-administrativa, independência ou autonomia orgânica e funcional, autonomia gerencial dissociada da gestão política dos governos (como ocorre com os mandatos), instituídas por lei. Em algumas hipóteses, como em autonomia político-administrativa e, no limite, o alcance da competência normativa, há pontos de colisão com o ordenamento jurídico vigente.

Nos modelos americano e inglês, verificamos a explícita e dirigida intenção de instituir autoridades reguladoras independentes com plena liberdade e autonomia de gestão, estando adstritas aos diversos interesses envolvidos, bem como limitadas pela lei e controladas pelo Órgão Judicial.

No âmbito da Europa destacam Maria Manuel Leitão Marques *et al.* (2005) que:

> no relatório sobre os Serviços de Interesse Econômico Geral na Europa do CEEP e do CIRIEC (2002: 28-29), o objectivo actual da regulação é sobretudo a criação de uma estrutura de mercado que permita manter a concorrência, ou seja, uma *regulação da estrutura*. Esta regulação "tende a definir um conjunto de regras gerais para o acesso integral e eficaz às redes ou aos mercados, permitindo aos diferentes concorrentes fornecer serviços eficientes em resposta à procura dos utilizadores". Não se trata de regular comportamentos e escolhas como anteriormente (regulação da gestão), mas de evitar qualquer discriminação entre os fornecedores, os quais deverão dispor dos mesmos direitos de exploração e de acesso às infra-estruturas, no quadro da prestação de serviços públicos na Europa. (MARQUES *et al.*, 2005, p. 189-190)

212 | Renata Porto Adri
O Planejamento da Atividade Econômica como Dever do Estado

No Brasil parece que essas definições não estão assim tão delineadas ou, mesmo quando previstas na legislação, dão margem a diversas interpretações, o que não confere a necessária segurança jurídica para todos os envolvidos neste processo.[114]

Nesse sentido, inclusive, o Colendo Superior Tribunal de Justiça deu provimento ao Recurso Especial nº 572.070/PR, cuja decisão foi publicada no *Diário da Justiça* em 14.06.2004 interposto por empresa que presta serviço de telefonia fixa no Estado do Paraná, entre outras localidades. Por meio deste recurso, a operadora buscava a cassação do provimento liminar que havia sido concedido a pedido da Coordenadoria de Proteção e Defesa do Consumidor de Cornélio Procópio (PROCON) em sede de ação civil pública.

A cobrança da tarifa interurbana questionada derivava da circunstância de as localidades em questão não estarem situadas na mesma "área local". Isso porque o Plano Geral de Outorgas de Serviço de Telecomunicações prestado no regime de direito público (aprovado pelo Decreto nº 2.534/98) estabelece, como critério diferenciador entre as modalidades de serviço local e serviço de longa distância, justamente a "área local". Dessa forma, a tarifa local é cobrada entre localidades situadas na mesma "área local" e se duas localidades no país não forem situadas na mesma "área local", será cobrada a tarifa interurbana.

O Acórdão do Colendo Superior Tribunal de Justiça consignou que "a delimitação da chamada 'área local' para fins de configuração do serviço local de telefonia e cobrança da tarifa respectiva leva em conta critérios de natureza preponderantemente técnica, não necessariamente vinculados à divisão político-geográfica do município." Destacamos a reflexão quanto à necessidade de estabilidade na regulação do setor, a qual seria alcançada dando importância à atuação da agência reguladora:

Ementa:

ADMINISTRATIVO. TELECOMUNICAÇÕES. TELEFONIA FIXA. LEI N. 9.472/97. COBRANÇA DE TARIFA INTERURBANA. SUSPENSÃO. ÁREA LOCAL. AÇÃO CIVIL PÚBLICA. CÓDIGO DE DEFESA DO CONSUMIDOR.

---

[114] Utilizamos o vocábulo processo como equivalente ao contexto histórico, político, econômico e administrativo de liberação de algumas atividades estatais antes exercidas em regime de monopólio.

1. A regulamentação do setor de telecomunicações, nos termos da Lei n. 9.472/97 e demais disposições correlatas, visa a favorecer o aprimoramento dos serviços de telefonia, em prol do conjunto da população brasileira. Para o atingimento desse objetivo, é imprescindível que se privilegie a ação das Agências Reguladoras, pautada em regras claras e objetivas, sem o que não se cria um ambiente favorável ao desenvolvimento do setor, sobretudo em face da notória e reconhecida incapacidade do Estado em arcar com os eventuais custos inerentes ao processo.

2. A delimitação da chamada "área local" para fins de configuração do serviço local de telefonia e cobrança da tarifa respectiva leva em conta critérios de natureza predominantemente técnica, não necessariamente vinculados à divisão político-geográfica do município. Previamente estipulados, esses critérios têm o efeito de propiciar aos eventuais interessados na prestação do serviço a análise da relação custo-benefício que irá determinar as bases do contrato de concessão.

3. Ao adentrar no mérito das normas e procedimentos regulatórios que inspiraram a atual configuração das "áreas locais" estará o Poder Judiciário invadindo seara alheia na qual não deve se imiscuir.

4. Se a prestadora de serviços deixa de ser devidamente ressarcida dos custos e despesas decorrentes de sua atividade, não há, pelo menos no contexto das economias de mercado, artifício jurídico que faça com que esses serviços permaneçam sendo fornecidos com o mesmo padrão de qualidade. O desequilíbrio, uma vez instaurado, vai refletir, diretamente, na impossibilidade prática de observância do princípio expresso no art. 22, caput, do Código de Defesa do Consumidor, que obriga a concessionária, além da prestação contínua, a fornecer serviços adequados, eficientes e seguros aos usuários.

4. Recurso especial conhecido e provido."

Voto do Exmo. Sr.Ministro Relator João Otávio de Noronha:

No caso presente, observo que a decisão hostilizada, embora reconhecendo que as chamadas "áreas locais" devam ser fixadas, nos termos da legislação de regência, com base em critérios de natureza predominantemente técnica, acabou por adentrar no mérito das normas e procedimentos regulatórios que inspiraram a atual configuração dessas áreas, invadindo seara alheia na qual não deve se imiscuir o Poder Judiciário.

Ao intervir na relação jurídica para alterar as regras, estará o judiciário, na melhor das hipóteses, criando embaraços que podem comprometer a qualidade dos serviços prestados pela concessionária.

[...]

Há de se ter em mente que a regulamentação do setor de telecomunicações, nos termos da lei nº 9.472/97 e demais disposições correlatas, visa a favorecer o aprimoramento dos serviços de telefonia em prol do conjunto da população brasileira. *Esse objetivo, entretanto, somente será atingido com uma política regulatória estável que privilegie a ação das Agências Reguladoras, pautada em regras claras e objetivas, sem o que não se cria um ambiente favorável ao desenvolvimento do setor, sobretudo em face da notória e reconhecida incapacidade do Estado em arcar com os eventuais custos inerentes ao processo.* (grifos nossos)

Essa redefinição do papel do Estado, que desencadeia o movimento de privatização, publicização, concessão de serviços públicos, parcerias público-privadas são pontos de nossa inquietação, não por discordarmos da necessidade de mudanças, atualização e crescimento, mas pela forma como são implementadas e se estão condizentes com o ordenamento jurídico vigente, pois, se assim o fosse, não estaríamos nos perguntando o porquê de chegarmos à marca de mais de quarenta emendas constitucionais. Será que adequamos os novos institutos ou, em verdade, estabelecemos pelo poder constituinte derivado uma nova Ordem Constitucional?

Nesse sentido, colhemos o posicionamento de Gilberto Bercovici (2003), do qual comungamos:

A Constituição de 1988 tentou estabelecer as bases de um projeto nacional de desenvolvimento. No entanto, a falta de consenso em torno da própria Constituição é patente: nenhum governo pós-1988 assumiu com o discurso da implementação e da concretização da Constituição, mas todos, sem exceção, praticaram e praticam o discurso das reformas constitucionais. Possuir uma Constituição em constante processo de reforma significa que não conseguimos obter um consenso mínimo para estabelecer, a partir das bases constitucionais, um projeto nacional de desenvolvimento. [...] Este é um dos grandes problemas dos estudos jurídicos e constitucionais do Brasil na atualidade: a falta de uma reflexão mais aprofundada sobre o Estado. É necessário que os juristas retomem a pesquisa sobre o Estado, voltem a se preocupar com uma Teoria do Estado. Isto se reveste de maior importância no caso do Brasil, pois toda reflexão sobre a política de desenvolvimento exige que se refira ao Estado. Sem compreender o Estado brasileiro, em toda sua especificidade de Estado periférico, sem buscar sair do impasse em que nos encontramos, não há como pensar em planejamento. A crise do planejamento no Brasil, apesar da Constituição de 1988, só será superada com a reestruturação (para não dizer restauração) do Estado brasileiro, no contexto do tão necessário e adiado projeto nacional de desenvolvimento. (BERCOVICI, 2003, p. 327-328)

Relativamente a esses serviços essenciais, revelam-se as políticas públicas delineadas na Constituição Federal e que não prescindem de implementação e fiscalização quanto ao seu efetivo cumprimento.

A relevância da implementação das políticas públicas é indiscutível, afirmando o professor Eros Roberto Grau (2003) que o Estado contemporâneo é, fundamentalmente, um Estado implementador de políticas públicas.

Além disso, nessa transição de modelos, ou melhor dizendo, nessa importação de estruturas jurídicas, nos deparamos com a manutenção da estrutura orgânica do Estado, a criação de novas entidades e a construção e abertura de novos mercados, cuja referência é a ordem jurídica concorrencial, como veremos no tópico relativo à competência normativa das agências.

Será que estávamos preparados para essa mutação? Qual o impacto dessa nova regulação sobre as estruturas orgânicas tradicionais e as entidades e órgãos que zelam pela concorrência dos mercados? Será que o desenvolvimento da regulação setorial alcançou metas como: a fiscalização efetiva do cumprimento dos serviços públicos delegados, o pronto atendimento às reclamações dos usuários diante das diversas concessionárias e permissionárias e o controle de qualidade dos serviços públicos e das atividades econômicas?

Essas indagações são, em verdade, as constatações de que, no Brasil, buscou-se implantar "novo" instituto e estabelecer nova forma de atuação estatal regulatória sem que, contudo, houvesse planejamento e as consequências insatisfatórias são assimiladas pelos cidadãos-usuários, os utentes da prestação do serviço público e da atividade econômica eficiente e eficaz.

4.3.2 Do regime jurídico do "órgão regulador"

Nossa intenção, neste tópico, consiste em discorrer sobre as características das agências reguladoras que revelem o regime jurídico adotado pelo legislador ao introduzi-las no ordenamento vigente, razão pela qual não teceremos comentários às peculiaridades e sim à generalidade que se vislumbra nas leis instituidoras deste "novo" modelo de autarquia no âmbito da Administração Pública brasileira.

Isso porque analisamos, principalmente, a autonomia e/ou independência das atribuições que lhes foram conferidas, com destaque para a competência normativa, um dos motivos de nossa inquietação.

Repisando, então, o órgão regulador, denominado agência, previsto no artigo 21, XI, da Constituição da República de 1988, é uma autarquia (pessoa jurídica de direito público) criada por lei, sob regime jurídico especial, que consiste em: procedimentos, deveres, direitos, garantias que promovam a autonomia político-administrativa (gestão), autonomia econômico-financeira (tributária e patrimonial), autonomia de pessoal (quadro próprio), autonomia para tomada de decisões técnicas, autonomia para exercer seu papel de fiscalização ("poder de polícia"), autonomia para aplicar sanções e autonomia normativa.

Analisando as justificativas da Exposição de Motivos[115] das Emendas Constitucionais, que fundamentaram a introdução do inciso XI, acima mencionado, percebemos que a regulação brasileira, principalmente no setor das telecomunicações, tem o escopo de equiparar o Brasil aos demais países em tecnologia, reforçar o papel regulador e fiscalizador do Estado e buscar na iniciativa privada o apoio para exploração dos serviços públicos eficientes à população, como caminho ao desenvolvimento econômico e social, que passa por alterações constitucionais.

No tocante às atribuições conferidas às agências reguladoras, costuma-se afirmar que elas gozam de certa margem de independência em relação ao Poder Estatal tripartido nas funções executiva, legislativa e judiciária, exercendo competências quase-judiciais e quase-legislativas.

---

[115] Ver a Exposição de Motivos referente à introdução do artigo 21, inciso XI, na Constituição da República de 1988, no ANEXO D, deste trabalho.

Desde já advertimos que a questão pertinente à autonomia das agências precisa ser analisada em termos compatíveis com o regime constitucional brasileiro.

Antes de adentramos a essas atribuições propriamente ditas, gostaríamos de alertar para o fato de que corroboramos o entendimento de que autonomia conferida à agência está adstrita aos parâmetros legais que lhe forem conferidos, sendo mais ampla, como ocorre com a legislação de telecomunicações que confere à ANATEL a competência investigativa semelhante à conferida à Secretaria de Direito Econômico (SDE) ou mais restrita, como ocorre com a ANS, que está mais limitada ao exercício de regulação ou fiscalizatório da saúde.

Nesse sentido, diante de nossa estrutura jurídica, não entendemos que seja adequada a expressão "independência", nos moldes da importação do modelo pretendido do direito alienígena, como vimos anteriormente, mais sim de uma autonomia jurisdicizada, ou seja, a autoadministração com as prerrogativas legais que lhe são inerentes. Assim, a extensão e o alcance dessa competência de editar normas e proferir decisões estarão limitados à previsão legal que instituiu o regime jurídico da agência e desde que em consonância com os ditames constitucionais, pois só assim poder-se-á falar em plena capacidade, em independência nas determinações administrativas e, consequentemente, em legitimidade. Na Constituição da República de 1988 há exemplos dessa conferência de autonomia nos artigos 37, parágrafos 8º e 9º, 127, parágrafo 2º, 207, *caput*, e 217, inciso I.

As agências são, em regra, dirigidas em regime de colegiado, por um Conselho Diretor ou Diretoria, nos termos do art. 4º da Lei nº 9.986/00. O Presidente do órgão colegiado é indicado, discricionariamente, pelo Presidente da República e a investidura se fará por prazo fixo[116] no ato da nomeação (artigo 5º, parágrafo único). O Dirigente da agência indicado pelo Presidente da República será por

---

[116] Celso Antônio Bandeira de Mello (2006, p. 167) entende que "'independência administrativa' ou 'autonomia administrativa', 'autonomia financeira' e 'patrimonial e da gestão de recursos humanos' ou de quaisquer outros que lhe pertençam, 'autonomia nas suas decisões técnicas', 'ausência de subordinação hierárquica', são elementos intrínsecos à natureza de toda e qualquer autarquia, nada acrescentando ao que lhes é inerente. Nisto, pois, não há peculiaridade alguma; o que pode ocorrer é um grau mais ou menos intenso destes caracteres". Averba ainda que "o único ponto peculiar em relação à generalidade das autarquias está nas disposições atinentes à investidura e fixidez do mandato dos dirigentes destas pessoas, e que se contém nos arts. 5º e parágrafo único, 6º e 9º da Lei nº 9.986, de 18.07.00, que dispõe sobre a gestão dos recursos humanos das agências reguladoras".

este nomeado, se aprovado pelo Senado Federal, sendo exonerado, em razão do mandato fixo que exerce com prazo certo ou mesmo antes do término daquele, se cometer faltas funcionais (após o término do processo administrativo disciplinar) ou for condenado judicialmente com decisão transitada em julgado.

A questão do mandato fixo e não coincidente com o mandato do Presidente da República ainda gera divergências na doutrina. Para a corrente capitaneada por Celso Antônio Bandeira de Mello, esta previsão é inconstitucional por configurar "fraude contra o próprio povo" ou afronta ao princípio democrático, ao impedir que o Presidente que assume durante o mandato do Dirigente da agência possa destituí-lo e indicar novo dirigente que conduza sua mesma orientação político-administrativa. Outra corrente não considera essa disparidade de mandatos atentatória à independência dos "poderes", vislumbrando salutar conveniência, pois afasta do controle político, da chamada "troca de favores", o controle e a gestão administrativa e técnica da atividade pública que estiver sendo regulada pela agência, como sustenta Lúcia Valle Figueiredo e com a qual comungamos.

Foi estabelecida, pelo artigo 8º da Lei nº 9.986/00, com a redação dada pela MP nº 2.216-37, de 31.08.01, a denominada quarentena que, com fulcro na moralidade administrativa, proíbe o ex-dirigente de exercer atividade ou prestar qualquer serviço no setor regulado pela respectiva agência, por um período de quatro meses, contados da exoneração ou do término de seu mandato. Nesse período, o ex-dirigente continua vinculado à agência e faz jus à remuneração compensatória equivalente à do cargo de direção que exerceu.

Quanto ao quadro de servidores públicos das agências na fase inicial de suas constituições, foi composto por contratação direta, possibilidade por meio de dispensa de licitação por emergência. Após inúmeras ações judiciais, aos poucos a formação desse quadro de pessoal foi se adequando às regras do concurso público para provimento de cargos efetivos e também a contratação de cargos para exercício de função comissionada. O regime de contratação[117]

---

[117] Dinorá Adelaide Musetti Grotti (2004, p. 198) salienta que, de acordo com o art.1º da citada Lei nº 9.986, de 18.07.00, alterada pelas MPs nº 2.216-37, de 31.08.01 e nº 2.229-43, de 06.09.01, as relações de trabalho nas agências reguladoras serão as de emprego público, regidas pela legislação trabalhista. Recentemente decidiu o Min. Marco Aurélio que é inconstitucional a generalização do Direito do Trabalho para o pessoal das referidas agências, ao suspender, em apreciação liminar, entre outros, o citado art. 1º da Lei nº 9.986/2000, na ADIn nº 2.310-1-DF, cujo despacho firmou que

costuma ser o celetista, o que gera questionamentos, uma vez que se trata de autarquia e o cargo equivaleria a emprego público. Não iremos nos estender nessas discussões, como dissemos, apenas pontuá-las como uma visão generalista do tema para, então, chegarmos ao nosso núcleo que é a competência normativa.

Destaquemos, também, a autonomia econômico-financeira (tributária e patrimonial) das agências que é assegurada pelas dotações orçamentárias, receitas próprias, a exemplo das "taxas de fiscalização" e "taxas de regulação", bem como das participações em contratos de concessão, como ocorre, por exemplo, nos setores de petróleo (art. 15, III, da Lei Federal nº 9.478/97) e energia elétrica (art. 11, V, da Lei Federal nº 9.427/96).

A extensão dessa autonomia pela agência, que se espraia ao dever-poder de tributar associado à natureza jurídica das referidas taxas (se espécie de tributo ou preço público exigido da entidade concedente dos delegatários), é ponto que merece atenção dos estudiosos do direito, pois a propriedade e liberdade dos cidadãos-usuários é, em última análise, o objeto desta arrecadação e, num espaço onde o setor privado (que visa o lucro) passa a gerir os interesses públicos, devemos nos acautelar de que as garantias e direitos fundamentais estejam sendo observados.

Outra função exercida pela agência de que ora nos ocupamos é a decisória, cujo ponto fulcral consiste na autonomia desta em relação, principalmente, ao órgão supervisor, ou seja, no exercício da competência específica a decisão da agência pode ser questionada pela interposição de recurso hierárquico impróprio perante a autoridade responsável pela supervisão da área respectiva, pois, afinal, estamos tratando de entidade da Administração Pública indireta.

O artigo 84, II, da Constituição da República estabelece competência ao Presidente da República para "exercer, com o auxílio dos Ministros de Estado, a direção superior da administração federal" e o artigo 87, I, preceitua que compete ao Ministro de Estado "exercer a orientação, coordenação e supervisão dos órgãos e entidades da administração federal na área de sua competência [...]".

---

a natureza da atividade desempenhada pelas agências reguladoras demandava regime de cargo público e se incompatibilizava com o de emprego. Nessa mesma linha Celso Antônio Bandeira de Mello afirma que "o regime normal de quem presta serviços, de modo regular e contínuo, para pessoas de Direito Público, terá de ser o estatutário, ainda que sejam admissíveis hipóteses em que há perfeita cabida para o regime trabalhista", pois o fato de a Constituição também contemplar a possibilidade de empregos públicos não poderia significar eleição de regime trabalhista em quaisquer hipóteses, sem qualquer balizamento.

Efetivamente, as agências reguladoras, com seu regime especial, estão vinculadas à supervisão administrativa pelo Órgão Executivo, não sendo consideradas entidades independentes, no sentido de estarem ao lado e à margem da estrutura administrativa do Estado.

Recorremos ao esclarecedor Parecer da Advocacia-Geral da União/MS nº 04/2006 que tem como pano de fundo as divergências entre a ANTAQ e o Ministério dos Transportes sobre a regularidade da cobrança de taxa extra para separação de contêineres (TCH2), pela empresa TECON Salvador S/A, no porto da capital baiana, no qual ficou firmada a autonomia das agências para tomar decisões dentro de suas competências específicas. No entanto, com a ressalva de que elas estão sujeitas à revisão ministerial, de ofício ou por provocação dos interessados, inclusive pela apresentação de recurso hierárquico impróprio, quando aquelas ultrapassem os limites de suas competências materiais definidas em lei ou regulamento, ou ainda, violem as políticas públicas definidas para o setor regulado pela Administração direta. Destacamos do inteiro teor do referido Parecer colacionado a este trabalho, as seguintes considerações:

> [...] Assim, a questão não é a quantidade de autonomia destinada pela lei às agências reguladoras senão a intensidade da supervisão que lhes pode votar a administração direta dos Ministérios. Nesse sentido, a argumentação do parecer referido é precisa ao definir as bordas da "autonomia" reguladora titulada por elas nos limites de suas precípuas finalidades legais e na escrupulosa sintonia com as políticas públicas a cargo dos ministérios. A rigor, uma e outra têm sede legal ou constitucional, daí porque em verdade a controvérsia não se situa no reconhecimento da autonomia ou não, mas na compreensão da vontade legal-constitucional relacionada com a atividade de cada uma delas. Nessa linha de compreensão, as ações e atividades das agências reguladoras, embora submetidas ao mesmo regime de supervisão, só desfrutam dessa pretendida autonomia na medida em que desempenhem seus encargos ou poderes no limite da competência legal, situação em que a supervisão ministerial fica inversamente mitigada, o que, de resto, é comum a todas as entidades da administração indireta. Assim, o pressuposto necessário da premissa é a existência incondicional da supervisão ministerial como traço essencial do regime presidencialista vigente — que, aliás, repita-se, não é mera aplicação das regras do Decreto-Lei nº 200/1967, mas reconhecimento da aplicação sistemática das prerrogativas constitucionais de regulação privativas do

Presidente da República — e então a aferição da autonomia das agências e de suas condutas além de diretamente vinculadas às suas finalidades institucionais se mede principalmente pela adequada compatibilização com as políticas públicas adotadas pelo Presidente da República e os Ministérios que o auxiliam. Pelas mesmas razões, o cabimento do recurso hierárquico impróprio não encontra objeções já que inexiste área administrativa imune à supervisão ministerial, reduzindo-se, contudo, o âmbito de seu cabimento, de modo idêntico, na mesma razão inversa da obediência às políticas de iniciativa do Ministério Superior. Em suma, não há suficiente autonomia para as agências que lhes possa permitir ladear, mesmo dentro da lei, as políticas e orientações da administração superior, visto que a autonomia de que dispõem serve justamente para a precípua atenção aos objetivos públicos. Não é outra, portanto, a conclusão com respeito à supervisão ministerial que se há de exercer sempre pela autoridade ministerial competente, reduzindo-se, no entanto, à medida que, nos limites da lei, se atendam às políticas públicas legitimamente formuladas pelos Ministérios setoriais. Por isso, se afirma que a autonomia existe apenas para o perfeito cumprimento de suas finalidades legais.

Nestes termos, encaminho a manifestação referida ao exame de Vossa Excelência sugerindo a aprovação e propondo ainda submeter-se o caso à arbitragem presidencial na forma legal.

À consideração.

Brasília, 5 de junho de 2006.

MANOEL LAURO VOLKMER DE CASTILHO.

Consultor-Geral da União

Vale lembrar que as leis instituidoras da ANATEL e da ANVISA as definem como última instância administrativa para julgamento de recursos administrativos (art. 19, inciso XXV, Lei nº 9.472/97 e art. 15, VI e §2º, Lei nº 9.782/99, com a redação dada pela MP nº 2.190-34, de 23.08.01, respectivamente), o que releva que o Órgão Executivo não tem a competência para alterar ou rever as decisões proferidas.

Contudo, importante ressaltar que a avocação da competência tem embasamento constitucional, como visto, e a mitigação da autonomia das agências se fará necessária, quando forem ultrapassados os limites de sua competência material ou forem violadas políticas públicas definidas, sendo que, em casos de legislação omissa ou conflito de competência, no âmbito federal, a Advocacia-Geral da União tem a atribuição legal de "unificar a jurisprudência administrativa, garantir a correta aplicação das leis, prevenir e dirimir as controvérsias entre os órgãos jurídicos da Administração Federal" (artigo 4º, inciso XI, da Lei Complementar nº 73/93), além de existir a possibilidade de busca da tutela jurisdicional ao Órgão Judiciário, para dirimir, de forma definitiva, a dúvida quanto à competência.

É de todo sabido que o dever-poder de ditar normas, com força de lei e com base em parâmetros, conceitos indeterminados, padrões abstratos e genéricos – *standards* – foi conferido de forma preponderante ao Órgão Legislativo.

Entretanto, diante da complexidade do mundo atual, marcado pela diversidade de relações jurídicas, referentes aos mais variados assuntos e pelo indiscutível avanço tecnológico, que gera mudanças cada vez mais rápidas e radicais, o Órgão Executivo tem exercido, também, competência normativa, em especial, na tarefa da regulação econômica e social.

Isso porque o uso e o gozo dos bens e riquezas particulares estão sujeitos à imposição de normas e limites do Poder Público e, quando o interesse público o exige, este intervém na propriedade privada e na ordem econômica, por meio de atos de império tendentes a satisfazer as exigências coletivas e a reprimir a conduta antissocial da iniciativa particular.

No constitucionalismo clássico, a organização das funções do Poder estatal esteve fundada na supremacia da lei e do órgão legislativo e tendo como marca a ausência de um órgão de impulsionamento da ação estatal. Rompendo com o esquema constitucional consagrado, o órgão executivo assumiu, em todos os países, a função de liderança, tornando-se, de fato, uma das funções primordiais do Estado.

É fato que a tramitação de projetos de lei em âmbito do órgão legislativo é lenta, a ponto de não acompanhar a necessária eficiência na vida econômica. Esse é, pois, o principal motivo da crescente participação do Executivo na tarefa de regulação econômica, desde a década de 30 do século XX, acusando alto grau de prática regulatória normativa em questão de serviços públicos.

Eduardo Garcia de Enterría e Tomás-Ramón Fernández (1991, p. 199) construíram a teoria de que a potestade normativa deve ser analisada sob os enfoques: formal e material. O formalismo dessa competência está firmado nos critérios jurídicos e nos títulos formais que lhe confere legitimidade, enquanto que a materialidade está identificada na investigação das causas políticas e sociais do fenômeno.

Segundo os autores, as causas políticas e sociais (perspectiva material) da existência do poder regulador estão relacionadas à necessidade de conjugação, ao final do império napoleônico, do princípio monárquico com o já então consagrado princípio democrático, este último expresso por intermédio da lei: "cada um desses princípios teria capacidade de produzir sua própria norma — a lei, o princípio democrático; o estatuto ou regulamento, o princípio monárquico. Cada uma destas normas teria sua própria fonte de legitimidade, seu valor específico, seu âmbito de desenvolvimento característico".

Prosseguem, então, de forma incisiva:

> Agrade ou desagrade, sejam ou não grandes riscos de uma normação secundária deste caráter, a *potestade* regulamentária da Administração é hoje absolutamente imprescindível. Como em tantas instituições do Direito Administrativo, ainda que esta seja talvez a de relevo mais inteiro, trata-se de reconhecer a necessidade desse poder, apesar de fazer dele um poder jurídico e não uma superioridade incondicionada e tirânica, isto é, um poder que se ordene exclusivamente à função positiva que o justifica, que se insira no sistema geral do ordenamento, com suas outras fontes alternativas e suas razões próprias, e que, portanto, respeite os direitos e as situações jurídicas das demais matérias, eliminando no possível os graves riscos que lhe espreitam. (GARCIA DE ENTERRÍA; FERNÁNDEZ, 1991, 9. 199)

No tocante à segunda perspectiva — formal — que justifique a competência reguladora, pelo exercício da função normativa conferida ao Órgão Executivo, como salientado, devem-se buscar os critérios jurídicos e os títulos formais que o legitimam.

Sobre o assunto, ensina J. J. Gomes Canotilho (2002):

> Quanto ao fundamento jurídico do poder regulamentar, foram abandonadas as primitivas justificações (poder próprio e inerente a qualquer administração, expressão do poder discricionário de administração), considerando-se que o poder regulamentar encontra o seu fundamento na própria Constituição (Zanobini).[118] O poder regulamentar configura-se, pois, como um poder *constitucionalmente fundado* e não como poder *criado por lei*. (CANOTILHO, 2002, p. 774)

---

[118] Cf. o clássico artigo de ZANOBINI, La potestà regolamentare e le norme della costituzione, 1985.

No mesmo sentido, o ensinamento de Eduardo Garcia de Enterría e Tomás-Ramón Fernández (1991):

> A Administração não pode exercer mais potestades que aquelas que efetivamente lhe foram concedidas [...]. Pois bem, se esta detém um poder regulamentário independente é porque lhe outorgou a Constituição, como Zanobini observou em um trabalho clássico. A existência de um poder de participação na elaboração do ordenamento, a definição de uma "fonte" de Direito tão relevante, de um poder normativo complementar do legislativo, é, por força, dada sua significação, uma determinação constitucional. (GARCIA DE ENTERRÍA; FERNÁNDEZ, 1991, p. 202)

O regulamento, assim, na França, foi aceito como uma fonte autônoma e independente de produção, não necessitada de habilitação parlamentar.

O sistema anglo-saxão, por sua vez, foi mais fiel à separação de poderes, admitindo o exercício de poder normativo, pelo Executivo, a partir de delegações legislativas, não cogitando, portanto, de um poder regulador geral e originário, que não o do próprio Poder Legislativo.

No Brasil, esse exercício de função atípica tem sua viabilidade garantida pela Constituição (artigo 84) que confere ao Órgão Executivo a *potestade* normativa, como reforço ao exercício de sua competência reguladora, com fito de atender ao interesse público, com a ressalva de que, a partir de 1988, não há possibilidade de inovar na ordem jurídica, ou seja, não há mais previsão constitucional para a expedição de regulamentos autônomos.

Essa constatação deve ser atrelada à doutrina de Celso Antônio Bandeira de Mello (2004), que distingue supremacia geral da Administração sobre os administrados e supremacia especial (ou também denominada de relação especial de sujeição na Alemanha e na Espanha), muito bem captada por Marcelo Figueiredo (2005), ao tratar da capacidade normativa dos "órgãos" reguladores, de acordo com a dicção constitucional.

As relações específicas entre o Estado e uma pessoa física ou jurídica ou um grupo dela constituem situação jurídica diversa daquelas, cuja natureza alcança a generalidade ou a coletividade, para as quais são conferidas competências específicas a serem exercitadas, dentro de limites legais, pelo próprio Poder Público.

Dessa forma, no âmbito da regulação de determinados setores ou atividades, os "órgãos" reguladores estabelecem relações específicas com os particulares, por força da delegação conferida (a exemplo das concessões de serviço público).

Assim sendo, o fundamento jurídico das competências e funções das agências ou "órgãos" da Administração Pública (em sentido amplo) no direito brasileiro, no tocante à capacidade normativa, encontra-se firmado, em regra, na supremacia especial, ou seja, nas relações circunscritas ao Poder Público e àqueles que estão a ele diretamente vinculados em face de seus atos (a exemplo dos contratuais, de permissão ou autorização). Ressalte-se, contudo, que eventuais atos normativos podem, por decorrência lógica, alcançar terceiros e, nestes casos, a referida supremacia especial poderá colocá-los no dever jurídico de observá-las, restringindo ou elidindo seus interesses (a exemplo da expedição de norma que regulamente o funcionamento do atendimento ao público das concessionárias de serviço público).

Corroboramos o entendimento, portanto, de que o desenvolvimento dessa vetusta distinção equivale ao uso de recurso interpretativo sistemático e integrativo de compreender e conferir parâmetros para as funções, em especial a normativa, das agências no direito brasileiro.

Compreendidas as justificativas material e formal para a existência da competência reguladora, em especial do exercício da função normativa pelo Órgão Executivo, podemos iniciar o exame das consequências desta atuação em face da especificidade existente nas relações jurídicas firmadas no âmbito dos setores regulados.

A Constituição da República de 1988 restringiu a possibilidade de interferência do Estado na ordem econômica, a exploração direta da atividade econômica — atuação — só permitida quando necessária aos imperativos da segurança nacional ou a relevante interesse coletivo definido em lei federal (artigo 173) e a regulação, quando a lei reprimirá o abuso do poder econômico que vise à dominação dos mercados, à eliminação da concorrência e ao aumento arbitrário dos lucros (artigo 173, §4º).

Assim, reafirmamos que cabe à iniciativa privada a preferência para exploração da atividade econômica e ao Estado as funções de planejamento (incluindo incentivo) e fiscalização.

O essencial é que as medidas "interventivas" (atuação e regulação), com bases constitucionais, estejam previstas em lei e sejam executadas pela União ou por seus delegatários legalmente autorizados.

Registremos, por oportuno, nossa experiência em colaborar com a Terceira Câmara[119] da Procuradoria-Geral da República, a convite de sua Presidente, para encaminhamos sugestões à consulta pública formulada pelo Governo Federal, que pretendeu acrescentar e alterar dispositivos da Lei nº 9.427, de 26 de dezembro de 1996, da Lei nº 9.472, de 16 de julho de 1997, Lei nº 9.478, de 6 de agosto de 1997 e Lei nº 10.233, de 5 de junho de 2001, a qual objetivava analisar e avaliar o papel das agências reguladoras no atual arranjo institucional brasileiro.

4.3.3 Da regulação e da concorrência

Com a reforma do Estado brasileiro, foi criado um ambiente de mercado e de concorrência entre os setores cuja atividade está sendo executada pelo setor privado.

A concorrência permite o funcionamento de um sistema de competição, sendo, portanto, relevante sua implantação em setores antes regulados.

Os acervos legislativos destinados às agências e ao controle da concorrência, em linhas gerais, buscam:

a) desmembrar atividades complementares ou ligadas a uma mesma cadeia produtiva;

b) estabelecer concorrência em fases da exploração da atividade econômica ou da prestação de serviços públicos; e

c) criar regras para evitar a concentração econômica.

Cabe aqui diferençar política de concorrência de direito concorrencial, os quais são muitas vezes invocados como sinônimos.

A política de concorrência deve objetivar a garantia do processo competitivo. Contudo, desenvolvimento é complexo, pois associa interesses diversos (do bem-estar coletivo, dos investidores, dos fornecedores, dos consumidores), pressões econômicas internas (nacionais) e internacionais, a necessidade de estrutura legislativa, econômica e específica da área concorrencial, além das pressões políticas vigentes a cada momento histórico que o país experimenta.

---

[119] À época presidida pela Excelentíssima Subprocuradora-Geral da República, Doutora Maria Caetana Cintra Santos, que nos solicitou (por sermos assessora jurídica no referido Órgão) análise do conteúdo do Anteprojeto. Formulamos algumas considerações que foram, segundo informado, acolhidas em quase sua totalidade e encaminhadas ao Governo Federal como colaboração do Ministério Público Federal.

Daí porque há necessidade de estreitar e difundir com amplitude a vinculação entre direito e políticas concorrenciais, a fim de evitar que por desconhecimento a competição inerente ao processo se converta numa incontrolável captura por parte de grupos de poder econômico, risco este tão facilmente identificável nas economias de países em desenvolvimento e mercados emergentes.

No tocante à aplicação do direito concorrencial, Gesner de Oliveira e João Grandino Rodas (2004) comentam a posição de R. Shayam Khemani (2003):

> [...] por ser feito, por definição, concretamente, caso a caso, possui impacto em empresas específicas; já a política da concorrência pode e deve impactar sistematicamente, contribuindo para ampliar o "ambiente comercial em que a firma opera". Ele sugere que, além das políticas governamentais, tais como redução ou retirada de tarifas, liberalização do controle de propriedade e de investimento, é importante que a advocacia da concorrência, por intermédio das agências da concorrência, favoreça o entrelaçamento das leis e políticas, com intuito de promover cooperação sistêmica. (R. Shayam khemani, 2003 *apud* OLIVEIRA; RODAS, 2004, p. 27-28)

Os autores suprarreferidos (2004, p. 29) propõem, assim, um conceito para direito da concorrência "como o conjunto de regras jurídicas destinadas a apurar, reprimir e prevenir as várias modalidades de abuso do poder econômico, com o intuito de impedir a monopolização de mercados e favorecer a livre iniciativa, em favor da coletividade".

Dessa forma, na ordem econômica, o Estado atua para coibir os excessos da iniciativa privada e evitar que desatenda às suas finalidades ou para realizar o desenvolvimento nacional e a justiça social, fazendo-o por meio da repressão ao abuso do poder econômico, do controle dos mercados e do tabelamento de preços.

Essa intervenção não é arbitrária; está instituída pela Constituição e regulada por leis federais que disciplinam as medidas interventivas e estabelecem o modo e a forma de sua execução, sempre condicionada ao atendimento do interesse público.

Todavia, observando a utilização dos instrumentos jurídicos previstos no ordenamento brasileiro, verificamos que as relações entre concorrência e regulação muitas vezes se imiscuem.

Destacamos, assim, os seguintes meios de atuação estatal na ordem econômica, expostos a seguir.

a) Monopólio – o Estado detém a exclusividade de domínio, exploração ou utilização de determinado bem, serviço ou atividade. São características fundamentais, portanto: a exclusividade, quanto a um direito, um serviço ou uma atividade e a exclusão de demais interessados, afastando a modalidade da concorrência. Dentre os exemplos previstos na CR/88 estão o artigo 21, incisos VII, X, XI e XII e artigo 177, incisos I a V. Cabe, ainda, diferençar o monopólio do privilégio, pois, no primeiro, a União detém a titularidade do bem ou da atividade do domínio econômico; no segundo, por autorização constitucional, há possibilidade de delegação da exploração daquele bem, serviço ou atividade às autarquias, fundações públicas, empresas estatais, concessionários ou permissionários que satisfaçam a exigências do interesse público.

b) Repressão ao abuso do poder econômico – o Estado reprime o abuso, por meio da regulação do domínio econômico, para assegurar a todos a existência digna, em conformidade com os ditames da justiça social. As formas mais habituais de abuso, que visam à eliminação da concorrência e ao aumento arbitrário dos lucros (mediante excessivo e injustificável aumento de preços), são identificadas como: TRUSTE, que é a imposição das grandes empresas sobre os concorrentes menores, visando a afastá-los do mercado ou obrigá-los a concordar com a política de preços do maior vendedor; o CARTEL, que é a composição voluntária dos rivais sobre certos aspectos do negócio comum. O combate jurídico desse abuso está prescrito na Lei nº 8.884, de 11.6.94, alterada pela Lei nº 9.021/95; Lei nº 9.069/95; Lei nº 9.470/97; Lei nº 9.781/99; Lei nº 9.873/99 e, finalmente, pela Lei nº 10.149, de 21.12.2000, cuja inovação na ordem jurídica brasileira, dentre outras, foi a introdução do instituto do acordo de leniência (também denominado de "acordo de política de delação premiada").

Os órgãos e a entidade que representam o direito da concorrência no Brasil, hoje, são: o Conselho Administrativo de Defesa Econômica (CADE), a Secretaria de Direito Econômico (SDE) (ambos vinculados ao Ministério da Justiça) e a Secretaria de Acompanhamento Econômico (SEAE) — vinculada ao Ministério da Fazenda.

O Conselho Administrativo de Defesa Econômica (CADE), autarquia vinculada ao Ministério da Justiça, tem competência judicante (e expede, no exercício de função típica, atos administrativos decisórios, cabendo ao Judiciário revê-los), com jurisdição nacional; disciplina, também, o compromisso de cessação e as multas. É composto de um Presidente e seis Conselheiros, nomeados pelo Presidente da República, após aprovação dos nomes pelo Senado Federal, para mandato de dois anos, permitida a recondução (artigos 30 a 53).

À Secretaria de Direito Econômico (SDE), órgão do Ministério da Justiça, compete acompanhar as atividades e práticas comerciais de todas as pessoas, físicas ou jurídicas que detenham posição dominante no mercado, de forma a prevenir e reprimir as infrações de ordem econômica (artigo 14), bem como fiscalizar os setores monopolizados e oligopolizados e solicitar informações.

A Secretaria de Acompanhamento Econômico (SEAE), vinculada ao Ministério da Fazenda (artigos 26, 26-A, 35-A, parágrafo 2º), também possui competência investigativa.

De outro lado, as agências reguladoras têm a competência e o dever de implantar a concorrência nos serviços e atividades sob sua fiscalização e regulação, compatíveis com a estrutura da atividade e os demais objetivos fixados em lei, tais como: definição das áreas de exploração dos serviços e atividades; o número de agentes atuantes em cada mercado; a outorga de concessões, permissões e autorizações; a edição de normas sobre o uso de instalações, equipamentos e sistemas entre outras.

Veja-se que existe ponto de convergência de atribuições, por exemplo, quando a Agência Nacional de Telecomunicações (ANATEL), em face do disposto na Lei nº 9.472/97, artigo 19, inciso XIX, tem a atribuição de investigar as práticas competitivas, sendo este um dever conferido à Secretaria de Direito Econômico (SDE). Quanto ao Conselho Administrativo de Direito Econômico (CADE), preservou-se a competência exclusiva para o exercício da função atípica judicante, no tocante aos atos de concentração, mas também, com relação à ANATEL, há concomitância de funções, na medida em que a referida lei lhe confere poder decisório.

Assim é que, diante do atual cenário de convivência dos órgãos e da entidade da concorrência e das agências reguladoras, é de se perguntar:

(i) Paralelamente à atribuição de regular e fiscalizar as atividades de telecomunicações, de energia elétrica e de petróleo, as agências reguladoras teriam recebido, também, a função de implementar e proteger a concorrência ou elas estão limitadas às competências próprias do CADE, da SDE (MJ) e da SEAE (MF)?

(ii) Na concomitância entre decisão da agência reguladora e decisão do CADE, qual prevalece?

(iii) O CADE, no exercício de suas funções de repressão às práticas anticoncorrenciais de controle de atos de concentração, diante de fato concreto, poderia rever decisão ou norma expedida pelas agências reguladoras, no âmbito de suas prerrogativas?

A existência dessas duas entidades ocasiona algumas conjecturas, a saber:

a) os sistemas de defesa da concorrência e dos órgãos reguladores necessitam de uma aplicação uniforme e sistêmica do Direito e das políticas concorrenciais;

b) as agências dotadas de capacitação técnica deveriam ser apropriadas na resolução de problemas que frequentemente envolvem questão de grande especificidade e tecnicidade; e

c) a transferência de poderes exclusivos às agências pode resultar no risco de sua captura pelos interesses regulados (agentes econômicos).

Valdomiro José de Almeida (2005) comenta quais as necessidades e inovações pretendidas pelo Projeto de Lei nº 3.337/2004 e alterações da Lei nº 8.884/94, que buscam um redesenho do modelo das agências reguladoras e alteram o papel dos órgãos antitruste na política de defesa da concorrência nos setores regulados. A esse respeito, destacamos os comentários mais relevantes, a saber:

1. A marca das reformas estruturais dos últimos dez anos no Brasil foi a introdução de competição nos setores de eletricidade, telecomunicações, petróleo e gás, portos e transportes, em busca de eficiência nos mercados e de melhoria no bem-estar social.

2. Apesar da existência da Lei de Defesa da Concorrência — Lei nº 8.884/94 —, e das leis que constituíram as agências reguladoras fala-se da necessidade de interação entre esses dois tipos de entes estatais, em razão da crescente convergência entre as áreas de defesa da concorrência e regulação, o que torna mais complexa a tarefa de delimitação de fronteira entre as duas.

3. Há necessidade de buscar coerência das políticas regulatórias setoriais com a política antitruste mais geral, até porque há já sinais claros de que as nossas autoridades

de concorrência e reguladoras, apesar de progressos, não têm rotinas de cooperação. Para tanto, o governo federal propôs ao Congresso Nacional um redesenho do modelo de agências reguladoras (Projeto de Lei nº 3.337/2004) e discute, também, propor ao Congresso Nacional alterações na Lei nº 8.884/94. Nessas propostas, o governo altera o papel dos órgãos antitruste e das agências reguladoras na política de defesa da concorrência nos setores regulados e estabelece nova forma de articulação entre essas autoridades.

4. A experiência nos diversos países mostra que há dois modelos básicos para viabilizar a interface antitruste/regulação: um deles é a reunião das funções de regulação e de defesa da concorrência em uma única agência, como é o caso da Austrália; outro modelo é o da separação das instituições encarregadas dessas diferentes competências, como tradicionalmente ocorre nos EUA e, particularmente, no Brasil.

5. Uma alternativa é a de competências concorrentes em que tanto as autoridades de defesa da concorrência quanto as autoridades regulatórias têm competência para aplicar sanções antitrustes, bem como para estabelecer normas de regulação econômica. Outra alternativa é a de competências complementares em que as agências reguladoras cuidam exclusivamente das tarefas de regulação técnica e econômica, e a autoridade de concorrência aplica a legislação antitruste.

6. Se há problema para separação das competências evidencia-se, de outra parte, a necessidade de efetiva coordenação na implementação das políticas regulatórias e antitruste. A cooperação e a coordenação entre os órgãos de defesa da concorrência e as agências reguladoras, nesse caso, são vitais para evitar inconsistências na implementação das respectivas políticas.

7. Os fatores a serem considerados são: a flexibilidade institucional, a eficiência operacional e a minimização do conflito de competências e do risco de captura. Se o modelo de competências concorrentes possibilita maior flexibilidade institucional, o modelo de competências complementares apresenta menor potencial de conflito de jurisdição, uma vez que os papéis de cada órgão não se superpõem.

8. O Projeto de Lei nº 3.337/04 suplanta a própria Lei nº 8.884/94, definindo que os órgãos de defesa da concorrência têm a exclusividade pela aplicação dessa Lei. Pelo projeto de lei, as agências deixam de zelar pela defesa da concorrência nos setores sob regulação, apenas manifestando-se quando solicitadas. Sem dúvida, o novo desenho não contribui para aumentar o grau de cooperação entre as agências e os órgãos do sistema de defesa da concorrência. Ao contrário, considerando as próprias deficiências desse sistema, o novo arranjo agrava a desarticulação, com a revogação dos mecanismos jurídicos que tornam as agências reguladoras coadjuvantes ativas na proteção à concorrência nos setores regulados.

Dentre as diversas propostas de aperfeiçoamento do papel das agências reguladoras e da interface[120] com os órgãos concorrenciais lançadas por iniciativa do Governo Federal, que até hoje não foram votadas e sistematizadas pelo Congresso Nacional, destacam-se a aparente intenção de unificar mecanismos de interação entre as agências e os órgãos de defesa da concorrência, mantendo-se os atuais: Secretaria de Direito Econômico do Ministério da Justiça, Secretaria de Acompanhamento Econômico do Ministério da Fazenda e Conselho Administrativo de Defesa Econômica.

Às agências reguladoras, segundo transborda a proposta de alteração da norma, caberá monitorar e acompanhar as práticas de mercado dos agentes dos setores regulados, auxiliando os órgãos de defesa da concorrência na observância do cumprimento da legislação de defesa da concorrência. Enquanto aos órgãos de defesa da concorrência cabe a responsabilidade pela aplicação da legislação de defesa da concorrência, analisando atos de concentração, instaurando e instruindo averiguações preliminares e processos administrativos para apuração de infrações contra a ordem econômica e, assim, ao CADE é atribuída a função decisória, no âmbito administrativo, sobre os atos de concentração e condutas anticoncorrenciais.

A integração dos referidos órgãos poder-se-á verificar pela instrução de atos de concentração e processos administrativos ao cargo dos órgãos de defesa da concorrência, que poderão solicitar às

---

[120] Destaque para o notório Conflito Positivo de Competência entre o Banco Central do Brasil e o Conselho Administrativo de Defesa Econômica, Processo nº 00001.006908/2000-25. O cerne da controvérsia cingiu-se em definir a competência para analisar e aprovar os atos de concentração de instituições integrantes do sistema financeiro nacional, bem como para regular as condições de concorrência entre instituições financeiras e aplicar-lhes as penalidades cabíveis.

agências pareceres técnicos relacionados aos seus setores de atuação. Em contrapartida, as agências poderão solicitar parecer dos órgãos de defesa da concorrência sobre normas e atos que, aparentemente, podem gerar eventuais impactos nas condições de concorrência dos setores regulados.

A reciprocidade de informações deve se estender, também, para a comunicação de atos que se enquadrem em infrações à ordem econômica, bem como à notificação quanto ao teor das decisões sobre condutas no exercício das atividades reguladas, bem como das decisões relativas aos atos de concentração, cada qual no seu âmbito de competência.

Caso venha a ser institucionalizada, essa uniformização irá alterar disposições conflitantes que, diante da ausência de planejamento da introdução das agências reguladoras na ordem jurídica, acabaram por tolher ou sobrepor determinadas iniciativas relacionadas aos atos ou situações de concentração ou lesivas à livre concorrência em suas áreas de atuação. Esperamos, com isso, que a otimização de esforços, a desburocratização e a análise sistemática das diversas funções destinadas aos referidos órgãos proporcionem a criação de uma nova estrutura jurídica mais condizente com as expectativas da sociedade brasileira.

Encaminhando-nos para finalização deste tópico, dizemos que a razão de nos atermos à autonomia normativa das agências remonta à história do Brasil, a qual há registro de burla ao sistema legislativo, por meio da qual o Órgão Executivo, impulsionado pelas elites, alavanca processos inovadores, procurando se proteger do jogo político tradicional. É o que se denomina de escapismo transitório ao sistema político.

Todas as leis que instituíram agências reguladoras prescreveram, com maior ou menor extensão, um regime jurídico próprio para aquele setor de atividade a ser regulado.

Contudo, o aparato regulatório careceu de um verdadeiro regime regulatório amplo que explicitasse, claramente, quais os princípios, as metas, as finalidades e as formas de controle, que irão reger os processos e procedimentos internos daquele e salvaguardar as garantias de universalidade, modicidade, transparência, publicidade, impessoalidade e devido processo legal, tudo isto analisado de forma sistematizada e harmonizado com as normas constitucionais vigentes.

O zelo com o limite e extensão da competência normativa conferida ao Órgão Executivo se traduz tanto na garantia dos direitos fundamentais (individuais e coletivos), como na efetivação dos fundamentos e objetivos firmados na Constituição da República que, por meio de regulamentos, decretos, resoluções, portarias etc., são absorvidos pela sociedade como "regimes de verdades".

Portanto, dependendo do arranjo legal, há agências com alto grau de autonomia e outras com pouca ou nenhuma autonomia, ou seja, há poder de interferência maior ou menor do Órgão Executivo.

Aliás, os estudiosos da matéria regulatória indicam, atualmente, a existência de *déficit* democrático[121] na atuação das agências, em virtude da falta de abertura aos cidadãos-usuários das decisões político-administrativas ou, então, a abertura falaciosa àqueles, por meio de consultas e audiências públicas que nem sempre registram na história sua eficácia.

Sabe-se que o baixo percentual de participação das organizações da sociedade civil e dos partidos gera possibilidade de captura por interesses de grupos econômicos organizados e, consequentemente, o desvio da finalidade pública prevista.

Ouvindo as palavras do Presidente da República, Luis Inácio Lula da Silva, no início de seu primeiro mandato, quando dizia ter sido surpreendido pelos jornais e ter desconhecimento sobre o aumento das tarifas de telefonia, podemos afirmar que o governo não sabe o que regula (mas deveria saber) e, consequentemente, o cidadão-usuário não conhece seu grau de liberdade, o que enseja a situação perversa de que todos perdem, principalmente em iniciativa e liberdade.

Dessa forma, o Estado, em total interação com a sociedade, deve precisar qual a extensão do aparato regulatório de que necessita. Avaliar a médio e longo prazo as consequências e os benefícios coletivos e extirpar a atuação redundante e desnecessária (nisto incluindo concessões ineficientes, instituição de controle de qualidade dos serviços prestados, discussão em audiência pública sobre novas metas de alcance da prestação do serviço ou do exercício da atividade econômica com ampla divulgação e um trabalho de *marketing* que mude a mentalidade do brasileiro no sentido de se integrar ao contexto político, econômico e social em que ele vive).

---

[121] Interessante debate travado por preclaros doutrinadores (Marçal Justen Filho, Egon B. Moreira, Alexandre Santos de Aragão, Carlos Ari Sundfeld, Floriano de Azevedo Marques Neto, Marcos A. Perez, Ronaldo Porto Macedo Júnior, Jacintho Arruda Câmara e Celso Fernandes Campilongo), registrado no artigo intitulado "Há um déficit democrático nas Agências Reguladoras", de autoria de F. A. Marques Neto (2004).

Deve, ainda, desenhar ou fortalecer as regras de governança (capacidade financeira e administrativa de implementar decisões), que definam as relações de autonomia e especificidade da agência, em consonância com os limites firmados na Constituição da República, de forma a reduzir o máximo possível a insegurança jurídica criada pelo exercício das funções normativa e decisória.

Cabe ao Estado submeter ao Congresso Nacional a discussão sobre o alcance e a profundidade a que se quer chegar com as agências, visando à proteção do consumidor, do usuário e de todo cidadão brasileiro que aguarda ou usufrui da política pública que estiver sendo regulada.

Há, pois, necessidade de adequação das diversas instâncias e estruturas administrativas, de tal sorte que, pelo estabelecimento de uma ordem desburocratizada, separada por conteúdos de atuação (como investigação, avaliação e julgamento), se crie um procedimento administrativo coerente, lógico, eficiente e eficaz.

Reconhecemos, também, a necessidade de mudanças que visem ao desenvolvimento nacional; mas, para tanto, o Órgão Executivo deve planejar, portanto, discutir, avaliar e sopesar a relevância da implementação de institutos em nosso sistema jurídico, estabelecendo formas práticas de *reinforcement* dos comandos das instituições já existentes, para com isto reforçar a legitimidade de suas atuações.

Com isso, busca-se assegurar uma regulação imparcial, decisões mais técnicas, dotadas de maior proteção contra as ingerências meramente políticas, que poderiam prejudicar o funcionamento ideal de um modelo competitivo. São exigências dos investidores internacionais, para dar credibilidade às políticas estatais de privatização da exploração dos serviços públicos e segurança a investidores estrangeiros, atraindo-os para a compra de ativos estatais.

De outra parte, as políticas públicas demandam programas de longo prazo, cuja realização ultrapassa a duração de um mandato. Os planos (leis) não podem estar à mercê das alternâncias do poder. Afinal, conciliam os princípios republicano e democrático com a segurança jurídica e seus corolários, estabilidade e governabilidade.

Diante da dimensão assumida hoje pelo Órgão Executivo, entendemos que deva haver um diálogo franco e harmonioso entre este e o Órgão Legislativo, que detém a origem normativa das políticas públicas.

É fato que o exercício de funções normativas pelo Órgão Executivo permeia uma zona cinzenta de tipicidade devido ao anseio crescente do governo de criar ações ágeis, em virtude dos interesses políticos, econômicos e sociais que o assolam diuturnamente.

Eros Roberto Grau (1977), ao comentar a utilização dos instrumentos normativos pelo Órgão Executivo, descreve a identificação da "capacidade normativa de conjuntura" que visa ao desempenho de uma atividade de ordenação do Estado sobre os agentes econômicos. Ainda segundo o autor, trata-se do fenômeno do aumento da quantidade e relevância das normas editadas pelo Órgão Executivo, por intermédio de seus órgãos e entidades, mediante o exercício da competência delegada do Órgão Legislativo.

Afirma Gilberto Bercovici (2003), de modo categórico, que a regulação no Brasil significou um sucateamento e desmonte do Estado e a impossibilidade de implementação de uma política de desenvolvimento nacional, em suas palavras:

> No Brasil, esta idéia é particularmente forte no discurso que buscou legitimar a privatização das empresas estatais e a criação das "agências". As empresas estatais foram descritas como focos privilegiados de poder e a sua privatização tornaria público o Estado, além da criação de "agências" reguladoras "independentes", órgãos técnicos, neutros, livres da ingerência política na sua condução. Ora, sabemos que as "agências independentes" não são independentes. E a regulação no Brasil não significa a "republicização" do Estado. Pelo contrário, a regulação significou o desmonte da estrutura do Estado, o sucateamento do Poder Público e o abandono de qualquer possibilidade de implementação de uma política deliberada de desenvolvimento nacional. (BERCOVICI, 2003, p. 326-327)

Não somos tão céticos e pessimistas. Entendemos que a intervenção do Órgão Executivo não pode inviabilizar a competência e a finalidade para as quais as agências foram criadas, sob pena de ensejar sua desnecessidade e inutilidade para o sistema. Portanto, a complementação de esforços deve ser viabilizada pela expedição de normas claras e precisas, em que seja demonstrada a vontade política de plena representatividade democrática, e adequadas ao nosso sistema jurídico.

Indagamos, então: a introdução das agências na estrutura da Administração Pública brasileira e a delegação legislativa da capacidade normativa foi planejada, atingindo os objetivos e fundamentos constitucionais?

De outra parte, na história americana há registro de quatro regimes regulatórios (de mercado; associativo ou corporativo; societal e de eficiência e reforma regulatória), todos fruto de configurações de políticas, valores e instituições. Destaque-se o primeiro, no relato de que o Judiciário, ao apreciar as lides que envolviam as agências, bloqueava, muitas vezes, as ações destas, pois tinha filosofia voltada para o livre mercado e a não interferência.

E no Brasil, qual o perfil do nosso Órgão Judiciário que passa, doravante, a apreciar as lides que envolvem as agências?

No Estado contemporâneo, as ações governamentais não devem estar mais voltadas apenas para o presente e, sim, para a gestão de interesses públicos e fatos jurídicos conjeturais que planejem o futuro, por meio de políticas de médio e longo prazo.

O planejamento econômico necessita, portanto, ser viabilizado por meio de um processo administrativo (técnico), político e técnico, que antecede a implementação da política pública, o qual deve ser legitimado pela participação democrática dos cidadãos e das entidades públicas e civis representativas, para que possa, no plano concreto, apresentar de modo claro e eficiente os resultados da política pública escolhida como instrumento de desenvolvimento.

Conclusões

Atendendo às inquietações e aos pressupostos iniciais deste estudo e procurando verificar a pertinência dos mesmos, fomos em busca de atingir nossos objetivos ao interpretarmos as normas, conceitos e atos relacionados à ordem econômica constitucional, à intervenção estatal no domínio econômico, ao planejamento, às políticas públicas e à regulação (em especial o papel das agências reguladoras). Assimilamos novos conhecimentos, passando a avaliar os procedimentos governamentais em prol do desenvolvimento nacional brasileiro e a visualizar um direcionamento econômico em resgate dos valores inerentes às ordens jurídica, social e política.

Convencemo-nos da relevância de se planejar um sistema que equacione os resultados de uma análise de políticas públicas em face do mercado (análises de custo-benefício) e a viabilidade de determinado programa estatal para alcançar a eficiência e a equidade necessárias ao bem-estar da sociedade.

A complexidade das questões sociais e econômicas, dos avanços tecnológicos e científicos deve ser analisada com parcimônia e com vistas à nossa realidade brasileira, pois, do contrário, ensejará consequências nefastas no âmbito da atribuição e da responsabilização de competências nas diversas esferas do Poder Público.

Propomos o revigoramento do nosso ordenamento jurídico, por meio da sistematização dos diversos *standards* que o compõem, destacando sua introdução ao Estado Democrático de Direito pelos artigos 1º e 3º da Constituição da República, com especial destaque para o desenvolvimento nacional.

A Constituição procura imprimir ordem e conformação à realidade política e social, apesar de estar determinada pela realidade social e, ao mesmo tempo, ser determinante em relação a ela. Por isto estudamos temas como: intervenção estatal no domínio econômico, regulação estatal, políticas públicas e planejamento, enquanto ações estatais previstas na Constituição da República de 1988, utilizando de instrumentos de interpretação que nos auxiliaram na reflexão sobre o conteúdo e aplicação das normas prescritas.

Verificamos a utilidade e a necessidade da intervenção estatal no domínio econômico, por meio de entes estatais, como as agências reguladoras (nas atividades públicas) e a concorrência (no mercado), para equacionar nossa economia (que é liberal e competitiva) com a implementação de um planejamento social, jurídico, político e econômico, de tal forma que sejam respeitados os objetivos, fundamentos, princípios e valores da ordem jurídica institucionalizada.

Corroboramos entendimento de que a intervenção estatal traz em si os signos da transitoriedade (em face de situação excepcional) e da integralidade (como autoridade decisória), ou seja, como gestor e tutor da atividade econômica, o Estado estabelece limites aos agentes econômicos privados, intervindo na ordem econômica diretamente (criação de empresas estatais quando necessário aos imperativos da segurança nacional ou ao relevante interesse coletivo definido em lei, conforme prescreve o artigo 173 da CR/88) ou indiretamente (regulando-a por normas, fiscalizando-a).

Há diferença entre a racionalidade econômica e a racionalidade jurídica, pela objetividade, revisibilidade e autonomia que a primeira tem de uma visão da sociedade com foco na "administração de recursos escassos", ou seja, na utilidade dos bens econômicos, para análise econômica do comportamento humano. A segunda, por sua vez, é axiológica, reflete os valores positivados na Ordem Social vigente de uma dada sociedade. Contudo, ambas são compatíveis, respeitadas as essencialidades e possibilitando o diálogo entre elas, na medida em que a economia pode ter aplicabilidade em certas questões jurídicas, desde que observadas as normas legais.

Como dissemos na introdução, dentre as espécies de intervenção estatal no domínio econômico, elegemos a regulação, por ser instrumento jurídico que busca a implementação de políticas públicas e para a qual há necessidade de planejamento.

Entendemos que regular é confiar ao Estado a atuação em setores essenciais da economia do país, fiscalizando o cumprimento das finalidades públicas, exercitadas por meio da interação do setor público com o setor privado (administrando, inclusive, a luta de interesses), atraindo e dinamizando as atividades, pela absorção dos avanços tecnológicos, além de imputar custos e sanar imperfeições do mercado.

Refletimos sobre a inserção na Constituição da República do órgão regulador, denominado agência, previsto no artigo 21, inciso XI, uma autarquia (pessoa jurídica de direito público), criada por lei, sob regime jurídico especial que consiste em: procedimentos, deveres, direitos, garantias que promovam a autonomia político-administrativa (gestão), autonomia econômico-financeira (tributária e patrimonial), autonomia de pessoal (quadro próprio), autonomia para tomada de decisões técnicas, autonomia para exercer seu papel de fiscalização ("poder de polícia"), autonomia para aplicar sanções e autonomia normativa, todos destacados no desenvolvimento deste livro.

Justamente por acreditarmos na dinâmica necessária ao sistema jurídico buscamos a exposição de motivos que introduziu o "órgão regulador" (artigo 21, inciso XI) na Ordem Constitucional e verificamos que sua motivação é genérica, é aberta, não esclarece as reais e sistemáticas razões para criação de autarquia especial, cujas funções normativas e decisórias se ressentem de constitucionalidade e legalidade, diante dos limites impostos para as funções estatais.

Não discordamos da necessidade de mudanças, atualizações e avanços político, jurídico, econômicos para o bem-estar da sociedade, mas questionamos a forma como foram desencadeados e implementados alguns modelos como das agências reguladoras que hoje buscam sua legitimação perante o governo, a sociedade e perante elas próprias, uma vez que não se evidencia a esperada eficiência e eficácia para a regulação das atividades e serviços públicos essenciais.

Há necessidade premente de adequação das diversas instâncias e estruturas administrativas, pela interface dos dois sistemas (regulatório e concorrencial), os quais os procedimentos administrativos de investigação, avaliação e julgamento sejam sucessivos e contínuos e a decisão seja coerente, lógica e eficiente.

Encontramos no processo de planejamento econômico a resposta tanto para justificar a ineficácia experimentada (quando de sua ausência) como para evidenciar a solução (quando de sua presença), para a forma adequada de implementação, em especial, das políticas públicas.

O legislador terá sua atividade limitada pela política econômica e social compatível com as normas constitucionais e será impulsionado (incluindo-se aqui também os demais entes e órgãos concretizadores) ao dever de aplicar a política em conformidade com as normas impositivas colhidas da Constituição, em especial do artigo 174 da CR/88, para a realização do planejamento econômico.

Finalmente, eis as considerações que enfeixam os estudos realizados

1. O planejamento econômico concilia os princípios republicano e democrático com a segurança jurídica e seus corolários, estabilidade e governabilidade e, por conseguinte, aplica os objetivos e fundamentos da Constituição.

   O planejamento do desenvolvimento econômico e social do país consiste no processo conjugado de atos políticos e jurídicos, que objetiva alcançar as finalidades e anseios da sociedade, conforme os princípios e escopos definidos no ordenamento jurídico.

2. O planejamento estatal deve sintetizar a reunião de esforços políticos, econômico-financeiros e jurídicos e objetiva coordenar os recursos orçamentários disponíveis, aplicando-os a metas específicas, no tempo e modo previamente prescritos, com o mínimo de custo. Essa congregação necessita da harmonização da política, do direito e da economia, razão pela qual quisemos discorrer sobre as diversas racionalidades e a possibilidade de sua interação.

   Com efeito, sob a ótica federativa, o planejamento será uma projeção do futuro do país, nos mais variados setores, sendo executado por meio de ação administrativa do Estado e dos entes públicos, sempre condicionada pelas diretrizes e bases contidas nos planos nacionais, regionais e setoriais de desenvolvimento, sem que, com isso, sejam violados, na sua autonomia, os entes políticos que compõem uma Federação.

   Razão pela qual a descentralização do planejamento (seja na fase de aprovação do projeto de lei, seja na adequação da lei ao contexto local) é útil à execução do plano e se impõe na medida em que esta se converterá em fator de unidade na atuação do Estado, na busca da promoção do desenvolvimento e da justiça social.

   O planejamento econômico está previsto em nossa Ordem Constitucional desde 1988 e até hoje não foi elaborado um plano de desenvolvimento nacional que intervenha na ordem econômica e social para repercutir na estabilidade política, no aumento da produtividade, permitindo um melhor e mais rápido atendimento das reivindicações sociais.

3. Há relevância em se adotar políticas econômicas de médio e longo prazo (planos plurianuais e leis orçamentárias), a fim de permitir crescimento ordenado com pequenos custos econômicos e sociais, o que, atrelado às novas limitações impostas pela Lei de Responsabilidade Fiscal (Lei Complementar nº 101/2000), se traduz em uma fonte segura de normatização em busca do soerguimento econômico e social do modelo de Estado Democrático de Direito.

A ampla publicidade e transparência da ação pública, a ação conjunta de todos os profissionais da área atinente à concessão (economistas, engenheiros, advogados, administradores públicos, especialistas etc.), a definição da política regulatória e da implementação da política pública, a democratização das tomadas de decisão (permitindo a participação da sociedade, a exemplo das consultas e audiências públicas) são os modos de minimizar os desvios (corrupção) e exercitar as responsabilidades social, econômica e política que envolve a todos, cada qual no seu papel.

Clamamos pela mudança de mentalidade de nossos legisladores e agentes políticos para que elaborem um planejamento sustentável e cumpridor dos objetivos, fundamentos e valores constitucionais, sob pena de apuração de responsabilidades.

4. Existe uma nítida imbricação entre as atividades planejadoras e a elaboração orçamentária, nas suas diversas modalidades. Se há orçamento público, se há provisão de despesas, se há objetivos e finalidades a serem alcançados, resta aos cidadãos, às entidades de classe, aos órgãos e entidades fiscalizadoras acompanhar, exigir, fiscalizar e controlar a utilização dos recursos públicos e ao Órgão Judiciário (quando provocado) analisar o pleito e verificar se há inconstitucionalidade ou ilegalidade na elaboração e aplicação dos planos, programas e projetos.

Todo respaldo constitucional e legal atinente ao planejamento viabiliza esta ação, método ou mecanismo jurídico, do qual se vale o administrador para executar a atividade governamental necessária à consecução do desenvolvimento econômico e social, razão pela qual o planejamento é tema do Direito.

Planejamento, assim, é muito mais do que um processo administrativo e político dependente apenas da vontade dos governantes. É uma diretriz constitucional de natureza jurídica, que imprime o dever jurídico do Estado de elaborar planos, instrumentos consubstanciadores dos objetivos e finalidades provisionados em prol do desenvolvimento nacional sustentável.

Esse processo político, quando discute a implementação de políticas públicas, não está de *per si* resguardado da revisão judicial.

5. Vislumbramos, na exposição de motivos da lei, que encaminha o plano estatal, o instrumento hábil a traduzir a efetiva e real motivação do processo de planejamento e que, por conseguinte, possibilita o controle judicial.

O legislador deve realizá-lo de modo realístico, condizente com as condições orçamentárias e com as necessidades econômicas e sociais indicadas. A vinculação da exposição de motivos aos atos políticos subsequentes estará respaldada na teoria dos motivos determinantes, cabendo responsabilização ao autor do projeto em caso de incongruência, imoralidade ou ilegalidade.

De outra parte, esse mesmo conteúdo de motivos vincula o agente político — Chefe do Órgão Executivo —, que tem o dever de implementá-lo. A omissão em aplicar plano governamental gera responsabilização, a qual somente será ressalvada por outra justificativa que aponte de modo preciso, transparente e fundamentado quais as razões para não execução ou postergação das metas estabelecidas no plano e, porque não dizer, condenação em crime de responsabilidade.

Os Órgãos Legislativo e Executivo podem ser provocados, administrativamente, por meio de reclamação ou consulta, ou judicialmente, quando houve dano causado pelo processo de planejamento e a consequente aplicação do plano.

6. Os sujeitos ativos serão o cidadão (no âmbito da ação popular e de sua abrangência substantiva), o *Parquet* Ministerial e a Associação ou Entidade de Classe (no âmbito das ações civis públicas e coletivas, em face do interesse difuso e coletivo).

Em nosso entender, portanto, o Órgão Judiciário tem competência para analisar e ponderar as razões que levaram à estruturação do planejamento e cotejá-las com as metas, os meios utilizados para alcançar as finalidades públicas e responsabilizar o agente político.

A valorização desse instrumento de motivação que deve problematizar as razões da adoção daquele ato normativo proposto, justificando aquela iniciativa como sendo a solução ideal e segura para equacionar os reclamos da sociedade, firma, assim, a efetividade e a eficácia da introdução do plano governamental no ordenamento jurídico vigente.

Dessa forma, os atos administrativos no âmbito de suas iniciativas legislativas e os legisladores, no exercício de sua função típica, seriam forçados, pois, a articular os objetivos fundamentais e mantê-los na elaboração de dispositivos legais, de forma que refletissem com consistente clareza, transparência e eficiência qual o projeto legislativo que será executado, respaldado em dados econômicos, financeiros e orçamentários reais, de tal sorte que a eficácia dos planos se refletirá por consequência.

Por conseguinte, a exposição de motivos (prescrita no Decreto nº 4.176/2002) passa a exercer a força vinculante, conforme ocorre com o preâmbulo da Constituição da República, e faz valer a sua existência como documento jurídico, por meio dos quais os tribunais (que não apreciariam o mérito das políticas públicas) poderão exigir dos agentes políticos o devido cumprimento da lei e a justificativa com relação aos meios propostos e aos fins alcançados.

6.1. Firmamos, aqui, nosso posicionamento de que, para efeito de elaboração do plano, o legislador utilizar-se-á de todos os substratos do processo de planejamento e ditará as normas, justificando-as na exposição de motivos que introduzirá a lei. Caso fique provado que essa motivação não é condizente com a realidade orçamentária, financeira, econômica, moral (no sentido de moralidade administrativa jurisdicizada), deve o Órgão Judiciário, ao ser provocado, apreciar o pedido e definir se houve ou não violação dos ditames constitucionais e legais.

É importante que os agentes políticos tenham mais consciência das funções que executam e a exposição de motivos, que introduz a norma em nosso ordenamento jurídico, deve ser o instrumento normativo que traga maior segurança jurídica e respeitabilidade pelos objetivos e fundamentos da Constituição da República.

7. Em uma visão pragmática, percebemos que o sistema regulatório proposto com as reformas do Estado não estabeleceu um regime jurídico que explicitasse, claramente, quais os princípios, as metas, as finalidades e as formas de controle dos procedimentos e processos internos e das garantias de universalidade, modicidade, transparência, publicidade, impessoalidade e devido processo legal, tudo isto analisado de forma sistematizada e harmonizado com as normas constitucionais vigentes.

Essa inovação constitucional esbarrou, ainda, na competência normativa e decisória dos órgãos e entidade concorrenciais, de tal sorte que a sobreposição de competência e a insegurança jurídica têm pairado sobre a proposição de pleitos.

O zelo com o limite e extensão da competência normativa conferida ao Órgão Executivo se traduz tanto na garantia dos direitos fundamentais (individuais e coletivos) como na efetivação dos fundamentos e objetivos firmados na Constituição da República que, por meio de regulamentos, decretos, resoluções, portarias etc. são absorvidos pela sociedade como sistema de verdades.

8. Propusemos, neste livro, uma releitura interpretativa, conforme a Constituição, do artigo 174, seu *caput* e §1º, procurando evidenciar o planejamento como condição *sine qua non* para um desenvolvimento organizado e sistemático na direção de uma sociedade melhor.

Reitera-se, até para que se firme, a propalada releitura:

O Estado deve planejar suas ações objetivando o desenvolvimento nacional equilibrado e compatibilizando-o com os planos nacionais, regionais e setoriais que estabelecerão, por lei, suas diretrizes e bases, bem como intervirá na ordem econômica exercendo suas funções regulatória e fiscalizadora, por meio da expedição de normas e concessão de incentivos. A ação planejadora do Estado pressupõe a participação indicativa e integradora do setor privado.

Finalizamos, então, dizendo que é com vistas no passado que devemos elaborar o presente, buscando integração e vinculação aos fundamentos e objetivos firmados por nossa Constituição da República de 1988 e construindo o que para nós é condição para o desenvolvimento econômico e social equilibrado e sustentável: o planejamento do futuro.

Referências

ABE, Nilma de Castro. *Gestão do patrimônio público imobiliário*. Leme, SP: J. H. Mizuno, 2006.

ALESSI, Renato. *Principi di diritto amministrativo*. Milano: A Giuffrè, 1966.

ALEXY, Robert. *Teoria de los derechos fundamentales*. 2. reimp. Madrid: Centro de Estudios Constitucionales, 2001.

ALMEIDA, Valdomiro José de. As agências e a defesa da concorrência. *Valor Econômico*, São Paulo, 26 ago. 2005. Seção, Legislação. (enviado pelo autor, via e-mail).

ANTUNES, Luís Filipe Colaço. *Direito urbanístico*. Coimbra: Almedina, 2002.

ARAÚJO, Florivaldo Dutra de. *Motivação e controle do ato administrativo*. 2. ed. Belo Horizonte: Del Rey, 2005.

ATALIBA, Geraldo. *Sistema constitucional tributário brasileiro*. São Paulo: Revista dos Tribunais, 1968.

ATIENZA, Manuel. *As razões do direito*: teorias da argumentação jurídica. Tradução de Maria Cristina Guimarães Cupertino. 3. ed. 1. reimp. São Paulo: Landy, 2006.

BALDWIN, Roberto. *Is Better Regulation Smarter Regulation?*. London, 2004. Mimeografado.

BARBOSA, Gustavo Santos. Lei de Responsabilidade Fiscal. *Revista Tributária e de Finanças Públicas*. São Paulo, v. 9, n. 39, p. 223-229, jul./ago. 2001.

BASTOS, Celso Ribeiro. *Direito econômico*. Coimbra: Coimbra Ed., 1988.

BASTOS, Celso Ribeiro. O planejamento na Constituição. *Revista da Procuradoria Geral do Estado de São Paulo*, n. 31, jun. 1989.

BERCOVICI, Gilberto. O planejamento e a Constituição de 1988. *In*: SCAFF, Fernando Facury. *Constitucionalizando direitos 15 anos da Constituição Brasileira de 1988*. Rio de Janeiro: Renovar, 2003.

BOBBIO, Norberto. *O futuro da democracia*: a defesa das regras do jogo. Rio de Janeiro: Paz e Terra, 1986.

BONAVIDES, Paulo. *A Constituição aberta*. 2. ed. São Paulo: Malheiros, 1996.

BORGES, Alice Gonzalez. A implantação da administração pública gerencial na Emenda Constitucional n° 19/98. *Revista Trimestral de Direito Público*, v. 24, 1998.

BRITO, M. *Derecho administrativo. Su permanencia, contemporaneidad, perspectiva*. Montevideo: Universidad de Montevideo, 2004.

BUCCI, Maria Paula Dalllari. *Direito administrativo e políticas públicas*. São Paulo: Saraiva, 2002.

CÂMARA, Jacintho Arruda. A experiência brasileira nas concessões de serviço público e as parcerias público-privadas. *In*: SUNDFELD, Carlos Ari (Coord.). *Parcerias público-privadas*. São Paulo: Malheiros, 2005.

CANOTILHO, J.J. Gomes. *Direito constitucional e teoria da Constituição*. 6. ed. Coimbra: Almedina, 2002.

CARDOSO, Paulo Maurício Sales. Planejamento econômico. *Caderno da Pós-Graduação em Direito*, Belém, n. 1, p. 105-106, out./dez. 1996.

CARVALHO, Paulo de Barros. *Curso de direito tributário*. 17. ed. São Paulo: Saraiva, 2005.

CARVALHOSA, Modesto. *Ordem econômica na Constituição de 1969*. São Paulo: Revista dos Tribunais, 1972.

CASSESE, Sabino. La Noción de "Constitución Económica y las Transformaciones del Estado". *Revista de Direito Administrativo e Constitucional*, Belo Horizonte, ano 3, n. 14, out./dez. 2003. (Traduzido para o Espanhol pelo Prof. Juan M. González Moras).

CASSESE, Sabino. *La nuova costituzione economica*. 4. ed. Roma-Bari: Laterza, 1997.

CASTRO, Flávia de Almeida Viveiros de. Novas técnicas de interpretação constitucional. *Revista de Direito Constitucional e Internacional*, São Paulo, n. 34, ano 9, jan./mar. 2001.

CINTRA DO AMARAL, Antônio Carlos. *Concessão de serviço público*. 2. ed. São Paulo: Malheiros, 2002.

COLOMA, Germán. *Análisis económico del derecho*: privado y regulatorio. Buenos Aires: Ciudad Argentina, 2001.

COMPARATO, Fábio Konder. Ensaio sobre o conteúdo jurídico do princípio da lucratividade. *Revista de Direito Administrativo*, Rio de Janeiro, abr./jun. 2001.

COMPARATO, Fábio Konder. Ensaio sobre o juízo de constitucionalidade de políticas públicas. *In*: MELLO, Celso Antônio Bandeira de (Org.). *Estudos em homenagem à Geraldo Ataliba*. São Paulo: Malheiros. 1997.

COMPARATO, Fábio Konder. Ensaio sobre o juízo de constitucionalidade de políticas públicas. *Revista dos Tribunais*, São Paulo, n. 737, mar. 1997.

COMPARATO, Fábio Konder. Regime constitucional do controle de preços. *Revista de Direito Público*, n. 97, p. 17, jan./mar. 1991.

COUTINHO, Diogo Rosenthal. Privatização, regulação e o desafio da universalização do serviço público no Brasil. *In*: FARIA, José Eduardo (Org.). *Regulação, direito e democracia*. São Paulo: Fundação Perseu Abramo, 2002.

DALLARI, Adilson de Abreu. Parcerias em transportes públicos. *In*: SUNDFELD, Carlos Ari (Coord.). *Parcerias público-privadas*. São Paulo: Malheiros, 2005.

DERANI, Cristiane. *Privatização e serviços públicos*: as ações do Estado na produção econômica. São Paulo: Max Limonad, 2002.

DI MANNO, T. *Le juge constitucionnel et la technique des décisions interprétatives en France et en Italie*. Paris: Econômica, 1997.

DI PIETRO, Maria Sylvia Zanella. *Direito administrativo*. 18. ed. São Paulo: Atlas, 2005.

DWORKIN, Ronald. *Taking Rights Seriously*. 8. impr. London: Duckworth, 1996.

FELGAR, Júlia Antonietta Simões. *Trabalhos acadêmicos*: manual de normas para sua elaboração. 3. ed. rev. e ampl. Praia Grande: Faculdade do Litoral Sul Paulista; Itanhaém: Faculdade de Itanhaém. Produto técnico. 2006. Mimeografado.

FERRAZ JR., Tércio Sampaio. *Introdução ao estudo do direito*: técnica, decisão, dominação. 2. ed. São Paulo: Atlas, 1994.

FERRAZ, Sergio. Regulação da economia e livre concorrência: uma hipótese. *Revista de Direito Público da Economia – RDPE*, Belo Horizonte, n. 01, jan./mar. 2003.

FERREIRA FILHO, Manoel Gonçalves. *A democracia possível*. São Paulo: Saraiva, 1972.

FERREIRA, Luiz Tarcísio Teixeira. *Parcerias público-privadas*: aspectos constitucionais. 2006. Dissertação (Mestrado em Direito) – Pontifícia Universidade Católica de São Paulo, São Paulo. 2006.

FIGUEIREDO, Lúcia Valle. *Curso de direito administrativo*. 8. ed. rev. ampl. e atual. São Paulo: Malheiros, 2006.

FIGUEIREDO, Lúcia Valle. Instrumentos da administração consensual: a audiência pública e sua finalidade. *Revista Brasileira de Direito Público – RBDP*. Belo Horizonte, n. 38, 2002.

FIGUEIREDO, Lúcia Valle. O controle judicial dos atos administrativos e a súmula vinculante. *Revista Brasileira de Direito Público – RBDP*, Belo Horizonte, ano 2, n. 4. jan./mar. 2004.

FIGUEIREDO, Lúcia Valle. O devido processo legal e a responsabilidade do Estado por dano decorrente do planejamento. *Revista de Direito Administrativo*, Rio de Janeiro, v. 206, out./dez. 1996.

FIGUEIREDO, Lúcia Valle. Reflexões sobre a intervenção do Estado no domínio econômico e as contribuições interventivas. *In*: MACHADO, Hugo de Brito (Coord.). *As contribuições no sistema tributário brasileiro*. São Paulo: Dialética, 2003.

FIGUEIREDO, Marcelo. *As agências reguladoras*: o Estado democrático de direito no Brasil e sua atividade normativa. São Paulo: Malheiros, 2005.

FONTES, Paulo Gustavo Guedes. *O controle da administração pelo Ministério Público*. Belo Horizonte: Del Rey, 2006.

FRISCHEISEN, Luiza Cristina Fonseca. *A construção da igualdade e o sistema de justiça no Brasil*: alguns caminhos e possibilidades. 2006. 154 f. Tese (Doutorado em Direito) –Departamento de Filosofia de Teoria Geral do Direito da Universidade de São Paulo, São Paulo. 2006. (Publicada pela Lumen Juris: Rio de Janeiro, 2007).

GARCÍA DE ENTERRÍA, Eduardo; FERNÁNDES, Tomás-Ramón. *Curso de direito administrativo*. Tradução de Arnaldo Setti. São Paulo: Revista dos Tribunais, 1991.

GARCIA, Mônica Nicida. A função reguladora do poder executivo. *Revista de Direito Constitucional e Internacional*. Cadernos de direito constitucional e ciência política. São Paulo, v. 10, n. 38, jan./mar. 2002.

GIANNINI, Massimo Severo. *Diritto publico dell' economia*. Bologna: Il Mulino, 1995.

GOMES, Luís Roberto. *O Ministério Público e o controle da omissão administrativa*: o controle da omissão estatal no direito ambiental. Rio de Janeiro: Forense Universitária, 2003.

GORDILLO, Agustín A. Aspectos juridicos del plan. *Revista de Ciencias Juridicas*, San José, n. 12, 1969.

GRAU, Eros Roberto. *A ordem econômica na Constituição de 1988*. 8. ed. São Paulo: Malheiros, 2003.

GRAU, Eros Roberto. *A ordem econômica na Constituição de 1988*: interpretação e crítica. São Paulo: Malheiros, 2002.

GRAU, Eros Roberto. O discurso neoliberal e a teoria da regulação. *In*: TRINDADE, Antônio Augusto Cançado *et al*. *Desenvolvimento econômico e intervenção do Estado na Ordem Consititucional*: estudos em homenagem ao Prof. Washington Peluso Albino de Souza. Porto Alegre: Fabris, 1995.

GRAU, Eros Roberto. *Planejamento econômico e regra jurídica*. São Paulo: Revista dos Tribunais, 1978.

Referências | 253

GROTTI, Dinorá Adelaide Musetti. As agências reguladoras. *Revista Brasileira de Direito Público – RBDP*, Belo Horizonte, n. 4.

HÄBERLE, Peter. *Hermenêutica constitucional*: a sociedade aberta dos intérpretes da Constituição: contribuição para a interpretação pluralista e "procedimental" da Constituição. Tradução de Gilmar Ferreira Mendes. Porto Alegre: Sergio Antonio Fabris, 1997.

HESSE, Konrad. *A força normativa da Constituição*. Tradução de Gilmar Mendes Ferreira. Porto Alegre: Sergio Antonio Fabris, 1991.

HESSE, Konrad. *Escritos de derecho constitucional*. Madrid: Centro de Estúdios Constitucionales, 1983.

HOLMES, Stephen; SUNSTEIN, Cass R. *The Cost of Rights*. New York: Norton, 1999.

HOUAISS, Antônio. *Dicionário Houaiss da língua portuguesa*. Rio de Janeiro: Objetiva, 2001.

JUSTEN FILHO, Marçal. *Concessões e permissões de serviços públicos*. São Paulo: Dialética, 1997.

KELSEN, Hans. *Teoria pura do direito*. São Paulo: Martins Fontes, 1985.

LARENZ, Karl. *Metodologia da ciência do direito*. 5. ed. Lisboa: Fundação Calouste Gulbenkian, 1983.

LIMA, Ruy Cirne. A relação jurídica no direito administrativo. *Revista de Direito Público*, ano XXI, n. 85, jan./mar. 1988.

LOPES, José Reinaldo de Lima. Raciocínio jurídico e economia. *Revista de Direito Público da Economia – RDPE*, ano 2, n. 8, out./dez. 2004.

LUMIA, Giuseppe. *Lineamenti di teoria e ideologia del diritto*. Versão em espanhol de Alfonso Ruiz Miguel. Madrid: Debate, 1993.

MANCUSO, Rodolfo de Camargo. A ação civil pública como instrumento de controle judicial das chamadas políticas públicas. MILARÉ, Édis. *Ação civil pública Lei nº 7347/1985*: 15 anos. São Paulo: Revista dos Tribunais, 2002.

MARINHO, Josaphat. Planejamento como controle do poder. *Revista do Direito Público*, ano 23, n. 95, jul./set. 1990.

MARQUES NETO, Floriano de Azevedo. Há um déficit democrático nas Agências Reguladoras?. *Revista de Direito Público da Economia – RDPE*, Belo Horizonte, ano 2, n. 5, jan./mar. 2004.

MARQUES, Maria Manuel Leitão *et al.* Regulação sectorial e concorrência. *Revista de Direito Público da Economia – RDPE*, Belo Horizonte, ano 3, n. 9, jan./mar. 2005.

MARTINEZ, Augusto Duran. El papel del Estado en el siglo XXI: prestación de servicios públicos, explotación de actividades económicas y actividad regulatória. *A&C – Revista de Direito Administrativo e Constitucional*, Belo Horizonte, ano 5, n. 19, jan./mar. 2005.

MAXIMILIANO, Carlos. *Hermenêutica e aplicação do direito*. 3. ed. São Paulo: Freitas Bastos, 1941.

MEIRELLES, Hely Lopes. *Direito administrativo brasileiro*. 20. ed. São Paulo: Malheiros, 1995.

MELLO, Celso Antônio Bandeira de. *Curso de direito administrativo*. 21. ed. rev. e atual. São Paulo: Malheiros, 2006.

MELLO, Celso Antônio Bandeira de. Poder discricionário. *Revista de Direito Público*, v. 18, n. 76, out./dez. 1985.

MELO, Edelamare Barbosa. O planejamento no Ordenamento Jurídico-Constitucional brasileiro. *Revista da Procuradoria Geral do Estado da Bahia*, v. 14, jul./dez. 1990.

MENDES, Conrado Hübner. Reforma do Estado e agências reguladoras: estabelecendo os parâmetros de discussão. *In*: SUNDFELD, Carlos Ari (Coord.). *Direito administrativo econômico*. São Paulo: Malheiros, 2000.

MOORE, George Edward. *Principia Ethica*. Cambridge, 1922.

MORAES, Alexandre de. *Constituição do Brasil interpretada e legislação constitucional*. 5. ed. São Paulo: Atlas, 2005.

MORAES, Alexandre de. *Direito constitucional*. 11. ed. São Paulo: Atlas, 2002.

MORAND, Charles-Albert. *Le droit néo-moderne des politiques publiques*. Paris: L.G.D.J., 1999.

MOREIRA NETO, Diogo de Figueiredo. *Mutações do direito administrativo*. 2. ed. São Paulo: Renovar, 2001.

MOREIRA NETO, Diogo de Figueiredo. O novo papel do Estado na economia. *Revista de Direito Público da Economia – RDPE*, Belo Horizonte, v. 3, n.11, jul./set. 2005.

MOREIRA NETO, Diogo de Figueiredo. *Ordem econômica e desenvolvimento na Constituição de 1988*. Rio de Janeiro: APEC, 1989.

MOREIRA, Egon Bockmann. *Estudos de direito econômico*. Belo Horizonte: Fórum, 2004.

MYRDAL, Gunnar. *O Estado do futuro*. Tradução de Affonso Blancheyre. Rio de Janeiro: Zahar, 1962.

NUSDEO, Fábio. *Curso de economia*. 3. ed. São Paulo: Revista dos Tribunais, 2001.

NUSDEO, Fábio. *Fundamentos para uma codificação de direito econômico*. São Paulo: Revista dos Tribunais, 1995.

Referências | 255

OLIVEIRA, Gesner de. Brasil-FMI: realidades e mitos. *Boletim de Diplomacia Econômica*, n. 19, fev. 1995.

OLIVEIRA, Gesner de; RODAS, João Grandino. *Direito e economia da concorrência*. Rio de Janeiro: Renovar, 2004.

ORTIZ, Ariño. *Princípios de derecho público económico*. 2. ed. Granada: Comares, 2001.

OTERO, Paulo. *Vinculação e liberdade de conformação jurídica do sector empresarial do Estado*. Coimbra: Coimbra Ed., 1998.

PASSOS, J. J. Calmon de. O futuro do Estado e do direito do Estado: democracia, globalização e neonacionalismo. *Revista Brasileira de Direito Público – RBDP*, Belo Horizonte, n. 1, abr./jun. 2003.

PASSOS, J. J. Calmon de. Repensando a teoria da Constituição. *Revista Brasileira de Direito Público*, Belo Horizonte, n. 3, out./dez. 2003.

PEREIRA, Cláudia Fernanda de Oliveira. *Reforma administrativa*: o Estado, o serviço público e o servidor. Brasília: Brasília Jurídica, 1998.

PUCEIRO, Zuleta. Direito e globalização econômica: implicações e perspectivas. *In*: FARIA, José Eduardo (Org.). *O processo de globalização e a reforma do Estado*. 2. tiragem. São Paulo: Malheiros, 1998.

REALE, Miguel. *O poder da democracia*: plurarismo e liberdade. São Paulo: Saraiva, 1963.

REZENDE, Fernando. *A metamorfose do Estado*. São Paulo: Abag, 1993.

ROSA, Renata Porto Adri de. Reflexões sobre a função reguladora das agências estatais. *Revista de Direito Administrativo*, n. 226, p. 243-250, out./dez. 2001.

ROSE-ACKERMAN, Susan. Análise econômica do direito – e o Novo Direito Administrativo. MATTOS, Paulo (Coord.); PRADO, Mariana Mota *et al* (Org.). *Regulação econômica e democracia*: o debate norte-americano. São Paulo: Editora 34, 2004.

SABBAG, César. *Orçamento e desenvolvimento*. Campinas: Millenium, 2006.

SALOMÃO FILHO, Calixto. *Regulação e desenvolvimento*. São Paulo: Malheiros, 2002.

SCAFF, Fernando Facury. *Constitucionalizando direitos*: 15 anos da Constituição Brasileira de 1988. Rio de Janeiro: Renovar, 2003.

SCAFF, Fernando Facury. Reserva do possível, mínimo existencial e direitos humanos. *Interesse Público*, Porto Alegre, v. 6, n. 32, ago. 2005.

SCOTT, Paulo Henrique Rocha. *Direito constitucional econômico*: Estado e normalização da economia. Porto Alegre: Sergio Antonio Fabris, 2000.

SEN, Amartya Kumar. *Desenvolvimento com liberdade*. Tradução de Laura Teixeira Motta. Revisão técnica de Ricardo Doninelli Mendes. 5. reimp. São Paulo: Companhia das Letras, 2005.

SEN, Amartya Kumar. *Sobre ética e economia*. Tradução de Laura Teixeira Motta. Revisão técnica de Ricardo Doninelli Mendes. 5. reimp. São Paulo: Companhia das Letras, 1999.

SILVA, Clovis V. do Couto e. O planejamento na economia brasileira. *Revista de Informação Legislativa*, Brasília, ano 28, n. 109, 1991.

SILVA, José Afonso da. *Comentário contextual à Constituição*. São Paulo: Malheiros, 2005.

SILVA, José Afonso da. *Curso de direito constitucional positivo*. 17. ed. São Paulo: Malheiros, 2000.

SILVA, José Afonso da. *Direito urbanístico brasileiro*. 4. ed. São Paulo: Malheiros, 2006.

SILVA, Luis Virgílio Afonso da. O proporcional e o razoável. *Revista dos Tribunais*, São Paulo, v. 91, n. 798, abr. 2002.

SOUTO, Marcos Juruena Villela. *Direito administrativo regulatório*. Rio e Janeiro: Lúmen Júris, 2002.

SOUZA, Washington Peluso Albino de. *Direito econômico e economia política*. Belo Horizonte: Prisma. 1970. v. 2.

SUNDFELD, Carlos Ari (Coord.). *Direito administrativo econômico*. São Paulo: Malheiros, 2000.

SUNDFELD, Carlos Ari. A Administração Pública na era do direito global. *In*: SUNDFELD, Carlos Ari; VILHENA, Oscar (Coord.). *Direito global*. São Paulo: Malheiros, 1999.

SUNSTEIN, Cass. R. O constitucionalismo após o The New Deal. MATTOS, Paulo (Coord.); PRADO, Mariana Mota *et al* (Org.). *Regulação econômica e democracia*: o debate norte-americano. São Paulo: Editora 34, 2004.

TÁCITO, Caio. Perspectivas do direito administrativo no próximo milênio. *Revista de Direito Administrativo*, Rio de Janeiro, n. 212, abr./jun. 1998.

TAVARES, André Ramos. Responsabilidade fiscal: novos parâmetros para o poder público. *Revista Brasileira de Ciências Criminais*, São Paulo, v. 9, n. 36, out./dez. 2001.

TELLES JR., Goffredo da Silva. O planejamento do futuro. *Revista da Faculdade de Direito de São Paulo*, São Paulo, v. 96, 2001.

TORRES, Ricardo Lobo. *O orçamento na Constituição*. Rio de Janeiro: Renovar, 1995.

VALLE, Vanice Lírio do. *Parcerias público-privadas e responsabilidade fiscal*: uma conciliação possível. Rio de Janeiro: Lúmen Júris, 2005.

WALD, Arnold. O advogado e a sociedade industrial. *Digesto Econômico*, v. 25, n. 208, jul./ago. 1969.

Consultas eletrônicas

CINTRA DO AMARAL, Antônio Carlos. Princípio da eficiência no direito administrativo. Comentário nº 70 – 15.10.2002 e Comentário n. 140 – 01.12.06. <http://www.celc.com.br/celc_comentario01.htm>

<http://www.mre.gov.br/getec/webgetec/bde/19/índice.htm>.

Recurso Extraordinário n. 422.941-2/Distrito Federal, Segunda Turma, Relator: Ministro Carlos Velloso, Recorrente: Destilaria Alto Alegre S/A, Recorrida: União, Decisão: por votação majoritária conheceram e deram provimento ao recurso, vencido, em parte, o Ministro Joaquim Barbosa. <http://www.stf.gov. br/jurisprudencia>

ANEXO A
COMPILAÇÃO DAS CONSTITUIÇÕES BRASILEIRAS

DISPOSITIVOS CONSTITUCIONAIS RELATIVOS AOS TERMOS "INTERVENÇÃO" E "DESENVOLVIMENTO"[1]

Sumário: I Constituição de 1824 – Constituição do Império – II Constituição de 1891 – 1ª Constituição Republicana – III Constituição de 1934 – IV Constituição de 1937 – V Constituição de 1946 – VI Constituição de 1967 – VII Constituição de 1969 (Emenda nº 1 à Constituição de 1967) – VIII Constituição de 1988

I Constituição de 1824 – Constituição do Império

Titulo 5º
Do Imperador

Capitulo I
Do Poder Moderador

Art. 98. O Poder Moderador é a chave de toda a organização Politica, e é delegado privativamente ao Imperador, como Chefe Supremo da Nação, e seu Primeiro Representante, para que incessantemente vele sobre a manutenção da Independencia, equilibrio, e harmonia dos mais Poderes Politicos.

Art. 99. A Pessoa do Imperador é inviolável, e Sagrada: Ele não está sujeito a responsabilidade alguma.

I.a) Artigos que se aproximam da idéia de intervenção estatal na economia:

---

[1] Fontes: Texto original de todas as Constituições extraídos do *site* da Presidência da República <http://www.presidencia.gov.br> com exceção da Constituição de 1969 (CAMPANHOLE, Adriano; CAMPANHOLE, Hilton Lobo. *Constituições do Brasil*: compilação e atualização dos textos, notas, revisão e índices. 13. ed. São Paulo: Atlas, 1999; SILVA, José Afonso da. *Curso de direito constitucional positivo*. 17. ed. São Paulo: Malheiros, 2000).

Titulo 7º
Da Administração e Economia das Províncias.

[...]

Capitulo II
Das Camaras

Art. 167. Em todas as Cidades, e Villas ora existentes, e nas mais, que para o futuro se crearem haverá Camaras, ás quaes compete o Governo economico, e municipal das mesmas Cidades, e Villas.

Art. 168. As Camaras serão electivas, e compostas do numero de Vereadores, que a Lei designar, e o que obtiver maior numero de votos, será Presidente.

Art. 169. O exercicio de suas funcções municipaes, formação das suas Posturas policiaes, applicação das suas rendas, e todas as suas particulares, e uteis attribuições, serão decretadas por uma Lei regulamentar. (...)

Observação: Dispositivo(s) no(s) qual(is) o vocábulo "desenvolvimento" em sentido econômico aparece – Não consta.

II Constituição de 1891 – 1ª Constituição Republicana

II.a) Artigos que se aproximam da idéia de intervenção estatal na economia:

Titulo I
Da Organização Federal

Seção I
Do Poder Legislativo

Capítulo IV
Das Atribuições do Congresso

Art. 34 – Compete privativamente ao Congresso Nacional:
[...]

ANEXOS | 261

5º) regular o comércio internacional, bem como o dos Estados entre si e com o Distrito Federal, alfandegar portos, criar ou suprimir entrepostos;

Observações: Dispositivo(s) no(s) qual(is) o vocábulo "desenvolvimento" em sentido econômico aparece – Não consta.

Adotou-se o modelo de presidencialista de Estado, com influência do regime estabelecido nos Estados Unidos da América.

III Constituição de 1934

Titulo IV
Da Ordem Econômica e Social

Art 115 – A ordem econômica deve ser organizada conforme os princípios da Justiça e as necessidades da vida nacional, de modo que possibilite a todos existência digna. Dentro desses limites, é garantida a liberdade econômica. [...]

Art 116 – Por motivo de interesse público e autorizada em lei especial, a União poderá monopolizar determinada indústria ou atividade econômica, asseguradas as indenizações, devidas, conforme o art. 112, nº 17, e ressalvados os serviços municipalizados ou de competência dos Poderes locais.

Art 117 – A lei promoverá o fomento da economia popular, o *desenvolvimento* do crédito e a nacionalização progressiva dos bancos de depósito. Igualmente providenciará sobre a nacionalização das empresas de seguros em todas as suas modalidades, devendo constituir-se em sociedades brasileiras as estrangeiras que atualmente operam no País. [...]

Art 121 – A lei promoverá o amparo da produção e estabelecerá as condições do trabalho, na cidade e nos campos, tendo em vista a proteção social do trabalhador e os interesses econômicos do País. [...]

Art 135 – A lei determinará a percentagem de empregados brasileiros que devam ser mantidos obrigatoriamente nos serviços públicos dados em concessão, e nos estabelecimentos de determinados ramos de comércio e indústria.

Art 136 – As empresas concessionárias ou os contratantes, sob qualquer título, de serviços públicos federais, estaduais ou municipais, deverão:

a) constituir as suas administrações com maioria de diretores brasileiros, residentes no Brasil, ou delegar poderes de gerência exclusivamente a brasileiros;

b) conferir, quando estrangeiros, poderes de representação a brasileiros em maioria, com faculdade de substabelecimento exclusivamente a nacionais.

Art 137 – A lei federal regulará a fiscalização e a revisão das tarifas dos serviços explorados por concessão, ou delegação, para que, no interesse coletivo, os lucros dos concessionários, ou delegados, não excedam a justa retribuição do capital, que lhes permita atender normalmente às necessidades públicas de expansão e melhoramento desses serviços.

[...]

Art 142 – A União, os Estados e os Municípios não poderão dar garantia de juros a empresas concessionárias de serviços públicos.

(...)

Disposições Transitórias

Art 16 – Será imediatamente elaborado um plano de reconstrução econômica nacional.

Observação: A referida Constituição que representa comprometimento e integração entre liberalismo e intervencionismo, acrescenta ao lado da declaração de direitos e garantias individuais um título sobre a ordem econômica e social com normas de conteúdo programático, sob influência da Constituição Alemã de Weimar.

IV Constituição de 1937

Da Organização Nacional

[...]

Art 8º – A cada Estado caberá organizar os serviços do seu peculiar interesse e custeá-los com seus próprios recursos.

Parágrafo único – O Estado que, por três anos consecutivos, não arrecadar receita suficiente à manutenção dos seus serviços, será transformado em território até o restabelecimento de sua capacidade financeira.

[...]

Art 13 – O Presidente da República, nos períodos de recesso do Parlamento ou de dissolução da Câmara dos Deputados, poderá, se o exigirem as necessidades do Estado, expedir decretos-leis sobre as matérias de competência legislativa da União, excetuadas as seguintes:

[...]

e) instituição de monopólios;

[...]

Art 19 – A lei pode estabelecer que serviços de competência federal sejam de execução estadual; neste caso ao Poder Executivo federal caberá expedir regulamentos e instruções que os Estados devam observar na execução dos serviços.

[...]

Art 26 – Os Municípios serão organizados de forma a ser-lhes assegurada autonomia em tudo quanto respeite ao seu peculiar interesse, e, especialmente:

[...]

c) à organização dos serviços públicos de caráter local.

[...]

Art 29 – Os Municípios da mesma região podem agrupar-se para a instalação, exploração e administração de serviços públicos comuns. O agrupamento, assim constituído, será dotado de personalidade jurídica limitada a seus fins.

Parágrafo único – Caberá aos Estados regular as condições em que tais agrupamentos poderão constituir-se, bem como a forma, de sua administração.

[...]

Do Presidente Da República

Art 73 – O Presidente da República, autoridade suprema do Estado, coordena a atividade dos órgãos representativos, de grau superior, dirige a política interna e externa, promove ou orienta a política legislativa de interesse nacional, e superintende a administração do País.

[...]

Da Ordem Econômica

Art 135 – Na iniciativa individual, no poder de criação, de organização e de invenção do indivíduo, exercido nos limites do bem público, funda-se a riqueza e a prosperidade nacional. A intervenção do Estado no domínio econômico só se legitima para suprir as deficiências da iniciativa individual e coordenar os fatores da produção, de maneira a evitar ou resolver os seus conflitos e introduzir no jogo das competições individuais o pensamento dos interesses da Nação, representados pelo Estado. A intervenção no domínio econômico poderá ser mediata e imediata, revestindo a forma do controle, do estimulo ou da gestão direta.

Observações: Getúlio Vargas, eleito pela Assembleia Constituinte para o quadriênio constitucional, dissolve a Câmara e o Senado, revoga a Constituição anterior e promulga a Constituição de 1937, instituindo, assim, o Estado Novo. Esta é marcada pela forte concentração de poder na figura do Presidente da República

V Constituição de 1946

Título I
Da Organização Federal

Capítulo I
Disposições Preliminares

Art 5º – Compete à União: [...]

X – estabelecer o *plano nacional* de viação;

XI – manter o serviço postal e o Correio Aéreo Nacional;

XII – explorar, diretamente ou mediante autorização ou concessão, os serviços de telégrafos, de radiocomunicação, de radiodifusão, de telefones interestaduais e internacionais, de navegação aérea e de vias férreas que liguem portos marítimos a fronteiras nacionais ou transponham os limites de um Estado;

[...]

Titulo V
Da Ordem Econômica e Social

Art 145 – A ordem econômica deve ser organizada conforme os princípios da justiça social, conciliando a liberdade de iniciativa com a valorização do trabalho humano. [...]

Art 146 – A União poderá, mediante lei especial, intervir no domínio econômico e monopolizar determinada indústria ou atividade. *A intervenção terá por base o interesse público e por limite os direitos fundamentais assegurados nesta Constituição.*

Art 147 – O uso da propriedade será condicionado ao bem-estar social. A lei poderá, com observância do disposto no art. 141, §16, promover a justa distribuição da propriedade, com igual oportunidade para todos.

Art 148 – A lei reprimirá toda e qualquer forma de abuso do poder econômico, inclusive as uniões ou agrupamentos de empresas individuais ou sociais, seja qual for a sua natureza, que tenham por fim dominar os mercados nacionais, eliminar a concorrência e aumentar arbitrariamente os lucros.

[...]

Art 151 – A lei disporá sobre o regime das empresas concessionárias de serviços públicos federais, estaduais e municipais.

Parágrafo único – Será determinada a fiscalização e a revisão das tarifas dos serviços explorados por concessão, a fim de que os lucros dos concessionários, não excedendo a justa remuneração do capital, lhes permitam atender as necessidades de melhoramentos e expansão desses serviços. Aplicar-se-á a lei às concessões feitas no regime anterior, de tarifas estipuladas para todo o tempo de duração do contrato.

[...]

Título IX
Disposições Gerais

Art 198 – Na execução do *plano de defesa contra os efeitos da denominada seca do Nordeste,* a União dependerá, anualmente, com as obras e os serviços de assistência econômica e social, quantia nunca inferior a três por cento da sua renda tributária.

§1º – Um terço dessa quantia será depositado em caixa especial, destinada ao socorro das populações atingidas pela calamidade, podendo essa reserva, ou parte dela, ser aplicada a juro módico, consoante as determinações legais, empréstimos a agricultores e industriais estabelecidos na área abrangida pela seca.

§2º – Os Estados compreendidos na área da seca deverão aplicar três por cento da sua renda tributária na construção de açudes, pelo regime de cooperação, e noutros serviços necessários à assistência das suas populações.

Art 199 – Na execução do *plano de valorização econômica da Amazônia*, a União aplicará, durante, pelo menos, vinte anos consecutivos, quantia não inferior a três por cento da sua renda tributária.

Parágrafo único – Os Estados e os Territórios daquela região, bem como os respectivos Municípios, reservarão para o mesmo fim, anualmente, três por cento das suas rendas tributárias. Os recursos de que trata este parágrafo serão aplicados por intermédio do Governo federal.

Art 205 – É instituído o Conselho Nacional de Economia, cuja organização será regulada em lei.

§1º – Os seus membros serão nomeados pelo Presidente da República, depois de aprovada a escolha pelo Senado Federal, dentre cidadãos de notória competência, em assuntos econômicos.

§2º – Incumbe ao Conselho *estudar a vida econômica do País* e sugerir ao Poder competente as medidas que considerar necessárias.

Observações: A doutrina ressalta que esta Constituição redemocratizou o Brasil servindo-se das Constituições de 1891 e 1934.

VI Constituição de 1967

Título I
Da Organização Nacional

Capítulo I
Disposições Preliminares

Art 4º – Incluem-se entre os bens da União:

I – a porção de terras devolutas indispensável à defesa nacional ou essencial ao seu *desenvolvimento* econômico; (...)

Capítulo II
Da Competência da União

Art 8º – Compete à União:

[...]

IX – fiscalizar as operações de crédito, capitalização e de seguros;

X – estabelecer o *plano nacional de viação*;

XI – manter o serviço postal e o Correio Aéreo Nacional; (...)

XIII – *estabelecer e executar planos regionais de desenvolvimento*;

XIV – estabelecer *planos nacionais de educação e de saúde*;

XV – explorar, diretamente ou mediante autorização ou concessão:

a) os serviços de telecomunicações;

b) os serviços e instalações de energia elétrica de qualquer origem ou natureza;

c) a navegação aérea;

d) as vias de transporte entre portos marítimos e fronteiras nacionais ou que transponham os limites de um Estado, ou Território;

[...]

Título III
Da Ordem Econômica e Social

Art 157 – A ordem econômica tem por fim realizar a justiça social, com base nos seguintes princípios:

I – liberdade de iniciativa;

II – valorização do trabalho como condição da dignidade humana;

III – função social da propriedade;

IV – harmonia e solidariedade entre os fatores de produção;

V – *desenvolvimento econômico*;

VI – repressão ao abuso do poder econômico, caracterizado pelo domínio dos mercados, a eliminação da concorrência e o aumento arbitrário dos lucros. [...]

§8º – São facultados a intervenção no domínio econômico e o monopólio de determinada indústria ou atividade, mediante lei da União, quando indispensável por motivos de segurança nacional, ou para organizar setor que não possa ser desenvolvido com eficiência no regime de competição e de liberdade de iniciativa, assegurados os direitos e garantias individuais.

§9º – Para atender à intervenção no domínio econômico, de que trata o parágrafo anterior, poderá a União instituir contribuições destinadas ao custeio dos respectivos serviços e encargos, na forma que a lei estabelecer.

§10 – A União, mediante lei complementar, poderá estabelecer regiões metropolitanas, constituídas por Municípios que, independentemente de sua vinculação administrativa, integrem a mesma comunidade sócio-econômica, visando à realização de serviços de interesse comum.

§11 – A produção de bens supérfluos será limitada por empresa, proibida a participação de pessoa física em mais de uma empresa ou de uma em outra, nos termos da lei. [...]

Art 160 – A lei disporá sobre o regime das empresas concessionárias de serviços públicos federais, estaduais e municipais, estabelecendo:

I – obrigação de manter serviço adequado;

II – tarifas que permitam a justa remuneração do capital, o melhoramento e a expansão dos serviços e assegurem o equilíbrio econômico e financeiro do contrato;

III – fiscalização permanente e revisão periódica das tarifas, ainda que estipuladas em contrato anterior.

Art 163 – Às empresas privadas compete preferencialmente, com o estímulo e apoio do Estado, organizar e explorar as atividades econômicas.

§1º – Somente para suplementar a iniciativa privada, o Estado organizará e explorará diretamente atividade econômica.

§2º – Na exploração, pelo Estado, da atividade econômica, as empresas pública, as autarquias e sociedades de economia mista reger-se-ão pelas normas aplicáveis às empresas privadas, inclusive quanto ao direito do trabalho e das obrigações.

§3º – A empresa pública que explorar atividade não monopolizada ficará sujeita ao mesmo regime tributário aplicável às empresas privadas.

[...]

Observações: Possui influência da Constituição de 1937; deu grande destaque à segurança nacional; conferiu amplo "poder" à União e ao Presidente da República; reformulou o sistema tributário nacional e a distribuição de rendas, ampliando a técnica do federalismo cooperativo; *atualizou o sistema orçamentário (orçamento-programa) e os programas plurianuais de investimento*; instituiu normas de política fiscal, visando ao desenvolvimento e ao combate à inflação; revelou-se mais autoritária, ao reduzir a autonomia individual, permitindo a suspensão de direitos e garantias constitucionais; *em geral, é menos intervencionista do que a de 1946.*

VII Constituição de 1969 (Emenda nº 1 à Constituição de 1967)

Titulo I
Da Organização Nacional

Capítulo II
Da União

Art. 8º. Compete à União:

[...]

V – planejar e promover o *desenvolvimento* e a segurança nacionais; [...]

X – fiscalizar as operações de crédito, capitalização e seguros;

XI – estabelecer o plano nacional de viação;

XII – manter o serviço postal e o Correio Aéreo Nacional;

XIII – organizar a defesa permanente contra as calamidades públicas, especialmente a seca e as inundações;

XIV – estabelecer e executar planos nacionais de educação e de saúde, bem como planos regionais de desenvolvimento;

XV – explorar, diretamente ou mediante autorização ou concessão:

a) os serviços de telecomunicações;

b) os serviços e instalações de energia elétrica de qualquer origem ou natureza;

c) a navegação aérea; e

d) as vias de transporte entre portos marítimos e fronteiras nacionais ou que transponham os limites de Estado ou Território;

[...]

Título III
Da Ordem Econômica e Social

Art. 160. A ordem econômica e social tem por fim realizar o desenvolvimento nacional e a justiça social, com base nos seguintes princípios:

I – liberdade de iniciativa;

II – valorização do trabalho como condição da dignidade humana;

III – função social da propriedade;

IV – harmonia e solidariedade entre as categorias sociais de produção;

V – repressão ao abuso do poder econômico, caracterizado pelo domínio dos mercados, a eliminação da concorrência e o aumento arbitrário dos lucros; e

VI – expansão das oportunidades de emprego produtivo.

[...]

Art. 163. São facultados a intervenção no domínio econômico e o monopólio de determinada indústria ou atividade, mediante lei federal, quando indispensável por motivo de segurança nacional ou para organizar setor que não possa ser desenvolvido com eficácia no regime de competição e de liberdade de iniciativa, assegurados os direitos e garantias individuais.

Parágrafo único. Para entender a intervenção de que trata este artigo, a União poderá instituir contribuições destinadas ao custeio dos respectivos serviços e encargos, na forma que a lei estabelecer.

Art. 164. A União, mediante lei complementar, poderá, para a realização de serviços comuns, estabelecer regiões metropolitanas, constituídas por municípios que, independentemente de sua vinculação administrativa, façam parte da mesma comunidade sócio-econômica. (...)

Art. 167. A lei disporá sobre o regime das empresas concessionárias de serviços públicos federais, estaduais e municipais, estabelecendo:

I – obrigação de manter serviço adequado;

II – tarifas que permitam a justa remuneração do capital, o melhoramento e a expansão dos serviços e assegurem o equilíbrio econômico e financeiro do contrato; e

III – fiscalização permanente e revisão periódica das tarifas, ainda que estipuladas em contrato anterior.

Observações: Foi editado o Ato Institucional nº 5, de 13 de dezembro de 1968, trazendo a Emenda Constitucional nº 1 à Constituição de 1967, a qual rompeu a ordem constitucional vigente. Foi promulgada, reformulando o texto constitucional, a começar pela denominação: Constituição da República Federativa do Brasil (antes Constituição do Brasil). Seguiram-se inúmeros atos complementares de Decretos-lei que impossibilitaram a continuidade da gestão do então Presidente Costa e Silva. Nessa ótica constitucional, consolidou-se o regime militar no país.

ANEXOS | 271

VIII Constituição de 1988

Preâmbulo

Nós, representantes do povo brasileiro, reunidos em Assembléia Nacional Constituinte para instituir um Estado Democrático, destinado a assegurar o exercício dos direitos sociais e individuais, a liberdade, a segurança, o bem-estar, o *desenvolvimento*, a igualdade e a justiça como valores supremos de uma sociedade fraterna, pluralista e sem preconceitos, fundada na harmonia social e comprometida, na ordem interna e internacional, com a solução pacífica das controvérsias, promulgamos, sob a proteção de Deus, a seguinte CONSTITUIÇÃO DA REPÚBLICA FEDERATIVA DO BRASIL.

Título I
Dos Princípios Fundamentais

Art. 1º A República Federativa do Brasil, formada pela união indissolúvel dos Estados e Municípios e do Distrito Federal, constitui-se em Estado Democrático de Direito e tem como fundamentos:[...];

IV – os valores sociais do trabalho e da livre iniciativa; [...]

Art. 3º Constituem objetivos fundamentais da República Federativa do Brasil: [...]

II – garantir o *desenvolvimento nacional*;

[...]

Titulo III
Da Organização do Estado

Capítulo II
Da União

[...]

Art. 21. Compete à União:

[...]

IX – elaborar e executar planos nacionais e regionais de ordenação do território e *de desenvolvimento econômico e social*;

[...]

XI – explorar, diretamente ou mediante autorização, concessão ou permissão, os serviços de telecomunicações, nos termos da lei, que disporá sobre a organização dos serviços, a criação de um órgão regulador e outros aspectos institucionais; (Redação dada pela Emenda Constitucional nº 8, de 15.08.95)

[...]

XX – instituir diretrizes para o *desenvolvimento* urbano, inclusive habitação, saneamento básico e transportes urbanos;

XXI – estabelecer princípios e diretrizes para o sistema nacional de viação; (...)

[...]

Título VII
Da Ordem Econômica e Financeira

Capítulo I
Dos Princípios Gerais da Atividade Econômica

Art. 170. A ordem econômica, fundada na valorização do trabalho humano e na livre iniciativa, tem por fim assegurar a todos existência digna, conforme os ditames da justiça social, observados os seguintes princípios:

I – soberania nacional;

II – propriedade privada;

III – função social da propriedade;

IV – livre concorrência;

V – defesa do consumidor;

VI – defesa do meio ambiente, inclusive mediante tratamento diferenciado conforme o impacto ambiental dos produtos e serviços e de seus processos de elaboração e prestação; (Redação dada pela Emenda Constitucional nº 42, de 19.12.2003)

VII – redução das desigualdades regionais e sociais;

VIII – busca do pleno emprego;

IX – tratamento favorecido para as empresas de pequeno porte constituídas sob as leis brasileiras e que tenham sua sede e administração no País. (Redação dada pela Emenda Constitucional nº 6, de 1995)

Parágrafo único. É assegurado a todos o livre exercício de qualquer atividade econômica, independentemente de autorização de órgãos públicos, salvo nos casos previstos em lei.

ANEXOS | 273

[...]

Art. 173. Ressalvados os casos previstos nesta Constituição, a exploração direta de atividade econômica pelo Estado só será permitida quando necessária aos imperativos da segurança nacional ou a relevante interesse coletivo, conforme definidos em lei.

§1º A lei estabelecerá o estatuto jurídico da empresa pública, da sociedade de economia mista e de suas subsidiárias que explorem atividade econômica de produção ou comercialização de bens ou de prestação de serviços, dispondo sobre: (Redação dada pela Emenda Constitucional nº 19, de 1998)

I – sua função social e formas de fiscalização pelo Estado e pela sociedade; (Incluído pela Emenda Constitucional nº 19, de 1998)

II – a sujeição ao regime jurídico próprio das empresas privadas, inclusive quanto aos direitos e obrigações civis, comerciais, trabalhistas e tributários; (Incluído pela Emenda Constitucional nº 19, de 1998)

III – licitação e contratação de obras, serviços, compras e alienações, observados os princípios da administração pública; (Incluído pela Emenda Constitucional nº 19, de 1998)

IV – a constituição e o funcionamento dos conselhos de administração e fiscal, com a participação de acionistas minoritários; (Incluído pela Emenda Constitucional nº 19, de 1998)

V – os mandatos, a avaliação de desempenho e a responsabilidade dos administradores. (Incluído pela Emenda Constitucional nº 19, de 1998)

§2º – As empresas públicas e as sociedades de economia mista não poderão gozar de privilégios fiscais não extensivos às do setor privado.

§3º – A lei regulamentará as relações da empresa pública com o Estado e a sociedade.

§4º – A lei reprimirá o abuso do poder econômico que vise à dominação dos mercados, à eliminação da concorrência e ao aumento arbitrário dos lucros.

§5º – A lei, sem prejuízo da responsabilidade individual dos dirigentes da pessoa jurídica, estabelecerá a responsabilidade desta, sujeitando-a às punições compatíveis com sua natureza, nos atos praticados contra a ordem econômica e financeira e contra a economia popular.

Art. 174. *Como agente normativo e regulador da atividade econômica, o Estado exercerá, na forma da lei, as funções de fiscalização, incentivo e planejamento, sendo este determinante para o setor público e indicativo para o setor privado.*

§1º – *A lei estabelecerá as diretrizes e bases do planejamento do desenvolvimento nacional equilibrado, o qual incorporará e compatibilizará os planos nacionais e regionais de desenvolvimento.*

[...]

Art. 180. A União, os Estados, o Distrito Federal e os Municípios promoverão e incentivarão o turismo como fator de *desenvolvimento* social e econômico. (...)

Capítulo II
Da Política Urbana

Art. 182. A política de *desenvolvimento* urbano, executada pelo Poder Público municipal, conforme diretrizes gerais fixadas em lei, tem por objetivo ordenar o pleno *desenvolvimento* das funções sociais da cidade e garantir o bem-estar de seus habitantes.

[...]

Capítulo IV
Do Sistema Financeiro Nacional

Art. 192. O sistema financeiro nacional, estruturado de forma a promover o *desenvolvimento* equilibrado do País e a servir aos interesses da coletividade, em todas as partes que o compõem, abrangendo as cooperativas de crédito, será regulado por leis complementares que disporão, inclusive, sobre a participação do capital estrangeiro nas instituições que o integram. (Redação dada pela Emenda Constitucional nº 40, de 2003) [...]

Observações: Realizadas no texto quando citados os referidos artigos.

ANEXO B
Relatório de Pesquisa Jurisprudencial no Supremo Tribunal Federal (STF) sobre a Teoria da "Reserva do Possível"

Sumário: I Fonte da pesquisa – **II** Método – **III** A teoria da "reserva do possível" no STF – **IV** Conclusões

I Fonte da pesquisa

Site do Supremo Tribunal Federal (<http://www.stf.gov.br>) e texto doutrinário[2] sobre estudos de jurisprudência.

II Método

A partir de ferramentas disponíveis no *site* do STF (itens: pesquisa de "jurisprudência simultânea" e "jurisprudência do STF"), pesquisamos, primeiro, com palavras-chave (exemplos: "política pública" e "reserva do possível"). Em seguida, a partir da leitura dos acórdãos e decisões monocráticas encontradas naquela primeira fase, deu-se a busca por acórdãos que eram citados e que guardavam pertinência com o tema a ser pesquisado.

III A teoria da "reserva do possível" no STF

A teoria[3] da "reserva do possível" é invocada pelo Ministro Celso de Mello, em decisão monocrática proferida na *ADPF n° 45*.[4] A demanda foi julgada prejudicada, em virtude da perda superveniente do objeto, uma vez que seu escopo foi inteiramente alcançado com

---

[2] SILVA, Luis Virgílio Afonso da. O proporcional e o razoável. *Revista dos Tribunais*, São Paulo, ano 91, v. 798, p. 23-50, abr. 2002.

[3] HOLMES, Stephen; SUNSTEIN, Cass R. *The Cost of Rights*. New York: Norton, 1999.

[4] Arguição de Descumprimento de Preceito Fundamental nº 45, Relator. Ministro Celso de Mello, decisão monocrática proferida em 29.04.2004. Publicação na Imprensa Oficial em 04.05.04.

o advento da Lei nº 10.777, de 24.11.2003, editada com a finalidade específica de conferir efetividade à Emenda Constitucional nº 29/2000, concebida para garantir, em bases adequadas — e sempre em benefício da população do país — recursos financeiros mínimos a serem necessariamente aplicados nas ações e serviços públicos de saúde.[5]

Adiante seguem transcritos alguns trechos da referida decisão:

> É certo que não se inclui, ordinariamente, no âmbito das funções institucionais do Poder Judiciário — e nas desta Suprema Corte, em especial — a atribuição de formular e de implementar políticas públicas (JOSÉ CARLOS VIEIRA DE ANDRADE, "Os Direitos Fundamentais na Constituição Portuguesa de 1976", p. 207, item n. 05, 1987, Almedina, Coimbra), pois, nesse domínio, o encargo reside, primariamente, nos Poderes Legislativo e Executivo. Tal incumbência, no entanto, embora em bases excepcionais, poderá atribuir-se ao Poder Judiciário, se e quando os órgãos estatais competentes, por descumprirem os encargos político-jurídicos que sobre eles incidem, vierem a comprometer, com tal comportamento, a eficácia e a integridade de direitos individuais e/ou coletivos impregnados de estatura constitucional, ainda que derivados de cláusulas revestidas de conteúdo programático. Cabe assinalar, presente esse contexto — consoante já proclamou esta Suprema Corte — que o caráter programático das regras inscritas no texto da Carta Política "não pode converter-se em promessa constitucional inconseqüente, sob pena de o Poder Público, fraudando justas expectativas nele depositadas pela coletividade, substituir, de maneira ilegítima, o

---

[5] O tema da proporcionalidade recorrentemente aparece na fundamentação STF, em especial do Ministro Celso de Mello, quando da análise de temas sensíveis, tais como o direito à saúde e à educação. No tocante ao direito à saúde, vale destacar as seguintes decisões:
Sobre questões relativas a pacientes com AIDS e destituídos de recursos financeiros, o STF tem reconhecido o dever constitucional do Poder Público de fornecer gratuitamente o medicamento necessário. Vide RE nº 267.612 (Trata-se de recurso extraordinário, que, interposto pelo Estado do Rio Grande do Sul, busca reformar decisão proferida pelo Tribunal de Justiça local (fls. 233/242), consubstanciada em acórdão que reconheceu incumbir, a essa unidade federada, com fundamento no art. 196 da Constituição da República, a obrigação de fornecer, gratuitamente, aos ora recorridos, medicamentos necessários ao tratamento da AIDS, eis que se cuida de pacientes destituídos de recursos financeiros e portadores do vírus HIV). Citados nesse Recurso jurisprudência firmada nos Tribunais do Rio Grande do Sul: RE nº 236.200-RS, Rel. Min. MAURÍCIO CORRÊA – RE nº 247.900-RS, Rel. Min. MARCO AURÉLIO; RE nº 264.269-RS, Rel. Min. MOREIRA ALVES; RE nº 242.859-RS, Rel. Min. ILMAR GALVÃO; RE nº 232.335-RS, Rel. Min. CELSO DE MELLO; RE nº 271.286-RS, Rel. Min. CELSO DE MELLO. Vide, também, RE nº 393.175 (Neste Recurso Extraordinário, Celso de Mello mais uma vez aborda a questão do dever do Poder Público de prestar socorro frente a um direito constitucional consubstanciado numa política pública constitucional, só que desta vez pessoa carente requer ao Poder Público fornecimento de medicamentos).

ANEXOS | 277

cumprimento de seu impostergável dever, por um gesto irresponsável de infidelidade governamental ao que determina a própria Lei Fundamental do Estado" (*RTJ* 175/1212-1213, Rel. Min. CELSO DE MELLO). Não deixo de conferir, no entanto, assentadas tais premissas, significativo relevo ao tema pertinente à "reserva do possível" (STEPHEN HOLMES/CASS R. SUNSTEIN, "The Cost of Rights", 1999, Norton, New York), notadamente em sede de efetivação e implementação (sempre onerosas) dos direitos de segunda geração (direitos econômicos, sociais e culturais), cujo adimplemento, pelo Poder Público, impõe e exige, deste, prestações estatais positivas concretizadoras de tais prerrogativas individuais e/ou coletivas. *É que a realização dos direitos econômicos, sociais e culturais — além de caracterizar-se pela gradualidade de seu processo de concretização — depende, em grande medida, de um inescapável vínculo financeiro subordinado às possibilidades orçamentárias do Estado, de tal modo que, comprovada, objetivamente, a incapacidade econômico-financeira da pessoa estatal, desta não se poderá razoavelmente exigir, considerada a limitação material referida, a imediata efetivação do comando fundado no texto da Carta Política. Não se mostrará lícito, no entanto, ao Poder Público, em tal hipótese — mediante indevida manipulação de sua atividade financeira e/ou político-administrativa — criar obstáculo artificial que revele o ilegítimo, arbitrário e censurável propósito de fraudar, de frustrar e de inviabilizar o estabelecimento e a preservação, em favor da pessoa e dos cidadãos, de condições materiais mínimas de existência. Cumpre advertir, desse modo, que a cláusula da "reserva do possível" — ressalvada a ocorrência de justo motivo objetivamente aferível — não pode ser invocada, pelo Estado, com a finalidade de exonerar-se do cumprimento de suas obrigações constitucionais, notadamente quando, dessa conduta governamental negativa, puder resultar nulificação ou, até mesmo, aniquilação de direitos constitucionais impregnados de um sentido de essencial fundamentalidade.* Daí a correta ponderação de ANA PAULA DE BARCELLOS ("A Eficácia Jurídica dos Princípios Constitucionais", p. 245-246, 2002, Renovar): "Em resumo: a limitação de recursos existe e é uma contingência que não se pode ignorar. O intérprete deverá levá-la em conta ao afirmar que algum bem pode ser exigido judicialmente, assim como o magistrado, ao determinar seu fornecimento pelo Estado. Por outro lado, não se pode esquecer que a finalidade do Estado ao obter recursos, para, em seguida, gastá-los sob a forma de obras, prestação de serviços, ou qualquer outra política pública, é exatamente realizar os objetivos fundamentais da Constituição. A meta central das Constituições modernas, e da Carta de 1988 em particular, pode ser resumida, como já exposto, na promoção do bem-estar do homem, cujo ponto de partida está em assegurar as condições de sua própria dignidade, que inclui, além da proteção dos direitos individuais, condições materiais mínimas de existência. Ao apurar os elementos fundamentais dessa dignidade (o mínimo existencial), estar-se-ão estabelecendo exatamente os alvos prioritários dos gastos públicos. Apenas depois de atingi-los é que se poderá discutir, relativamente aos recursos remanescentes, em que outros projetos se deverá investir. O mínimo existencial, como se vê, associado ao estabelecimento de prioridades orçamentárias, é capaz de conviver produtivamente com a reserva do possível." Vê-se, pois, que os condicionamentos impostos, pela cláusula da "reserva do possível", ao processo de concretização dos direitos de segunda geração — de implantação sempre onerosa —, traduzem-se em um binômio que compreende, de um lado, (1) a razoabilidade da pretensão individual/social deduzida em face do Poder Público e, de outro, (2) a existência de disponibilidade financeira do Estado para tornar efetivas as prestações positivas dele reclamadas. Desnecessário acentuar-se, considerado o encargo governamental de tornar efetiva a aplicação dos direitos econômicos, sociais e culturais, que os elementos componentes do mencionado binômio (razoabilidade da pretensão + disponibilidade financeira do Estado) devem configurar-se de modo afirmativo e em situação de cumulativa ocorrência, pois, ausente qualquer desses elementos, descaracterizar-se-á a possibilidade estatal de realização prática de tais direitos. *Não obstante a formulação e a execução de políticas públicas dependam de opções políticas a cargo daqueles que, por delegação popular, receberam investidura em mandato eletivo, cumpre reconhecer que não se revela absoluta, nesse domínio, a liberdade de conformação do legislador, nem a de atuação do Poder Executivo. É que, se tais Poderes do Estado agirem de modo irrazoável ou procederem com a clara intenção de neutralizar, comprometendo-a, a eficácia dos direitos sociais, econômicos e culturais, afetando, como decorrência causal de uma injustificável inércia estatal ou de um abusivo comportamento governamental, aquele núcleo intangível consubstanciador de um conjunto irredutível de condições mínimas necessárias a uma existência digna e essenciais à própria sobrevivência do indivíduo, aí, então, justificar-se-á, como precedentemente já enfatizado — e até mesmo por razões fundadas em um imperativo ético-jurídico —, a possibilidade de intervenção do Poder Judiciário, em ordem a viabilizar, a todos, o acesso aos bens cuja fruição lhes haja sido injustamente recusada pelo Estado.* (grifos nossos) Extremamente pertinentes, a tal propósito, as observações de ANDREAS JOACHIM KRELL ("Direitos Sociais e Controle Judicial no Brasil e na Alemanha",

p. 22-23, 2002, Fabris): "A constituição confere ao legislador uma margem substancial de autonomia na definição da forma e medida em que o direito social deve ser assegurado, o chamado 'livre espaço de conformação' [...]. Num sistema político pluralista, as normas constitucionais sobre direitos sociais devem ser abertas para receber diversas concretizações consoante as alternativas periodicamente escolhidas pelo eleitorado. A apreciação dos fatores econômicos para uma tomada de decisão quanto às possibilidades e aos meios de efetivação desses direitos cabe, principalmente, aos governos e parlamentos. Em princípio, o Poder Judiciário não deve intervir em esfera reservada a outro Poder para substituí-lo em juízos de conveniência e oportunidade, querendo controlar as opções legislativas de organização e prestação, a não ser, excepcionalmente, quando haja uma violação evidente e arbitrária, pelo legislador, da incumbência constitucional. *No entanto, parece-nos cada vez mais necessária a revisão do vetusto dogma da Separação dos Poderes em relação ao controle dos gastos públicos e da prestação dos serviços básicos no Estado Social, visto que os Poderes Legislativo e Executivo no Brasil se mostraram incapazes de garantir um cumprimento racional dos respectivos preceitos constitucionais. A eficácia dos Direitos Fundamentais Sociais a prestações materiais depende, naturalmente, dos recursos públicos disponíveis; normalmente, há uma delegação constitucional para o legislador concretizar o conteúdo desses direitos.* Muitos autores entendem que seria ilegítima a conformação desse conteúdo pelo Poder Judiciário, por atentar contra o princípio da Separação dos Poderes [...]. Muitos autores e juízes não aceitam, até hoje, uma obrigação do Estado de prover diretamente uma prestação a cada pessoa necessitada de alguma atividade de atendimento médico, ensino,[6] de moradia ou alimentação.

---

[6] Indicamos, ainda, AgReg. RE nº 410.715-5 (Ao recurso foi negado provimento por se tratar de ajustamento, com integral fidelidade, aos postulados constitucionais que informam, de um lado, o direito público subjetivo à educação e que impõem, de outro, ao Poder Público, notadamente ao Município (CR, art. 211, §2º), o dever jurídico-social de viabilizar, em favor das crianças de zero a seis anos de idade (CR, art. 208, IV), o efetivo acesso e atendimento em creches e unidades pré-escolares). O RE nº 436.996 (Na esteira da decisão anterior, Ministro Celso de Mello repete o entendimento defendido anteriormente no Recurso Extraordinário cuja ementa segue: "Educação Infantil – Atendimento em Creche – Dever Constitucional do Poder Público (Transcrições) RE 436996/SP* RELATOR: MIN. CELSO DE MELLO EMENTA: CRIANÇA DE ATÉ SEIS ANOS DE IDADE. ATENDIMENTO EM CRECHE E EM PRÉ-ESCOLA. EDUCAÇÃO INFANTIL. DIREITO ASSEGURADO PELO PRÓPRIO TEXTO CONSTITUCIONAL (CR, ART. 208, IV). COMPREENSÃO GLOBAL DO DIREITO CONSTITUCIONAL À EDUCAÇÃO. DEVER JURÍDICO CUJA EXECUÇÃO SE IMPÕE AO PODER PÚBLICO, NOTADAMENTE AO MUNICÍPIO (CR, ART. 211, §2º). RECURSO EXTRAORDINÁRIO CONHECIDO E PROVIDO". Na ADIN nº 3.324-7, de relatoria do Ministro Marco Aurélio, julgada em 16.12.2004, em voto do Ministro Gilmar Mendes é possível compreender qual alcance e extensão do princípio da proporcionalidade, conforme se lê do seguinte trecho: (...) A par dessa vinculação aos direitos fundamentais, o princípio da proporcionalidade alcança as denominadas colisões de bens, valores ou princípios constitucionais. Nesse contexto, as exigências do princípio da proporcionalidade representam um método geral

Nem a doutrina nem a jurisprudência têm percebido o alcance das normas constitucionais programáticas sobre direitos sociais, nem lhes dado aplicação adequada como princípios-condição da justiça social. A negação de qualquer tipo de obrigação a ser cumprida na base dos Direitos Fundamentais Sociais tem como conseqüência a renúncia de reconhecê-los como verdadeiros direitos. [...] *Em geral, está crescendo o grupo daqueles que consideram os princípios constitucionais e as normas sobre direitos sociais como fonte de direitos e obrigações e admitem a intervenção do Judiciário em caso de omissões inconstitucionais."* (grifos nossos)

IV Conclusões

IV.1 As funções institucionais do Órgão Judiciário, ordinariamente, não estão afetas à atribuição de formular e de implementar políticas públicas, pois, neste domínio, o encargo reside, primariamente, aos Órgãos Legislativo e Executivo.

IV.2 Excepcionalmente, contudo, poderá atribuir-se ao Órgão Judiciário, se e quando os órgãos estatais competentes, por descumprirem os encargos político-jurídicos que sobre eles incidem, vierem a comprometer, com tal comportamento, a eficácia e a integridade de direitos individuais e/ou coletivos impregnados de estatura constitucional, ainda que derivados de cláusulas revestidas de conteúdo programático.

IV.3 A teoria da "reserva do possível" deve ser invocada em sede de efetivação e implementação (sempre onerosas)

---

para a solução de conflitos entre princípios, isto é, um conflito entre normas que, ao contrário do conflito entre regras, é resolvido não pela revogação ou redução teleológica de uma das normas conflitantes nem pela explicitação de distinto campo de aplicação entre as normas, mas antes e tão-somente pela ponderação do peso relativo de cada uma das normas em tese aplicáveis e aptas a fundamentar decisões em sentidos opostos. (...) na aplicação do princípio da proporcionalidade, se em face do conflito entre dois bens constitucionais contrapostos, o ato impugnado afigura-se *adequado* (isto é, apto para produzir o resultado desejado), *necessário* (isto é, insubstituível por outro meio menos gravoso e igualmente eficaz) e *proporcional no sentido estrito* (ou seja, se estabelece uma relação ponderada entre o grau de restrição de um princípio e o grau de realização do princípio contraposto)".

Indicamos, também, a leitura dos julgados do Agravo Regimental no Recurso Extraordinário nº 410.715-5/SP, de Relatoria do Ministro Celso de Mello, Decisão: 22.12.2005, *Diário da Justiça*, 03 mar. 2006; e Recurso Extraordinário nº 436.996, Relator Ministro Celso de Mello, Decisão de 26.10.2005 e *Diário da Justiça*, 07 nov. 2005, ambos versam sobre o direito público à educação e o dever jurídico do ente público de viabilizá-lo.

dos direitos de segunda geração (direitos econômicos, sociais e culturais), cujo adimplemento, pelo Poder Público, impõe e exige, deste, prestações estatais positivas concretizadoras de tais prerrogativas individuais e/ou coletivas.

IV.4 A cláusula da "reserva do possível" — ressalvada a ocorrência de justo motivo objetivamente aferível — não pode ser invocada, pelo Estado, com a finalidade de exonerar-se do cumprimento de suas obrigações constitucionais, notadamente quando, dessa conduta governamental negativa, puder resultar nulificação ou, até mesmo, aniquilação de direitos constitucionais impregnados de um sentido de essencial fundamentalidade.

IV.5 Pela cláusula da "reserva do possível" se traduz em um binômio 1. A razoabilidade da pretensão individual/ social deduzida em face do Poder Público; e 2. A existência de disponibilidade financeira do Estado para tornar efetivas as prestações positivas dele reclamadas, para tornar efetiva a aplicação dos direitos econômicos, sociais e culturais, devendo configurar-se de modo afirmativo e em situação de cumulativa ocorrência, pois, ausente qualquer desses elementos, descaracterizar-se-á a possibilidade estatal de realização prática de tais direitos.

IV.6 Assim é que não se revela absoluta, portanto, a função institucional e típica dos órgãos legislativo e do executivo sendo justificável a intervenção do órgão judiciário para viabilizar a todos, com fundamento no imperativo ético-jurídico, o acesso aos bens e à eficácia dos direitos sociais, econômicos e culturais, cuja fruição lhes haja sido injustamente recusada pelo Estado.

IV.7 Frise-se, por necessário, que em bases excepcionais, poderá atribuir-se ao Órgão Judiciário poderes de viabilização, se e quando os órgãos estatais competentes, por descumprirem os encargos político-jurídicos que sobre eles incidem, vierem a comprometer, com tal comportamento, a eficácia e a integridade de direitos individuais e/ou coletivos impregnados de estatura constitucional, ainda que derivados de cláusulas revestidas de conteúdo programático.

IV.8 A harmonia dos órgãos (executivo, legislativo e judiciário) do Estado prescrita na Constituição, ao nosso entender, permite e autoriza o controle pelo último das atividades dos primeiros, ainda mais se falarmos de gastos públicos, prestação dos serviços básicos no Estado Social e exercício de atividade econômica, uma vez que os órgãos legislativo e executivo no Brasil têm demonstrado sua incapacidade de garantir um cumprimento dos respectivos preceitos constitucionais.

IV.9 O princípio da proporcionalidade auxilia a aplicação da teoria da reserva do possível, na medida em que representa um método para a solução de conflitos entre princípios, que não se reduzirá à redução teleológica de uma das normas conflitantes nem pela explicitação de distinto campo de aplicação entre as normas, mas antes e tão somente pela ponderação do peso relativo de cada uma das normas em tese aplicáveis e aptas a fundamentar decisões em sentidos opostos. Trata-se da ponderação entre distintos bens constitucionais contrapostos, tendo como foco o ato impugnado e dele extraindo sua adequação[7] (aptidão para produzir o resultado desejado), sua necessidade (insubstituível por outro meio menos gravoso e igualmente eficaz) e proporcionalidade

---

[7] Esses três pressupostos (adequação, necessidade e proporcionalidade) podem ser analisados na Ação Declaratória de Constitucionalidade nº 9-6/DF, Relator Ministro Néri da Silveira, Relatora para Acórdão Ministra Ellen Gracie, Decisão em 13.12.2001, *Diário da Justiça*, 23 abr. 2004, em que estão em contraposição os bens relativos ao plano de racionamento de energia elétrica e a restrição do direito do cidadão de consumir a energia elétrica, serviço público essencial; bem como na Medida Cautelar em Ação Direita de Inconstitucionalidade nº 855-PR, Relator Ministro Sepúlveda Pertence, Tribunal Pleno, Decisão 01.07.1993, *Diário da Justiça*, 01 out. 93, referente à pesagem por amostragem dos botijões de gás, em que a contraposição encontra-se entre o direito do consumidor de controle do peso (evitando locupletamento indevido da empresa) e a liberdade do exercício do direito à livre iniciativa. Veja ementa a seguir transcrita:
"EMENTA – Gás liquefeito de petróleo: lei estadual que determina a pesagem de botijões entregues ou recebidos para substituição a vista do consumidor, com pagamento imediato de eventual diferença a menor: argüição de inconstitucionalidade fundada nos arts. 22, IV e VI (energia e metrologia), 24 e §§, 25, §2º, 238, além de violação ao princípio de proporcionalidade e razoabilidade das leis restritivas de direitos: plausibilidade jurídica da argüição que aconselha a suspensão cautelar da lei impugnada, a fim de evitar danos irreparáveis à economia do setor, no caso de vir a declarar-se a inconstitucionalidade: liminar deferida."
A Ação Direita de Inconstitucionalidade ainda está pendente de julgamento, após os votos dos senhores Ministros Octavio Gallotti (relator), Nelson Jobim, Maurício Corrêa e Ilmar Galvão, julgando procedente a ação e declarando a inconstitucionalidade da Lei nº 10.248, de 14 de janeiro de 1993, do Estado do Paraná, e dos votos dos senhores Ministros Marco Aurélio e Celso de Mello, julgando-a improcedente, pediu vista dos autos o senhor ministro Sepúlveda Pertence. Plenário, 18.10.2000. Último andamento: Renovado o pedido de vista do Senhor Ministro Sepúlveda Pertence, justificadamente, nos termos do §1º do artigo 1º da Resolução nº 278, de 15 de dezembro de 2003. Presidência do Senhor Ministro Maurício Corrêa. Plenário, 28.04.2004.

no sentido estrito (o estabelecimento de uma relação ponderada entre o grau de restrição de um princípio e o grau de realização do princípio contraposto).

ANEXO C
LEGISLAÇÃO RELATIVA À ELABORAÇÃO, REDAÇÃO, ALTERAÇÃO, CONSOLIDAÇÃO E ENCAMINHAMENTO DE ATO NORMATIVO DE ÂMBITO FEDERAL

Sumário: I Apresentação da Lei Complementar nº 95/88 e Decreto nº 4.176/2002 – **II** Transcrição das normas relativas à exposição de motivos – **III** Análises

I Apresentação da Lei Complementar nº 95/88 e Decreto nº 4.176/2002

A Lei Complementar nº 95, de 26 de fevereiro de 1988, dispõe sobre a elaboração, a redação, a alteração e a consolidação das leis, conforme determina o parágrafo único do art. 59 da Constituição Federal, e estabelece normas para a consolidação dos atos normativos que menciona.

O Decreto nº 4.176, de 28 de março de 2002, estabelece normas e diretrizes para a elaboração, a redação, a alteração, a consolidação e o encaminhamento ao Presidente da República de projetos de atos normativos de competência dos órgãos do Poder Executivo Federal, e dá outras providências, ou seja, regulamenta a citada lei complementar.

Esses são os marcos legais do procedimento de elaboração dos atos normativos, em especial, as leis, medidas provisórias e decretos.

II Transcrição das normas relativas à exposição de motivos

Por razões metodológicas, destacaremos apenas os artigos referentes à exposição de motivos prescritos no Decreto nº 4.176/2002, a saber:

[...]

Capítulo II

Do Encaminhamento e do Exame dos Projetos de Ato Normativo

Encaminhamento de Projetos

Art. 37. As *propostas de projetos de ato normativo* serão encaminhadas à Casa Civil por meio eletrônico, com observância do disposto no Anexo I, mediante *exposição de motivos* do titular do órgão proponente, à qual se anexarão:

I – as notas explicativas e justificativas da proposição, em consonância com o Anexo II;

II – o projeto do ato normativo; e

III – o parecer conclusivo sobre a constitucionalidade, a legalidade e a regularidade formal do ato normativo proposto, elaborado pela Consultoria Jurídica ou pelo órgão de assessoramento jurídico do proponente.

§1º A exposição de motivos e o parecer jurídico conclusivo serão assinados eletronicamente.

§2º A proposta que tratar de assunto relacionado a dois ou mais órgãos será elaborada conjuntamente.

§3º Na hipótese do §2º e sem prejuízo do disposto no *caput*, os titulares dos órgãos envolvidos assinarão a exposição de motivos, à qual se anexarão os pareceres conclusivos das Consultorias Jurídicas e dos órgãos de assessoramento jurídico de todos os proponentes.

§4º As Consultorias Jurídicas dos Ministérios manterão permanente interlocução com a Consultoria-Geral da União na elaboração de projetos de atos normativos, inclusive enviando-lhe cópia dos projetos encaminhados à Casa Civil.

Exposições de Motivos

Art. 38. A exposição de motivos deverá:

I – justificar e fundamentar a edição do ato normativo, de tal forma que possibilite a sua utilização como defesa prévia em eventual argüição de inconstitucionalidade;

II – explicitar a razão de o ato proposto ser o melhor instrumento normativo para disciplinar a matéria;

III – apontar as normas que serão afetadas ou revogadas pela proposição;

IV – indicar a existência de prévia dotação orçamentária, quando a proposta demandar despesas; e

V – demonstrar, objetivamente, a relevância e a urgência no caso de projeto de medida provisória.

[...]

ANEXO II

(anexo publicado no DOU *de 8.4.2002)*

Anexo à Exposição de Motivos do (indicar nome do Ministério ou Secretaria da Presidência da República) nº , de de de 20 .

1. Síntese do problema ou da situação que reclama providências

2. Soluções e providências contidas no ato normativo ou na medida proposta

3. Alternativas existentes às medidas propostas

4. Custos

Mencionar:

• se a despesa decorrente da medida está prevista na lei orçamentária anual; se não, quais as alternativas para custeá-la;

• se é o caso de solicitar-se abertura de crédito extraordinário, especial ou suplementar;

• valor a ser despendido em moeda corrente;

5. Razões que justificam a urgência (a ser preenchido somente se o ato proposto for medida provisória ou projeto de lei que deva tramitar em regime de urgência)

Mencionar:

• se o problema configura calamidade pública;

• por que é indispensável a vigência imediata;

• se se trata de problema cuja causa ou agravamento não tenham sido previstos;

• se se trata de desenvolvimento extraordinário de situação já prevista

6. Impacto sobre o meio ambiente (sempre que o ato ou medida proposta possa vir a tê-lo)

7. Alterações propostas Texto atual Texto proposto

8. Síntese do parecer do órgão jurídico

Com base em avaliação do ato normativo ou da medida proposta à luz das questões levantadas no Anexo I.

Observação: A falta ou insuficiência das informações prestadas poderá acarretar, a critério da Subchefia para Assuntos Jurídicos da Casa Civil, a devolução do projeto de ato normativo para que se complete o exame ou se reformule a proposta. (grifos nossos)

III Análises

III.1 A Lei Complementar nº 95/88, em especial, os artigos transcritos, prescreve de forma genérica a elaboração do ato normativo, o qual relacionado ao texto apresentado representa o instrumento legal que encaminha e anuncia o plano estatal.

III.2 O Decreto destaca com relevância, inclusive, no Anexo II, a exposição de motivos por ser instrumento de explicação e justificativa para criação do ato normativo; tem como composição um projeto e um parecer conclusivo que analisará a constitucionalidade, a legalidade e a regularidade formal e deve ser elaborado por órgão de assessoramento jurídico; essa motivação poderá ser utilizada como prequestionamento ante eventual arguição de inconstitucionalidade; de forma sistemática deve apontar as demais normas do ordenamento jurídico que serão ratificadas ou revogadas; como regra de substancial relevância deve indicar a prévia dotação orçamentária, o que hoje torna-se imprescindível, em face da lei de responsabilidade fiscal.

III.3 Cabe destaque ao Anexo I que traz um questionário a ser respondido na elaboração dos atos normativos.

III.4 Finalmente, o Anexo II, que compõe a Exposição de Motivos, tem o escopo de problematizar a situação, solução ou providências contidas no ato normativo em análise, bem como apresentar as alternativas, custos e justificativas para sua criação. Pela observação contida no Anexo II, *in fine*, concluímos que a motivação da exposição traz à lume pressupostos de admissibilidade e regularidade do projeto de ato normativo, cuja relevância deve ser ressaltada, vez que sua insuficiência poderá acarretar devolução, ou seja, não aceitação do protótipo legal.

ANEXO D

EXPOSIÇÃO DE MOTIVOS[8] – PROCEDIMENTO LEGISLATIVO PARA MODIFICAÇÃO DO ARTIGO 21, INCISO XI, DA CONSTITUIÇÃO DA REPÚBLICA DE 1988

Sumário: I Indicação histórica da Proposta de Emenda à Constituição nº 36/95 – **II** A Exposição de Motivos nº 38/95 que explicita a motivação para referida Proposta de Emenda à Constituição – **III** O Parecer nº 401/95, no qual destaca visão pragmática e realista da proposta, a sintetiza e apresenta a tramitação, o voto e a conclusão – **IV** Observações

I Indicação histórica da Proposta de Emenda à Constituição nº 36/95

Durante o mandato do Presidente da República Federativa do Brasil, Fernando Henrique Cardoso, e sob sua iniciativa, foi publicada no *Diário do Congresso Nacional* (Seção II) de 08 de junho de 1995, Proposta de Emenda à Constituição nº 36 (nº 3/95, na Casa de origem), encaminhada aos membros do Congresso Nacional, que altera o inciso XI do artigo 21 da Constituição Federal de 1988, *in verbis*:

> Art. 21. Compete à União:
>
> [...]
>
> XI – explorar, diretamente ou mediante concessão a empresas sob controle acionário estatal, os serviços telefônicos, telegráficos, de transmissão de dados e demais serviços públicos de telecomunicações, assegurada a prestação de serviços de informações por entidades de direito privado através da rede publica de telecomunicações explorada pela União;
>
> [...].

---

[8] Fonte: <http://www.presidencia.gov.br/legislação>.

II A Exposição de Motivos nº 38/95 que explicita a motivação para referida Proposta de Emenda à Constituição

A Exposição de Motivos nº 38, datada de 16 de fevereiro de 1995 (acompanhada da Mensagem nº 191, da mesma data), na qual o Presidente da República e os Ministros de Estado da Justiça, da Fazenda, do Planejamento e Orçamento, da Previdência e Assistência Social, da Administração Federal e Reforma do Estado e das Comunicações motivaram a modificação constitucional proposta, que flexibiliza o monopólio da União para exploração dos serviços de telecomunicações e reforça o papel do Estado para exercício da competência reguladora, fiscalizadora e de controle criando, para tanto, o "órgão regulador", assim expressa:

EXPOSIÇÃO DE MOTIVOS Nº 38, DE 16 DE FEVEREIRO DE 1995, DOS SENHORES MINISTROS DE ESTADO DA ESTADO DA JUSTIÇA, DA FAZENDA, DO PLANEJAMENTO E ORÇAMENTO, DA PREVIDÊNCIA E ASSISTÊNCIA SOCIAL, DA ADMINISTRAÇÃO FEDERAL E REFORMA DO ESTADO E DAS COMUNICAÇÕES:

Excelentíssimo Senhor Presidente da República,

1. Em obediência às diretrizes formuladas por Vossa Excelência com objetivo de propor ao Congresso Nacional o aperfeiçoamento do texto constitucional, encaminham a presente Emenda à Constituição Federal, que integra o conjunto de alterações necessárias a *viabilização da retomada do desenvolvimento econômico e social do País*.

2. *Telecomunicações e desenvolvimento econômico e social são conceitos inseparáveis*. O Brasil não alcançará um se desconhecer o outro. *Não haverá democracia, em seu sentido pleno, se o Estado não assegurar ao cidadão o direito à comunicação*, a começar do simples aparelho de telefone que permita a ele pedir socorro medico ou acionar outros serviços, esteja onde estiver. Da mesma forma, *o País não poderá prescindir de um moderno e eficiente sistema de telecomunicações*, integrado por satélites, cabos de fibra ótica, fotônica e infovias, que *constituem instrumento fundamental do novo paradigma tecnológico da economia mundial*.

3. Depois de uma década de importantes avanços em telecomunicações, financiados pelo Estado, o País conheceu, na década passada, um período de forte declínio dos recursos públicos dirigidos ao setor.

ANEXOS | 291

Existe hoje uma grande demanda reprimida, tanto por serviços convencionais de telefonia como pelas novas tecnologias. Embora tenha sido o primeiro País da América Latina a lançar satélite próprio, criar centro de pesquisa do nível do CPqD e desenvolver tecnologias de ponta como a fibra ótica, o Brasil convive hoje com o congestionamento das linhas telefônicas e reduzida densidade de terminais telefônicos, inferior à da Argentina, Chile, Venezuela e Uruguai. A isto acrescenta-se o atraso na implantação de tecnologias novas e fundamentais como os referidos cabos óticos. Somente na telefonia convencional, há uma demanda não atendida de 8 milhões de terminais.

4. Exaurido em sua capacidade de financiamento, principalmente diante das novas tecnologias e da crescente demanda de serviços por elas geradas, o Estado não tem como arcar sozinho com todas as necessidades de investimento. Neste contexto, impõe-se a abertura de espaço para a parceria com a iniciativa privada, o que só poderá ser feito com a eliminação da exigência constitucional do controle estatal para a exploração dos serviços telefônicos, telegráficos e de comunicações de dados e demais serviços de telecomunicações. Note-se que a proposta em tela possibilita a entrada do capital privado nas atividades de telecomunicações do País, mantendo-se, entretanto, o regime de concessão da União, que garante o controle do Estado sobre o setor.

5. Longe de ser um fim em si mesma, a *flexibilização pretendida* é parte de um projeto de redesenho institucional do setor de telecomunicações, *onde ao Estado será permitido reduzir seus custos de expansão e operação dos serviços, ao mesmo tempo em que retomará, com mais força e objetividade, seu papel de poder concedente, regulamentar e fiscalizador.*

6. Neste novo desenho, a Telebrás reassumirá suas funções de "holding" do sistema estatal, coordenando as operadoras e a Embratel, empresa que, por sua vez, manterá seu estratégico mercado sob domínio do Estado. Em direção oposta ao discurso corporativista, o modelo sugerido tem por objetivo atender às demandas da sociedade, gerar bem-estar e colaborar com o programa de justiça social do governo. *A Emenda Constitucional proposta repete o caminho seguido pelos países desenvolvidos, como Itália, Inglaterra, Canadá e Estados Unidos, e por outros em fase de desenvolvimento, como a China, o Chile e a Argentina.*

7. O caminho natural, pois, para se atingir um desenvolvimento econômico e social deságua, forçosamente, na modificação do texto constitucional, *flexibilizando a restrição que hoje se impõe à União,*

de exclusiva exploração dos serviços públicos de telecomunicações, por empresas sob controle acionário estatal, sem despir-se o Estado de rígido poder regulador, fiscalizador e de controle.

8. Julgamos, Senhor Presidente, que a alteração proposta irá ao encontro da necessidade de estimular o aumento dos investimentos no setor de telecomunicações, imprescindível à construção de uma economia mais moderna e competitiva.

Respeitosamente, – Reinhold Stephanes, Ministro de Estado da Previdência e Assistência Social – Nelson A. Jobim, Ministro de Estado da Justiça – Luis Carlos Bresser Pereira, Ministro de Estado da Administração Federal e Reforma – Sergio Roberto Vieira da Motta, Ministro de Estado das Comunicações – Pedro Malan, Ministro de Estado da Fazenda – Jose Serra, Ministro de Estado do Planejamento e Orçamento. (grifos nossos)

III O Parecer nº 401/95, no qual destaca visão pragmática e realista da proposta, a sintetiza e apresenta a tramitação, o voto e a conclusão

A Comissão de Constituição, Justiça e Cidadania do Senado Federal, ao apreciar a citada Proposta de Emenda à Constituição nº 36/95, proferiu o Parecer nº 401/95, no qual destaca visão pragmática e programática da proposta, a sintetiza e apresenta a tramitação, o voto e a conclusão, que a seguir transcritos e comentados:

No início dos anos 70, o Brasil despertou para o mundo das comunicações.

A comunicação esbarrava na precariedade dos serviços oferecidos.

O Estado, sob pressão da sociedade, passa a acreditar que é chegado o momento de ingresso na era das telecomunicações buscando o desenvolvimento de tecnologia já experimentada em várias partes do mundo.

Erigida com base no estilo desenvolvimentalista de crescimento econômico, a infra-estrutura de telecomunicações instala-se no País do "milagre econômico", inflação estável, exportações atingindo níveis crescentes, PIB de 10% ao ano.

O sistema de telecomunicações é componente fundamental da estratégia de integração nacional a unir os mais remotos pontos do País.

ANEXOS | 293

O País assiste a instalação de troncos de microondas, de cabos submarinos, do sistema de Discagem Direta a Distancia, da transmissão via satélite. Constrói, em pouco mais de duas décadas, a maior rede de telecomunicações da América Latina e a nona maior rede de telecomunicações do mundo.

Não obstante, passados 20 anos da abertura desses novos caminhos que transportam o progresso, o setor de telecomunicações já não consegue mais atender adequadamente às crescentes e inquietantes demandas da sociedade por seus serviços.

Os investimentos estatais mostram-se insuficientes no atendimento das necessidades da população. Em verdade, o Brasil tornou-se maior do que as empresas estatais do setor.

Numa visão programática é necessário, para o País, que o número de telefones instalados salte dos atuais 14 milhões para 28 milhões na virada do século, ou seja, *que dos 9 terminais por 100 habitantes, se cheque a 16 terminais para cada grupo de 100 habitantes, no ano 2000. Que de 450 mil telefones públicos, hoje, atinja-se 1 milhão e 300 mil, no final do século. Ou seja, que a densidade atual de menos de 2 telefones públicos, por 1000 habitantes, atinja 8 telefones públicos para cada 1000 habitantes, daqui a 5 anos. Tudo isso, obviamente, demandará elevado aporte de capitais. Prevê-se a necessidade de cerca de 34 bilhões de reais nos próximos 4 anos para a realização dessas metas, valores de que as atuais concessionárias — o Brasil sabe — não dispõem. A efetiva participação da iniciativa privada desponta, desse modo, como alternativa à Expansão e modernização do setor. Nesse sentido, foi concebida a Proposta de Emenda à Constituição ora em exame nesta Comissão.*

Dessa forma, a Proposta flexibiliza a exclusividade da União, em especial, das empresas sob seu controle acionário na exploração dos serviços públicos de telecomunicações.

A alteração proposta, além da retirada da expressão "a empresa sob controle acionário estatal", considerou necessário também:

Dispor que todos os serviços de telecomunicações, públicos ou não, poderão ser explorados por terceiros, mediante concessão, permissão ou autorização;

Manter o princípio constitucional que confere tratamento diferenciado aos serviços de radiodifusão sonora e de sons e imagens;

Exigir regulamentação para a exploração dos serviços públicos de telecomunicações;

Criar um órgão regulador para o setor;

Proibir que a regulamentação das normas que regerão estes serviços seja feita por medida provisória.

Seguindo a tramitação prevista nos artigos 64, *caput*, da Constituição da República e 202, do Regimento Interno da Câmara dos Deputados, a matéria seguiu para o Senado, cujo voto que resultou na aprovação considerou que:

O Estado moderno, para o bom desempenho de suas atividades próprias, além das formas tradicionais de atuação, pode atribuir à iniciativa privada a execução de serviços públicos.

Qualquer que seja a modalidade de outorga, o Estado, como poder concedente, conserva a prerrogativa da exploração do serviço.

O temor atávico de desmantelamento do patrimônio público não se fundamenta.

A materialização desse poder se daria de tal forma a exigir das empresas, que explorem serviços em áreas de alta densidade econômica, *contrapartidas de caráter social, com prestação de serviços em áreas mais carentes.*

A previsão de criação de um órgão regulador para o setor das telecomunicações avulta como mérito inquestionável da presente proposta.

Não existe nenhum obstáculo de natureza constitucional (art. 60, §§1º e 2º da Constituição).

Assim é que, a alteração sugerida pela Proposta de Emenda à Constituição nº 36/95, segundo o Senado Federal, vai ao encontro do princípio constitucional, que propugna pela livre iniciativa para o exercício da atividade econômica, alterando-se o inciso XI e a alínea "a" do inciso XII, ambos do artigo 21, da Constituição Federal, que passam a vigorar com a seguinte redação:

Art. 21. Compete à União:

[...]

XI – explorar, diretamente ou mediante autorização, concessão ou permissão, os serviços de telecomunicações, nos termos da lei que disporá sobre a organização dos serviços, a criação de um órgão regulador e outros aspectos institucionais??;

XII – explorar, diretamente ou mediante autorização, concessão ou permissão: os serviços de radiodifusão sonora e de sons e imagens; [...].

IV Observações

Discorremos, no capítulo 2 deste trabalho, que o Estado buscou na década de 80 e 90 um novo modelo de gestão, reduzindo seu papel de executor (Estado-empresário), para dar ênfase às suas funções de fiscalização, regulação e controle do bem-estar social (Estado-Social).

Conforme se lê da *retro* citada proposta de Emenda à Constituição, a flexibilização do monopólio em telecomunicações se deu resultando na abertura da exploração dos serviços para a iniciativa privada, que detém o capital para o vultuoso investimento anunciado.

Após mais de uma década da modificação constitucional questionamos se a proposta:

1. Alcançou seu objetivo de viabilizar a retomada do desenvolvimento econômico e social do País?
2. O País já possui um moderno e eficiente sistema de telecomunicações?
3. Houve a materialização da universalização expressa no sentido de exigir das empresas, que explorem serviços em áreas de alta densidade econômica, contrapartidas de caráter social, com prestação de serviços em áreas mais carentes?
4. O "órgão regulador" criado tem alcançado suas metas e finalidades, de forma a proteger e assegurar o bom funcionamento dos serviços de telecomunicações?

Como já afirmamos anteriormente, não se discute que diuturnamente ocorrem modificações e avanços tecnológicos, nas mais diversas áreas, que atingem as funções, serviços e atividades estatais.

Não ignoramos a agilidade e importância do sistema de comunicação (no qual, inclusive, recentemente, em parceria com o Japão, foi estabelecida a transmissão digital).

Todavia, analisando a motivação[9] dessa proposta, queremos nos posicionar no sentido de que deve haver maior responsabilidade,

---

[9] **Motivação da Proposta**
O Plano de Estabilização Econômica, que aí está, constitui marco decisivo na implantação de um novo modelo para a gestão do Estado.
Um modelo que busca reduzir o papel do Estado-empresário, dando ênfase a sua função de Estado-Social.
As recentes Propostas de Emendas à Constituição, como a que ora se examina, fazem parte da política governamental de abertura à participação da iniciativa privada em atividades que, constitucionalmente, são hoje atribuídas ao poder público.

comprometimento e realismo, para que haja coerência nas atuações estatais. Somente com uma mudança de mentalidade, para uma visão mais consciente e menos imediatista, será possível concretizar os objetivos fundamentais deste povo. A visão planejada e articulada nas esferas políticas, com vistas aos interesses sociais, econômicos e culturais do povo brasileiro, pode conduzir à gestão estatal eficiente. A criação do "órgão regulador" com finalidade regulatória (que está além da função regulamentar) prescinde ainda de sua definição.

Ou seja: pretende-se, por força de uma discussão exaustiva das propostas, modernizar o rol de atribuições do Estado, conferindo a ele, por meio de dinâmica própria, a enorme responsabilidade de cuidar do patrimônio coletivo.

No caso específico das telecomunicações, o cenário atual mostra evidências de que a quantidade, a diversidade e a qualidade dos serviços encontram-se aquém da demanda social.

O império da chamada sociedade de informação, diferencial eloquente do poderio das nações, alicerça-se nas redes de telecomunicações, como estrutura mais importante para o desenvolvimento político, social e econômico do mundo atual.

Um dos últimos bastiões do estatismo, dentre as grandes economias mundiais, o Brasil almeja, na área das telecomunicações, com a iniciativa ora proposta, retomar a eficiência no setor.

Vale a pena enfatizar.

O País ocupa o 42º lugar no mundo em densidade de telefone por 100 habitantes e o 10º na América Latina.

Envergonha saber que somente cerca de 20% das residências e 50% dos estabelecimentos comerciais brasileiros possuem telefones.

Choca a dura realidade enfrentada pelo homem do campo na área de telecomunicações: 98% das propriedades rurais não têm acesso à telefonia.

A perversa distribuição de renda no País impede o acesso da grande maioria do povo aos serviços telefônicos.

As famílias das classes A e B, com renda superior a 2 mil dólares mensais, dispõem de 80% dos telefones.

As classes D e E, que representam 60% das famílias brasileiras, possuem apenas 3% dos telefones. As famílias da classe C ficam com os restantes 17%.

Esse quadro é agravado pela deficiente oferta de telefones públicos: o Brasil tem menos de 2 telefones públicos por 1000 habitantes, bem abaixo dos padrões mundiais.

A esmagadora maioria do povo não possui telefone em casa e nem dispõe do telefone público.

O Brasil mudou. Democratizou-se a sociedade. Os desníveis sociais se intensificaram. A liberdade despertou o povo para a inconformidade.

A cidadania rejeita vigorosamente esse quadro e exige decisões eficazes para revertê-lo efetivamente.

ANEXO E
REGISTRO DE DADOS DA INTRODUÇÃO DO ARTIGO 174 PELA ASSEMBLEIA NACIONAL CONSTITUINTE DE 1988

Nas bases históricas do Congresso Nacional encontramos o registro de dados da introdução do artigo 174 da Constituição da República, pela Assembleia Nacional Constituinte, conforme se vê a seguir.

Nas discussões travadas pela Comissão da Ordem Econômica várias foram as emendas de sugestão da redação do *caput* do artigo, sem, contudo, haver menção à expressão "planejamento", até que por autoria do Constituinte Delfim Netto, em 09.08.1987, foi apresentada a Emenda nº 00346, na qual consta a expressão "planejamento" como espécie de função do Estado considerado agente normativo e regulador da atividade econômica.

De outra parte, outra Emenda que merece realce é a Emenda nº 16.245, apresentada em 13.08.1987, pelo Constituinte José Luiz Mais, que traz para o *caput* do artigo não só a ideia do processo de planejamento, como sua vinculação aos planos e orçamentos do setor público associado aos objetivos fundamentais de justiça social e redução das desigualdades inter-regionais.

A redação final aproximou-se mais da Emenda nº 00346, *supra* mencionada.

Concluímos que a Assembleia Nacional Constituinte não atribuiu à função planejadora sua real importância, por não fazê-la da forma sistemática como buscamos refletir e asseverar neste trabalho.

Esta obra foi composta em fonte Palatino Linotype, corpo 10,5
e impressa em papel Offset 75g (miolo) e Supremo 250g (capa)
pela Gráfica e Editora O Lutador.
Belo Horizonte/MG, setembro de 2010.